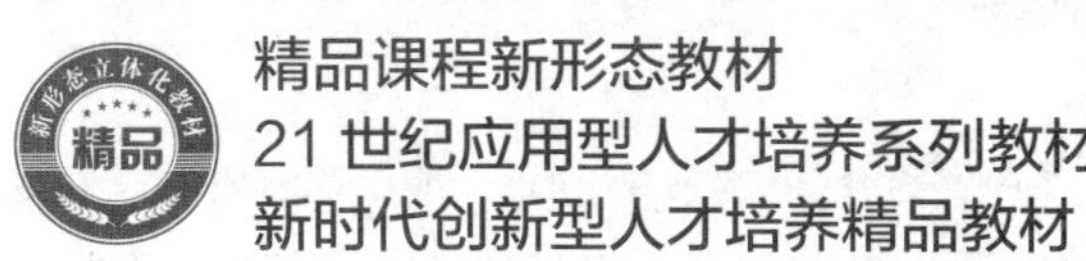

精品课程新形态教材
21 世纪应用型人才培养系列教材
新时代创新型人才培养精品教材

主编 汤冬梅 罗嘉欣 杜利萍

财务 大数据分析

西北工业大学出版社
西 安

【内容简介】 本书共10章，前3章为理论，主要为大数据认知、大数据在财务领域中的应用、大数据分析方法论；第4～7章以数据分析方法论为思路，分别从数据采集、数据清洗、数据集成、可视化设计等方面锻炼学生大数据分析能力；第8～10章以使用大数据分析方法解决财务问题为出发点，分别从财报分析、费用分析、资金分析进行商业实践，将实践与理论结合。

本书可供财会专业（大数据与会计、大数据与财务管理、会计信息管理）相关人员阅读、参考，旨在为专业课程内容升级、专业人才培养方案优化升级提供有力补充，打造“强专业、精数据、懂业务、能创新”复合型企业应用人才培养新模式。

图书在版编目（CIP）数据

财务大数据分析/汤冬梅，罗嘉欣，杜利萍主编. 西安：西北工业大学出版社，2024. 12. --ISBN 978-7-5612-9600-4

Ⅰ. F275

中国国家版本馆CIP数据核字第20248BP012号

CAIWU DASHUJU FENXI

财 务 大 数 据 分 析

汤冬梅 罗嘉欣 杜利萍 主编

责任编辑：陈 瑶　　**装帧设计：**尤 岛

责任校对：万灵芝

出版发行：西北工业大学出版社

通信地址：西安市友谊西路127号　　邮编：710072

电　　话：（029）88491757，88493844

网　　址：www. nwpup. com

印 刷 者：涿州汇美亿浓印刷有限公司

开　　本：787 mm×1 092 mm　　1/16

印　　张：18

字　　数：393千字

版　　次：2024年12月第1版　　2024年12月第1次印刷

书　　号：ISBN 978-7-5612-9600-4

定　　价：49.00元

如有印装问题请与出版社联系调换

《财务大数据分析》编写组

主　编：汤冬梅　罗嘉欣　杜利萍

副主编：肖建敏　李　菁　潘华勤　张明月　李志良
朱小芳

编　者：汤冬梅　罗嘉欣　杜利萍　肖建敏　李　菁
潘华勤　张明月　李志良　朱小芳

主　审：周　阅

党的二十大报告中指出，“加快发展数字经济，促进数字经济和实体经济深度融合”。新一代信息技术与各产业结合形成数字化生产力和数字经济，是现代化经济体系发展的重要方向。大数据、云计算、人工智能等新一代数字技术是当代创新最活跃、应用最广泛、带动力最强的科技领域，给产业发展、日常生活、社会治理带来了深刻影响。数据要素正在成为劳动力、资本、土地、技术、管理等之外最先进、最活跃的新生产要素，驱动实体经济在生产主体、生产对象、生产工具和生产方式上发生深刻变革。

在大数据、人工智能、移动互联网、云计算、物联网等新技术的影响下，企业财务管理正在进行数智化转型。本书配套用友新道财务大数据分析与决策实践教学平台，通过用友大数据分析平台搭建的实践教学平台，创新性地融合 Python 数据采集、数据清洗、数据集成、商业可视化分析软件、数据挖掘等多类大数据工具，对企业内外部经营环境的结构化数据、非结构化数据进行获取，结合学生所学传统财务分析指标体系和大数据预测模型，创设一个真实的数字化商业环境。通过基于企业真实场景的实战训练，培养学生对数字化分析工具的应用能力。

本书将数据采集、数据挖掘、商业可视化分析融入财务分析领域，旨在引导非计算机专业人员能通过简单学习掌握大数据分析工具的基本应用，并结合财会专业理论进行实际商业问题分析，真正发挥管理会计职能，服务企业战略规划，实现企业数字化转型，推进国家数字经济人才战略落地。同时，也为财会专业课程内容升级、专业人才培养方案优化升级提供有力补充，打造“强专业、精数据、懂业务、能创新”的复合型企业应用人才培养新模式。

本书配套有数字化教学资源，通过扫描章节附带二维码，可以查看相关知识点讲解视频、操作指导，获取案例信息，方便快捷。

另外，本书还结合每部分内容，以“小警示”“小启示”等形式适时融入思政元素，使课程、思政一体化，潜移默化地帮助学生形成正确的价值观。

本书由汤冬梅、罗嘉欣、杜利萍担任主编，肖建敏、李菁、潘华勤、张明月、李志良、朱小芳担任副主编，周阅担任主审。本书具体编写分工如下：第1～4章由杜利萍、李菁、张明月负责编写；第5～7章由罗嘉欣、潘华勤、李志良负责编写；第8～10章由汤冬梅、肖建敏、朱小芳负责编写。全书由汤冬梅进行全面规划、统稿和修改。

在编写本书的过程中参考了相关文献、资料，在此，谨向其作者深表谢意。

由于笔者的水平有限，书中难免存在错漏之处，敬请广大教师和读者提出宝贵建议和意见。此外，笔者还为广大一线教师提供了服务于本书的教学资源库，需要者可致电13811187534或者发送邮件至1176142336@qq.com。

编　者

2024年6月

目录
CONTENTS

第 1 章 大数据认知

学习目标

【知识目标】

- 了解大数据的基本概念以及生活中的应用场景
- 了解大数据的发展历史
- 了解大数据的分类
- 了解大数据算法

【技能目标】

- 具备区别大数据与传统数据的能力

【素质目标】

- 具有较强的集体意识和团队合作的能力
- 能够形成大数据时代的数据思维
- 培养学生具备基本的数据认知
- 为企业数据化运营提供数据阅读、操作、分析和讨论的基本素质支撑

【思政目标】

- 拓宽学生视野、更新知识储备，培育学生直面大数据、用好大数据的目标和信心

思维导图

本章内容聚焦于大数据认知的相关知识，主要包括大数据时代、生活中的大数据、大数据简史、大数据的本质、大数据分类及大数据算法 6 个学习任务。本章学习思维导图如图 1–1 所示。

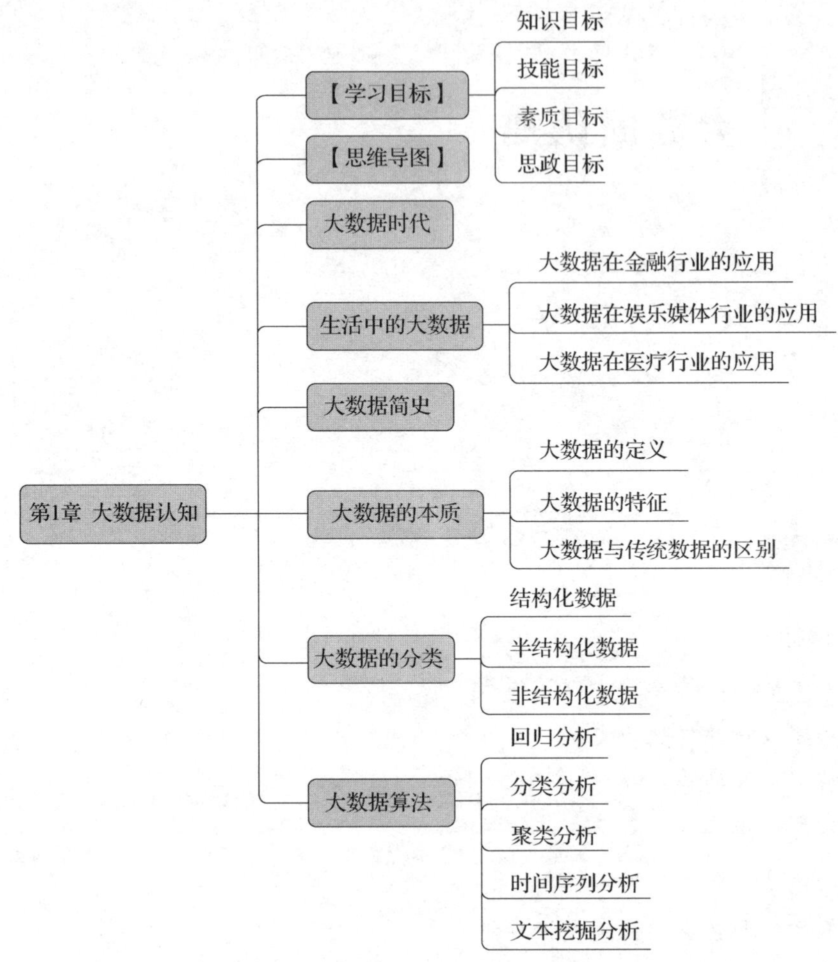

图 1-1 第 1 章学习思维导图

1.1 大数据时代

最早提出大数据时代到来的是全球知名咨询公司麦肯锡，该公司在一份报告中称：“数据，已经渗透到当今每一个行业和业务职能领域，成为重要的生产因素。人们对于海量数据的挖掘和运用，预示着新一波生产率增长和消费者盈余浪潮的到来。”大数据在物理学、生物学、环境生态学等领域以及军事、金融、通信等行业已广泛应用，随着云计算和物联网技术的飞速发展，大数据迎来了前所未有的繁荣与变革。

现阶段，数字化技术、商品与服务不仅在向传统产业进行多方向、多层面与多链条的加速渗透，即产业数字化；而且在推动诸如互联网数据中心(Internet Data Center，IDC)建设与服务等数字产业链和产业集群的不断发展壮大，即数字产业化。中国重点推进建设的5G网络、数据中心、工业互联网等新型基础设施，本质上就是围绕科技新产业的数字经济基础设施，数字经济已成为驱动中国经济实现又好又快增长的新引擎，数字经济所催生出的各种新业态，也将成为中国经济新的重要增长点。大数据已成为数字经济这种全新经济形态的关键生产要素，通过对数据资源的有效利用以及开放的数据生态体系能够使数字价值充分释放，驱动传统产业的数字化转型升级和新业态的培育发展，提高传统产业的劳动生产率，培育市场和产业新增长点，促进数字经济持续发展与创新。

大数据时代

1.2 生活中的大数据

当今社会，大数据正不断彰显出自身的优势，同时，大数据应用的领域也逐渐扩大，大数据在不同领域中协助企业不断地发展新业务，创新运营模式。大数据可以帮助企业判断消费者行为，预测产品销售量，优化企业营销范围以及存货补给，从而使企业决策更加科学，实现健康发展。

1.2.1 大数据在金融行业的应用

金融行业是大数据技术应用最广泛的行业，证券公司和银行经常会运用大数据技术对数据进行监控和分析。

金融行业面临许多行业挑战，包括证券欺诈、信用卡欺诈和企业信用风险等一系列数据风险挑战，行业内面临的种种问题，都需要大数据发挥其预测的核心功能，帮助企业有效规避风险。

1.2.2 大数据在娱乐媒体行业的应用

大数据分析在娱乐媒体行业的应用也非常广泛，例如：通过分析社交媒体上明星粉丝的数量和行业内的新闻动态，可以预测影视视频的播放量和受喜爱程度；通过智能产品的点击数量和浏览量，可以推测用户的个性偏好，并且为其推荐喜爱的产品。

大火的美剧《纸牌屋》，就是通过大数据分析，选取适合不同网友偏好的视频推荐策略，获得了极高的播放量。另外，大数据技术在娱乐媒体行业的应用也在引导受众，让其为娱乐产业消费。

1.2.3 大数据在医疗行业的应用

生活中的大数据

医疗行业可以通过大数据技术分析用户的身体情况和大量病例数据，提高医疗行业的监控力度，进行有效监测，降低用户的患病率。比如，手机上的健康 App(应用程序)能够统计用户的行走步数和锻炼情况，记录用户的健康状况，并且预测可能发生的疾病，这个过程就是在运用大数据技术。

1.3 大数据的发展

大数据的发展历程是一部从简单到复杂、从单一到多元的演进史。以下是对大数据发展史的概述。

1. 数据收集时期(1940—1970 年)

(1)发展背景。在这一时期，第二次世界大战和冷战推动了计算机技术的发展，数据的产生和收集逐渐成为一项重要工作。早期的数据收集主要依赖于人工操作，随着计算机的出现，数据收集开始走向自动化。

(2)主要特点。

数据产生：政府部门、企业、科研机构等开始产生大量数据。

数据存储：磁带、磁盘等存储介质的出现，使得数据存储成为可能。

数据处理：早期的数据处理主要依靠批处理，数据处理速度较慢。

(3)技术发展。

1)计算机技术的发展为数据收集提供了硬件支持。

2)磁带、磁盘等存储介质的出现，为数据的长期存储提供了条件。

3)基础的编程语言和数据库管理系统开始出现，为数据处理奠定了基础。

2. 数据存储与管理时期(1970—1990 年)

(1)发展背景。随着计算机技术的普及，数据量急剧增长，如何有效存储和管理数据成为亟待解决的问题。

(2)主要特点。

关系型数据库：关系型数据库的出现，使得数据管理更加规范和高效。

数据仓库：数据仓库的概念逐渐形成，为企业提供了集中式数据存储和管理解决方案。

商业智能：商业智能工具和知识管理技术的应用，为数据分析提供了支持。

(3)技术发展。

1)关系型数据库管理系统(如 Oracle、SQL Server)的广泛应用，提高了数据处理效率。

2)数据仓库技术的成熟，使得企业能够更好地整合和分析数据。

报表工具和决策支持系统的出现，为企业决策提供了数据支持。

3. 数据挖掘与分析时期(1990—2005 年)

(1)发展背景。互联网的普及和信息技术的飞速发展，使得数据量呈爆炸式增长，数据挖掘技术应运而生。

(2)主要特点。

数据挖掘：数据挖掘技术帮助企业从海量数据中提取有价值的信息。

数据仓库：数据仓库解决了大规模数据存储的问题，为数据分析提供了基础。

在线分析处理(OLAP)：OLAP 技术的应用，使得多维数据分析成为可能。

(3)技术发展。

1)数据挖掘算法(如决策树、神经网络、聚类分析)的发展，为数据分析提供了更多方法。

2)数据仓库技术的不断完善，提高了数据存储和分析的效率。

3)OLAP 工具的出现，使得用户能够更直观地分析数据。

4. 大数据时代(2005 年至今)

(1)发展背景。2005 年，Hadoop 技术的诞生标志着大数据时代的到来。社交网络、移动互联网等产生的海量非结构化数据，对传统数据处理方法提出了挑战。

(2)主要特点。

Hadoop 框架：Hadoop 支持大规模数据集的分布式存储和并行计算，成为大数据处理的基石。

非结构化数据处理：大数据技术能够处理各种类型的非结构化数据，如文本、图片、音频等。

实时数据分析：实时数据分析技术的发展，使得企业能够快速响应市场变化。

(3)技术发展。

分布式计算：MapReduce、Spark 等分布式计算框架的出现，极大地提高了数据处理速度。

分布式存储：HDFS(Hadoop 分布式文件系统)、Cassandra 等分布式存储系统，为大数据存储提供了解决方案。

数据处理和分析工具：Pig、Hive、Impala 等工具的发展，简化了大数据分析过程。

1.4 大数据的本质

1.4.1 大数据的定义

大数据指无法在一定时间范围内用常规软件工具进行捕捉、管理和处理的数据集合，是需要新处理模式才能具有更强的决策力、洞察发现力和流程优化能力的海量、高增长率和多样化的数据资产。

1.4.2 大数据的特征

1. 数据量大(Volume)

大数据的第一个特征是数据量大。单一数据集的规模从 TB(太字节)扩大到 ZB(泽字节)。

2. 类型繁多(Variety)

大数据的第二个特征是数据类型繁多，包括数据表、数据库、网络日志、音频、视频、图片、地理位置信息等等，多类型的数据对数据的处理能力提出了更高的要求。

3. 价值密度低(Value)

大数据的第三个特征是数据价值密度相对较低。随着物联网的广泛应用，信息感知无处不在，信息海量，但价值密度较低，如何通过强大的机器算法更迅速地完成数据的价值“提纯”，是大数据时代亟待解决的难题。

4. 速度快、时效高(Velocity)

大数据的第四个特征是处理速度快，时效性要求高。这是大数据区别于传统数据挖掘最显著的特征。

1.4.3 大数据与传统数据的区别

大数据与传统数据的区别如表 1-1 所示。

大数据的本质

表 1-1　大数据与传统数据的区别

类别	传统数据	大数据
数据对象	有限的采样样本	所有可用的数据，全数据样本
分析要求	追求结果的精确性	允许不精确和不完美，接受模糊的结论
分析结论	强调结论背后的因果关系	注重结论背后的关联关系，总结相关规则，并不关心因果关系

1.5　大数据的分类

从数据类型上来看，大数据可以分为三类：结构化数据、半结构化数据和非结构化数据，如表 1-2 所示。

表 1-2　大数据的类型

数据类型	表现形式	典型场景
结构化数据	数据库、表等	企业资源计划、财务系统、人力资源数据库等
半结构化数据	邮件、HTML(超文本标记语言)、报表等	邮件系统、网页信息、报表系统等
非结构化数据	文本、图片、视频、音频等	在线视频内容、音频内容、图形图像信息等

1.5.1　结构化数据

大数据的分类

结构化数据也称行数据，是由二维表结构来逻辑表达和实现的数据，严格遵循数据格式与长度规范，主要通过关系型数据库进行存储和管理。简单来说，就是数据库，比如企业资源计划、财务系统，医疗 HIS(医院信息系统)数据库，教育一卡通，政府行政审批，其他核心数据库，等等。

1.5.2　半结构化数据

和普通文本相比，半结构化数据具有一定的结构性，但它并不符合关系型数据库或其他以数据表的形式关联起来的数据模型结构。

半结构化数据属于同一类实体，可以有不同的属性，当它们被组合在一起时，属性的顺序并不重要。常见的半结构化数据有 XML(可扩展标记语言)、HTML 和 JSON(JS 对象简谱)。

1.5.3 非结构化数据

非结构化数据是指数据结构不规则或不完整，没有预定义的数据模型，不方便用数据库二维逻辑表来表现的数据，包括所有格式的办公文档、文本、图片、音频、视频等。

非结构化数据的格式非常多样，标准也是多样的，而且在技术上，非结构化信息比结构化信息更难标准化和理解。因此，存储、检索、发布以及利用非结构化数据需要更加智能化的信息技术，比如海量存储、智能检索、知识挖掘、内容保护、信息的增值开发利用等。

1.6 大数据算法

大数据处理的是各种各样的数据，包括数字、文字、图像、音频、视频等，通过对海量数据的处理，挖掘出隐含在其中的有价值的、有用的信息，并做出预测，进行决策支持，该过程称为大数据挖掘。大数据挖掘主要基于人工智能、机器学习、模式学习、统计学等，并涉及一些算法模型的应用。

常见的大数据挖掘算法有回归分析、分类分析、聚类分析、时间序列分析、文本挖掘分析等。

1.6.1 回归分析

大数据算法

所谓回归分析，是在掌握大量观察数据的基础上，利用数理统计方法建立因变量与自变量之间的回归关系函数表达式(又称回归方程式)。

在回归分析中，当研究的因果关系只涉及因变量和一个自变量时，该过程叫作一元回归分析；当研究的因果关系涉及因变量和两个或两个以上自变量时，该过程叫作多元回归分析。

使用回归分析预测未来事件，在业务中应用最为广泛，例如预测销售量或制订增长计划等。

1.6.2 分类分析

分类是找出数据库中的一组数据对象的共同特点并按照分类模式将其划分为不同的类，其目的是通过分类模型，将数据库中的数据项映射到某个给定的类别中。

分类分析可以应用于应用分类、趋势预测中，如淘宝商铺将用户在一段时间内的购买情况划分成不同的类，根据情况向用户推荐关联类的商品，从而增加商铺的销售量。很多算法都可以用于分类，如决策树、KNN、朴素贝叶斯等，如图 1-2 所示。

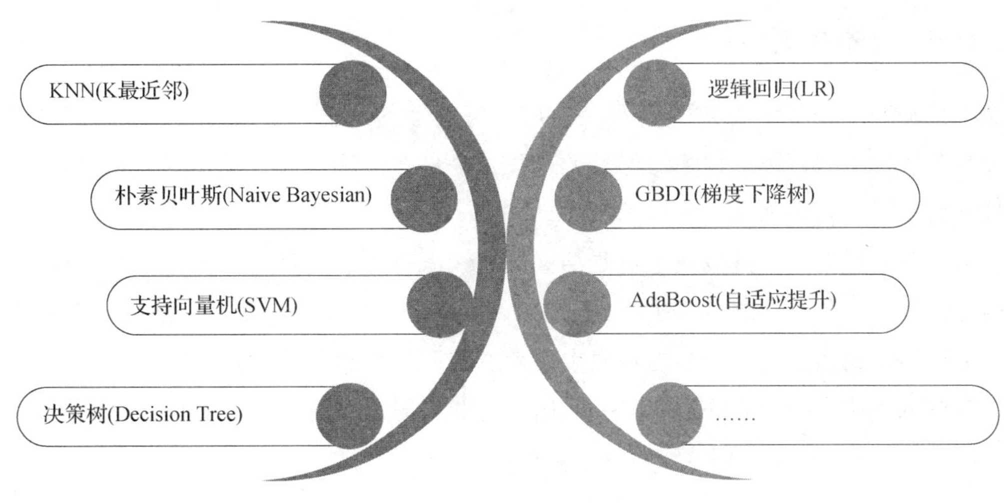

图 1-2　分类算法

1.6.3　聚类分析

聚类分析是把数据对象集合按照相似性划分成多个子集的过程，每个子集是一个簇，使得簇中的对象彼此相似，但与其他簇中的对象不相似。

聚类与分类的不同在于，聚类所要求划分的类是未知的。常见的聚类算法包括 K-Means 算法以及期望最大化算法(ExpectationMaximization，EM)。

在商业领域，聚类分析被用来发现不同的客户群，并且通过购买模式刻画不同的客户群的特征。

1.6.4　时间序列分析

时间序列也叫动态数列，是指把某种现象在不同时间上的各个变量值按时间的先后顺序排列而形成的一种数列。

时间序列由以下两个要素组成：

(1)时间要素：某一现象发生的时间，包括时间单位和时间长度。

(2)数据要素：现象在不同时间上的变量值。

时间序列分析中，不论其数值大小，每一个数值所在的位置都是由它所处的时间决定的，即数字顺序是按时间的先后顺序排列的。

时间序列的作用：

(1)深入揭示现象变化的数量特征；

(2)反映现象发展变化的趋势和规律；

(3)揭示现象变化的内在原因，为预测和决策提供可靠的数据信息。

1.6.5 文本挖掘分析

文本挖掘分析是抽取有效、新颖、有用、可理解的，散布在文本文件中的有价值知识，并且利用这些知识更好地组织信息的过程，是自然语言处理、模式分类和机器学习等相关技术密切结合的一项综合性技术。

文本挖掘分析最大的挑战在于对非结构化自然语言文本内容的分析和理解。这里需要强调两个方面：一是文本内容几乎都是非结构化的；二是文本内容是用自然语言描述的，而不是单纯用数据描述的，文本内容通常不考虑图形和图像等其他非文字形式。

文本挖掘的流程一般为语料获取—原始语料的数据化—内在信息挖掘与展示。

随堂测验

一、单选题

1. XML 文档属于(　　)。

A. 结构化数据　　B. 半结构化数据　　C. 非结构化数据

2. (　　)，大数据被赞扬为“第三次浪潮的华彩乐章”。

A. 1980 年　　B. 2005 年　　C. 2008 年　　D. 2009 年

3. 大数据最核心的价值是(　　)。

A. 预测　　B. 统计　　C. 分析　　D. 收集

4. 大数据是以多元形式从许多来源收集的庞大数据组，往往具有(　　)。

A. 实时性　　B. 规模性　　C. 流通性　　D. 专业性

二、多选题

1. 大数据的发展趋势包括(　　)。

A. 大数据与信息技术深度融合　　B. 大数据自助服务与智能应用

C. 数据要素市场化逐步推进　　D. 数据科学和数据联盟的成立

2. 大数据，或称为巨量资料，指的是需要新处理模式才能具有更强的(　　)的海量高增长率和多样化的信息资产。

A. 决策力　　B. 洞察力　　C. 流程优化能力　　D. 预测能力

三、判断题

1. 大数据源于互联网的发展。（　　）

2. 2020 年，大数据被正式列为新型生产要素。（　　）

3. 云计算为数据资产提供了技术支持手段，而数据才是真正有价值的资产。（　　）

4. 2018 年，工业和信息化部发布了《大数据产业发展规划 2016—2020 年》，进一步明确了促进我国大数据产业发展的主要任务、重大工程和保障措施。（　　）

第 2 章 大数据在财务领域中的应用

学习目标

【知识目标】

- 了解大数据在财务领域的应用场景、特征和作用

【技能目标】

- 了解大数据在财务领域的应用实践

【素质目标】

- 具有较强的集体意识和团队合作的能力
- 培养学生具备基本的关于数据在企业经营管理中的应用的认知

【思政目标】

- 拓宽学生视野，更新知识储备

思维导图

本章内容聚焦大数据在财务领域中的应用，主要包括大数据的主要应用领域、大数据在财务领域中的具体应用以及大数据分析案例分享。本章学习思维导图如图 2-1 所示。

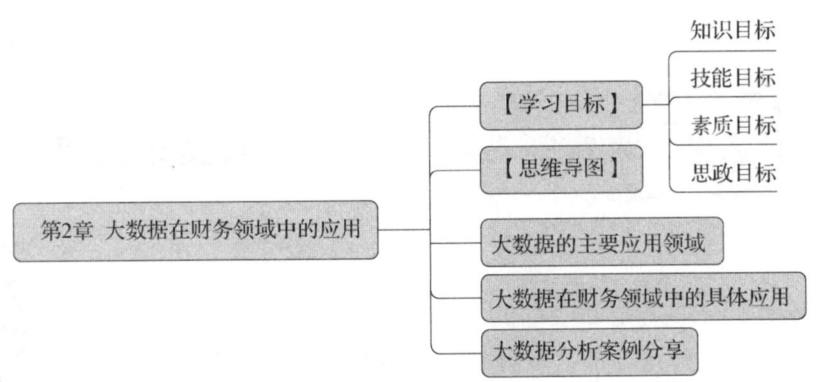

图 2-1　第 2 章学习思维导图

2.1　大数据的主要应用领域

(1) 大数据在人力资源管理中的应用：人才盘点、人才需求画像、敬业度分析、薪酬评估、绩效分析。

(2) 大数据在财务领域的应用：经营者角度财报分析，投资者角度财报分析，资金、销售、费用分析与预测，企业战略分析，采购供应商画像分析，企业财务困境预测。

(3) 大数据在营销领域的应用：消费者洞察、商品定价策略、广告精准营销、门店选址策略、双十一销售策略。

(4) 大数据在审计中的应用：业务活动的舆情分析、智能内控审查、风险评估分析、员工舞弊识别。

(5) 大数据在金融领域的应用：中小微企业信贷决策、保险精准营销、多因子量化交易、货币政策文本分析、第三方支付风控、金融大数据监管合规。

(6) 大数据在医疗行业的应用：病例分析、病理报告、治愈方案、药物报告等。

(7) 大数据在交通领域的应用：合理进行道路规划。

(8) 大数据在教育领域的应用：因材施教，改善教育教学方式方法。

(9) 大数据在农、牧、渔领域的应用：帮助改善农、牧、渔领域生产规划与市场需求间的供需关系。

除此之外，大数据还将广泛应用于城市管理、体育、餐饮等方面。

2.2 大数据在财务领域中的具体应用

大数据在财务领域中的应用

2024 年影响中国会计行业的十大信息技术评选中，会计大数据分析与处理技术位列第 1，数据治理位列第 7，数据挖掘位列第 9，如图 2-2 所示。

图 2-2　2024 年影响中国会计行业的十大信息技术

(1) 大数据与财务转型。

财务共享是财务转型的起点，大数据管理是财务转型的终点。大数据在财务共享服务中的应用场景，如图 2-3 所示。

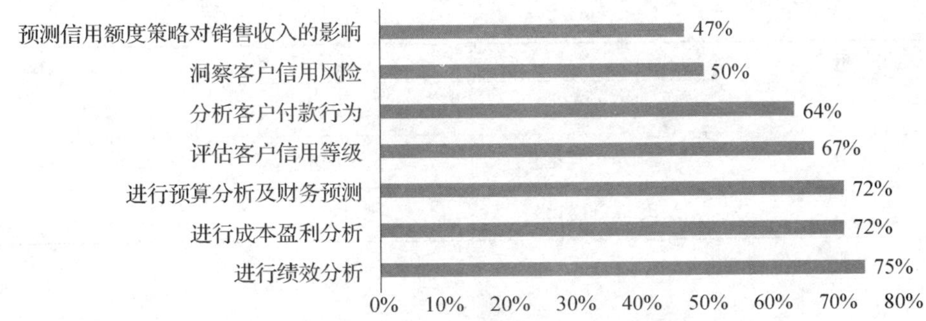

图 2-3　大数据在财务共享服务中的应用场景

(2)大数据时代的财务价值。

对传统业务支持：包括财务预测、决策支持；经营分析、业绩评价；风险识别、加强控制。

对新型业务拓展：包括数据资产的评估，数据交易，数据搜索。

(3)财务大数据典型应用。

利用大数据技术，将财务数据与业务数据相融合，打破数据孤岛，提高数据质量，对企业的财务能力、财务指标进行分析与预测，对指标数据做深入的洞察分析与溯源，形成可视化大屏，为经营者提供决策支持。

做企业战略分析时，利用大数据技术中的爬虫技术、文本挖掘和情感分析，深度挖掘客户购买产品之后留下的评论数据，对文字内容进行情感分析、主题分析、关键词分析，从而在战略发展及产品未来发展方面为企业提供决策支持。

在大数据时代，企业可以实现财务工作和业务工作的融合，业财融合模式受到了越来越多企业的关注，财务人员也需要了解业务工作内容。做企业采购管理时，利用大数据技术，企业可以建立供应商库，构建供应商画像，而财务人员可以在构建供应商画像时，站在财务角度，给出供应商画像需要考虑的画像标签，避免企业内部人员在选择供应商时出现徇私舞弊的现象，有效规避由供应商带来的财务风险。

大数据项目对企业管理的影响如表 2-1 所示。

表 2-1　大数据项目对企业管理的影响

影响性质	影响关键点	初始状态	结果状态
当前已有影响	数据状态变化	信息孤岛	信息海洋
	检查数量变化	少量抽查	全面排查
	干预时点变化	事后监督	实时监测
	主导人员变化	技术人员	财务、业务人员
	会计职责变化	数据收集	数据分析
	会计方法变化	经验方法	数据规律
	运行形态变化	业财分离	业财融合

续表

影响性质	影响关键点	初始状态	结果状态
未来可能影响	会计分期变化	年月分期	日时分期
	治理结构变化	组织多层	组织扁平
	记账基础变化	权责发生	权责发生+收付实现

2.3 大数据分析案例分享

(1)项目背景及过程。

某传统成品油销售企业面临的问题，如图 2-4 所示。

图 2-4　某传统成品油企业面临的问题

XBRL(可扩展商业报告语言)标准化+大数据 XBRL 数据标准化技术对每项数据都贴上“二维码”标签，能将数据转换为业务和财务人员能直接读懂的语言，有效解决了传统商务智能数据仅面向 IT(信息技术)人员的问题；XBRL 的跨平台优势打破了特定软件产品对企业信息的禁锢，使企业能够更加有效地管理数据资产，降低了企业信息化建设成本；XBRL 的颗粒化特点，能够实现多层标记、层层穿透，精准快速地挖掘数据背后的故事，从而实现用户驱动的实时数据分析，如图 2-5 所示。

图 2-5　XBRL 标准化

(2)找准出血点，进行精准风险监控。

加油卡套现、油品保管损溢偏差较大等问题，是一直困扰传统成品油企业发展的效益“出血点”。梳理加油卡、单罐损溢和加油枪泵码三大类 23 种风险后发现，精确定位风险源头，点对点实时精确稽查能有效降低多种风险。风险监控功能上线后，卡风险异常环比下降 39.6%、单罐损耗异常环比下降 12.5%、泵码异常环比下降 25%，年预计可降低成本费用2 300 万元。

(3)XBRL 大数据平台的应用。

应用 XBRL 大数据平台前：从巨量的卡交易数据中人为筛查风险卡，每周最多 2 次，每次至少需要 4 h，并且筛查疑点必须到现场调阅交易明细和通过视频监控确认，稽查精准度低、稽查成本高。

应用 XBRL 大数据平台后：大数据平台仅需 188 s 就能对全省当日 300 万条交易数据进行快速筛查，自动推送异常信息，借助远程视频，实现对现场管理的零距离实时监控，如图 2-6 所示。

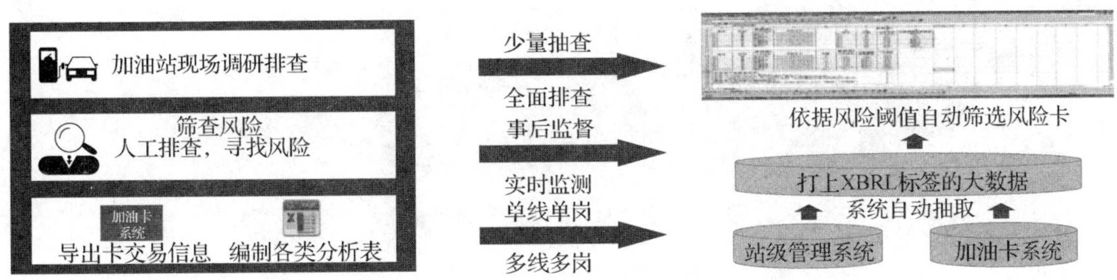

图 2-6　应用 XBRL 大数据平台前后对比

应用成效：

案例 1：按日监控异常卡消费，严管卡套现，完善卡风险防控措施。

发现问题：武汉分公司通过IC(集成电路)卡消费频次监控模块发现，卡号9130××××00817的单位加油卡于5月4日9：08—11：29在武汉高新二路站(全自助加油站)连续消费17笔汽油，疑似存在卡套现行为，如图2-7所示。

- 该卡为××科技有限公司名下司机卡，由该公司领导持有，该公司员工吴某经授意在高新二路加油站，采取为其他现金客户刷IC卡加油的方式进行套现。
- 高新二路站为全自助加油站，加油站员工未参与套现行为，且该单位未开具增值税专用发票。

- 客户利用加油卡套现，侵害了公司权益，损害了加油站公众形象，扰乱了加油站正常经营秩序，同时给公司带来虚开发票的风险。

- 将制止客户利用加油卡套现行为纳入加油站现场管理规定，明确当班人员责任追究办法。
- 将该单位加油卡列入增值税专用发票开具黑名单。

图2-7　卡风险防控措施成效

案例2：按日监控单罐异常损耗，化解漏油风险，规范加油机停(启)用管理。

发现问题：江汉分公司通过单罐损耗监控模块发现，4月6日，武荆南站4#油罐损耗异常，93#汽油异常亏损107 L。通过大数据平台核实销量、回罐及对应加油设备情况，确认该罐对应6#枪已临时停用，疑似出现漏油，如图2-8所示。

- 查明原因：立即指导加油站进行排查，发现6#枪加油机底部填沙被液体浸湿，且止回阀未关闭，管线连接处有油品渗漏。
- 应急处置：加油站立即关闭加油机和潜泵电源，设置警戒线，将6#机底部油沙清理，确认止回阀处于关闭状态，提枪检查管线连接处不再渗漏后重新填沙。

- 规范加油枪停（启）用流程。
- 设立停（启）用枪审批流程，并建立停（启）用枪电子账，规范停（启）用枪管理。
- 明确在用枪短期停（启）用注意事项。关于加油机停用，潜泵加油机关闭止回阀，油枪打铅封；关于加油机启用，先审批报备，后拆封排控。

图2-8　加油机停(启)用管理成效

案例3：即时复核回罐油数量，防止虚假回罐，规范成本费用列支。

发现问题：十堰分公司在单罐损耗监控模块中发现，4月13日，十堰窑淮加油站4#油罐单罐损耗预警，93#汽油修正前亏损34.632 L，修正后亏损4.632 L。通过穿透联查发现，该站当日93#汽油回罐360 L，疑似当日回罐油未按规定回罐，如图2-9所示。

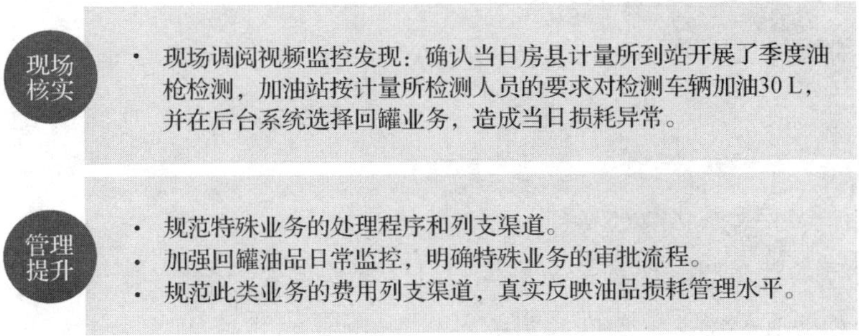

- 现场调阅视频监控发现：确认当日房县计量所到站开展了季度油枪检测，加油站按计量所检测人员的要求对检测车辆加油30 L，并在后台系统选择回罐业务，造成当日损耗异常。

- 规范特殊业务的处理程序和列支渠道。
- 加强回罐油品日常监控，明确特殊业务的审批流程。
- 规范此类业务的费用列支渠道，真实反映油品损耗管理水平。

图 2-9　成本费用列支成效

随堂测验

一、单选题

1. 以下哪项是大数据在审计中的应用(　　)。

A. 投资者角度财报分析　　B. 员工舞弊识别

C. 绩效分析　　D. 第三方支付风控

2. 所有用户轨迹数据化属于以下哪一项大数据营销能力(　　)。

A. 数字化营销能力　　B. 智能化营销能力

C. 精准化营销能力　　D. 运营化营销能力

3. 数字化营销推广能力、数字化客户运营能力的知识技能不包括(　　)。

A. 营销创意　　B. 私域流量

C. 电子商务　　D. 精准营销

4. 以下选项中属于消费分级时代最稀缺的是(　　)。

A. 内容　　B. 品质　　C. 信息　　D. 便利

5. 大数据的特性不包括(　　)。

A. 稳定性　　B. 高速性　　C. 多样性　　D. 规模性

6. 影响中国会计行业的十大信息技术中，综合得票率最高的是(　　)。

A. 会计大数据分析与处理　　B. 流程自动化

C. 财务云　　D. 中台技术

7. XBRL 大数据平台的作用不包括(　　)。

A. 全面排查　　B. 单线多岗

C. 少量抽查　　D. 事后监督

二、多选题

1. 影响会计从业人员的十大信息技术包括(　　)。

A. 财务云　B. 中台技术　C. 商务智能　D. 新一代 ERP

E. 电子发票

2. 大数据的新型业务拓展包括(　　)。

A. 数据资产的评估　B. 数据交易　C. 数据搜索　D. 财务预测

3. 大数据对企业管理当前已有的影响有(　　)。

A. 会计职责变化　B. 运行形态变化　C. 治理结构变化　D. 干预时点变化

4. 人力资源大数据对企业进行哪些分析(　　)。

A. 描述性分析　B. 预测性分析　C. 诊断性分析　D. 指导性分析

5. 人力资源大数据的特点有(　　)。

A. 相关性　B. 分散性　C. 动态性　D. 稳定性

6. 大数据在营销领域的特点有(　　)。

A. 营销科学化　B. 营销个性化

C. 营销围绕数据开展　D. 营销组织机构和人员工作职能转变

三、判断题

1. 大数据管理是财务转型的起点。(　　)

2. 客户价值分析(CVA)应用大数据技术在保持和衡量客户关系的过程中加速销售周期。(　　)

3. 营造一种员工体验的快感，成为企业管理者面对年轻一代新员工的首要课题。(　　)

4. XBRL 的颗粒化特点能够实现多层标记，层层穿透，精准快速地挖掘数据背后的故事，从而实现用户驱动的实时数据分析。(　　)

5. 营销领域大数据的应用不包括产品开发与定价。(　　)

6. 大数据在客户相关领域中的应用高于财务领域。(　　)

7. TIC 研发的智能人才管理系统，主要作用于人才、组织和文化三大方面。(　　)

第 3 章 大数据分析方法论

学习目标

【知识目标】

- 了解大数据分析五步法方法论
- 了解数据质量、数据收集来源和类型
- 了解数据分析类型

【技能目标】

- 掌握数据收集、数据清洗、数据挖掘等大数据工作流程
- 掌握数据收集方法，能运用工具收集业务分析所需的数据
- 了解数据预处理的方法，掌握数据清洗工具的操作
- 了解数据可视化图表类型
- 了解数据挖掘分析算法类型
- 掌握数据挖掘工具操作
- 了解撰写数据分析报告的内容、结构、注意事项等

【素质目标】

- 具有较强的集体意识和团队合作的能力
- 培养学生对于数据分析方法、流程的认知
- 培养学生利用数据进行分析、决策、解决问题的思维

【思政目标】

- 树立学生的数据保护意识，既要保护自己公司的隐私数据，也不能破坏别的公司的隐私数据

思维导图

本章聚焦大数据分析方法论，主要包括大数据分析方法论概述、业务理解、数据收集、数据预处理、数据分析与挖掘、报告撰写 6 个学习任务。本章学习思维导图如图 3-1 所示。

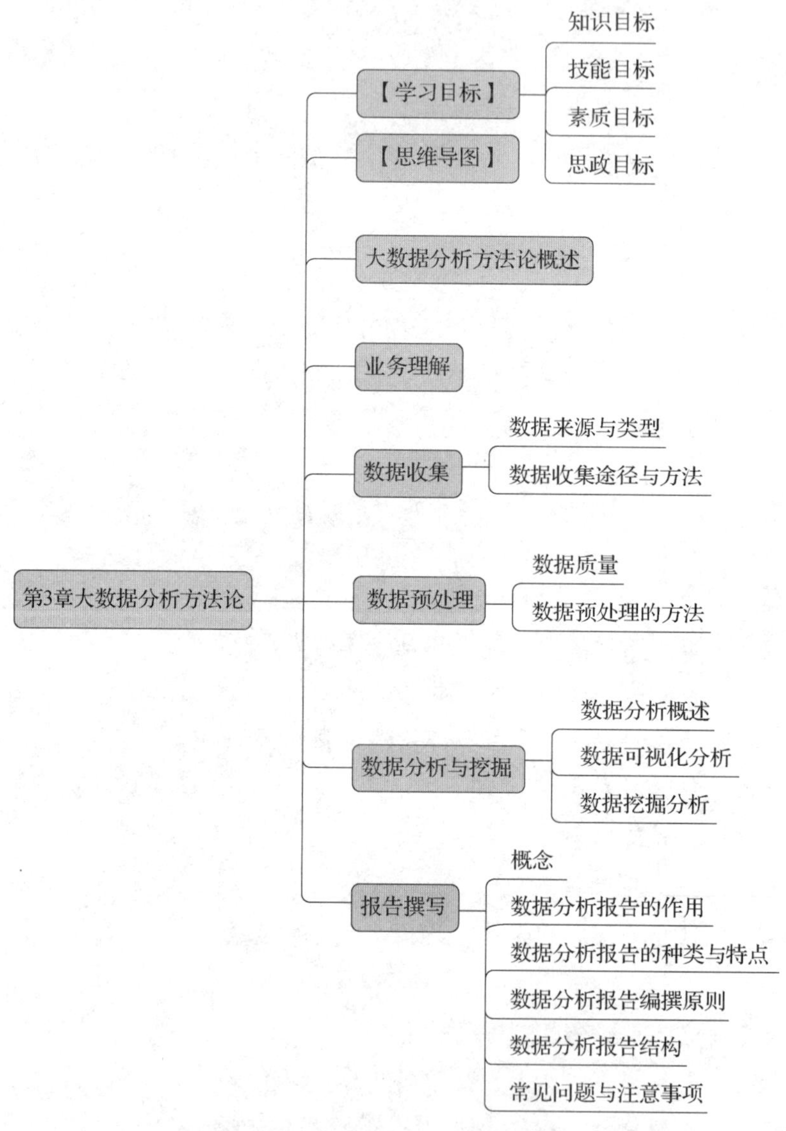

图 3-1　第 3 章学习思维导图

3.1　大数据分析方法论概述

(1)业务理解：理解业务问题，确定数据分析与挖掘目标。

根据业务背景信息，发现问题并厘清问题定义，确定数据分析与挖掘目标。

通过背景信息，我们可以全面系统掌握业务背景资料，熟悉相关行业知识、业务运作逻辑，分析业务背景中的具体问题，进行归纳总结并找出主要矛盾。我们还可以根据已有知识、经验分析问题，根据绩效目标来制定衡量指标，对问题产生的可能性进行假设、验证。

(2)数据收集：确定数据来源、收集方法，制定数据收集方案。

大数据分析方法概述

采用合适的方法和工具收集相应数据，用于数据分析。

数据收集分为内部数据收集和外部数据收集，内部数据一般包括信息管理系统采集、上报数据、问卷调查、深度访谈等。外部数据一般由第三方发布数据、网站搜索结果、爬虫软件采集等。

(3)数据预处理：对数据进行预处理具体包括缺省值处理、异常值处理、数据集成、数据变换、降低维度和复杂性以及数据消减。

在进行数据预处理时，首先应将收集的数据整理成可以用于分析的相对统一的数据格式。数据预处理最常见的方法为数据清理，即检查数据中存在的错误、重复和不一致，对其进行剔除或者改正以提高数据质量。数据预处理流程如图 3-2 所示。

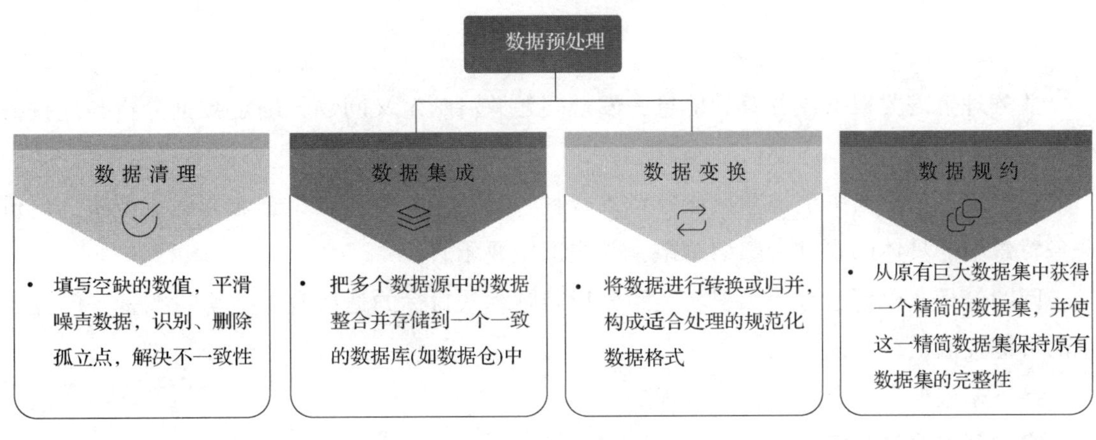

图 3-2　数据预处理

(4)数据分析与挖掘：数据分析与可视化、数据挖掘模型构建、模型评估与模型优化。

数据分析：运用适当的统计分析方法对收集来的大量数据进行分析，提取有用信息形成结论，并对数据加以详细研究和概况总结。

数据挖掘：从大量数据中通过算法搜索提取有用信息的过程。算法模型的构建指在基本数据分析的基础上，选择和开发合适的数据分析算法，对数据进行建模，提取有价值的信息。

数据可视化：利用计算机图形学和图形处理技术，将数据转换为图形或图像的形式展示出来，并利用数据分析和开发工具发现其中未知信息并进行各种交互处理的理论、方法和技术。

(5)报告撰写：知识发现与应用建议，撰写大数据分析项目报告。

标题：一份报告的文眼，反映了全篇的主旨。

目录：体现数据分析报告的逻辑关系、整体结构。

前言：包括报告的目的和背景，阐述现状或者存在的问题，需要解决什么问题，运用了什么分析思路、分析方法和模型，给出总结性结论或者结果，输出数据来源。

正文：要求逻辑性强、层次结构清晰、分析结论明确。要通过可视化图形分析、挖掘分析等呈现出正确结论。

分析结论：呈现数据分析的总体结果、对结果进行解释说明，并提出合理建议或改善策略。

3.2 业务理解

业务理解需要根据业务背景信息，发现问题并清晰定义问题，确定数据分析与挖掘的目标、建立分析指标。

背景信息：全面系统地掌握业务背景资料，熟悉相关行业知识、业务运作逻辑，分析业务背景中的具体问题进行归纳总结，并找出主要矛盾。

问题分析：根据已有的知识、经验分析问题绩效目标的达成有哪些衡量指标，问题产生的可能性假设、验证。

接下来根据案例介绍进行业务理解：

案例公司背景介绍：

H 公司是一家专业从事快速消费品生产与销售的企业，产品品类丰富，深受广大消费

者的喜爱。为了应对快速增长的老百姓的需要，实行快速扩张，公司单独成立专门的销售公司，采取分销代理的方式开展销售工作。目前在全国设立了五个大区，设大区经理，大区内设省市区域，在区域内根据需要设置区域经理(下设业务代表)，直接服务于代理商。

随着新零售渠道的快速崛起，一方面 H 公司成立了独立的电子商务公司负责网络渠道的管理。另一方面，由于快速消费品行业竞争加剧，H 公司品牌受到较大冲击和影响。面对外部环境变化的挑战和内部组织建设的要求，H 公司需要转变原有的人力资源战略与行动策略，以满足未来业务发展对人力资源的需求。从公司发展的核心来看，各地区以城市经理为核心的销售团队是最为坚实的力量，城市经理是最为核心的人才。过去的两年，城市经理的绩效出现了分化，有的地区业绩达成与成长情况并不理想。前期公司人力资源部门已经详细梳理了城市经理的岗位职责，主要包括业绩管理、市场管理、经销商管理、重点客户管理、促销活动管理、会议管理、人员管理、日常事务管理等八大职责。为了更好地了解与促进城市经理的发展，公司还专门邀请专业咨询公司构建了城市经理的胜任力模型。

任务：H 公司城市经理绩效行为分析与人才发展策略

近日，在一次公司级的战略会议上，小李作为 H 公司的数据分析师，他所带领的团队承担了一项任务，要求深入分析和研究城市经理目前的绩效状况，比较绩优与绩差城市经理的行为差异，探寻城市经理绩效差异的影响因素，通过大数据分析与挖掘的手段来分析城市经理发展面临的问题，并提出城市经理人才管理优化的措施与建议，以及城市经理的发展策略。

人力资源管理各个模块中哪个问题可能是造成上述状况的原因？根据各个模块的常见问题，列举几个与 H 公司城市经理绩效行为与人才发展策略相关存在的问题。

H 公司人力资源管理关键问题举例：

下一年，H 公司城市经理职位的人员需求是多少人？

目前 H 公司内部有多少人能够通过调配承担城市经理这一职位？

智联招聘网站、51job 网站上，投递城市经理职位的求职者有多少人？

上一年，H 公司城市经理的非正常离职率是多少？

上一年，H 公司城市经理的内部流动率是多少？

目前城市经理的薪酬是否具有内部公平性和外部公平性？

城市经理的薪酬水平、结构能否对任职者产生激励？

城市经理的福利体系是否具有激励性？

阅读案例进行业务理解。

3.3 数据收集

了解数据质量、数据来源、数据收集途径和方法。

3.3.1 数据来源与类型

1. 内部数据

企业信息管理系统：ERP、CRM(客户关系管理)、DHR(数字人力资源管理)、财务系统、营销系统等数据。

IOT 系统：设备传感器、视频监控系统、可穿戴设备、智能仪表、人脸识别系统等数据。

上报数据：定期/不定期报表，各种报告等数据。

调查数据：在线调查、访谈等数据。

2. 外部数据

互联网系统：搜索引擎、电商、资讯、行业网站等数据。

政府部门数据：行政部门、行业主管部门、监管系统等数据。

第三方发布数据：咨询公司、调查公司等数据。

社交数据：微信、微博、QQ、邮箱等数据。

3. 数据类型

结构化数据：能够用统一的设计结构予以存储的数据，如数值、符号等；任何可以以固定格式存储、访问和处理的数据都称为结构化数据。例如，传统的关系数据模型(MySQL 数据库)数据，存储于数据库，可用二维表结构表示。

非结构化数据：字段长度可变，每个字段的记录又可以由可重复或不可重复的子字段构成的数据库。如全文文本、图像、声音、网页、视频等信息。

半结构化数据：介于结构化数据和非结构化数据之间的数据，如 XML、HTML 文档等，数据结构和内容混在一起，没有明显区分。

处理非结构化数据的核心方法是对数据进行分类，按照数据行为(或属性主体)分成静态数据和动态数据，分别进行处理，实现动静分离。动静结合：通过多表关联，让静态数据单独成表，动态数据单独成表，并动态更新数据条目。

3. 3. 2 数据收集途径与方法

1. 网络爬取

利用程序语言或数据采集器对特定网站、数据类型进行爬取，如 Python 爬取、后羿采集器爬取等。

在数据经济环境下，大数据的使用变得愈发重要。大数据整合了各种类型的数据，包括用户数据、竞争数据、线上数据、线下数据等等，如何采集和分析这些数据也成了企业当下务必解决的问题。下面简单介绍 12 款大数据采集工具，如表 3-1 所示。

表 3-1 大数据采集工具

工具名称	简介	界面
Connotate	Connotate 是大规模可扩展 Web 内容提取的市场领导者，能够帮助信息服务提供商和其他以数据为中心的公司显著提高内容收集能力，降低内容提取的持续成本	Connotate's Web Data Starter Packs let you
火车采集器	火车采集器软件是一款网页抓取工具，用于网站信息采集，网站信息抓取，包括图片、文字等信息的采集处理	火车浏览器
探码 Dyson 数据采集系统	探码 Dyson 数据采集系统是国内最早做定制化数据采集的平台，是私有定制化数据采集服务的领先品牌，团队主要为政府、新闻、交通、公安以及大型行业单位提供定制化采集服务，包括数据分发、分布式采集集群等	探码™Dyson 数据采集系统 10 1270 1161 3115
后羿采集器	后羿采集器是由前谷歌搜索技术团队基于人工智能技术研发的新一代网页采集软件，该软件功能强大，操作也很简单	欢迎使用后羿采集器
八爪鱼采集器	八爪鱼数据采集系统以完全自主研发的分布式云计算平台为核心，可以在很短的时间内，轻松从各种不同的网站或者网页获取大量的规范化数据，降低获取信息的成本，提高效率	海量数据稳定采集

续表

工具名称	简介	界面
爬山虎采集器	爬山虎采集器是一款简单易用的网页数据采集工具，提供免费网页爬虫软件	
mozenda	mozenda 自 2007 年以来爬取成功 70 亿个网页。拥有卓越的客户管理和客户支持功能	
造数	造数提供了私有定制化的服务，利用自研的可视化的操作界面，能快速配置获取采集数据	
集搜客	集搜客网络爬虫软件可抓取网页上的数据，存成 excel 表格，用于行业研究、市场分析、电商竞争分析、抓取商品价格和图片	
Extracty	Extracty 可在几分钟内创建动态 Web scraper。从任何网站提取数据。以干净的 JSON 获取最新的在线信息	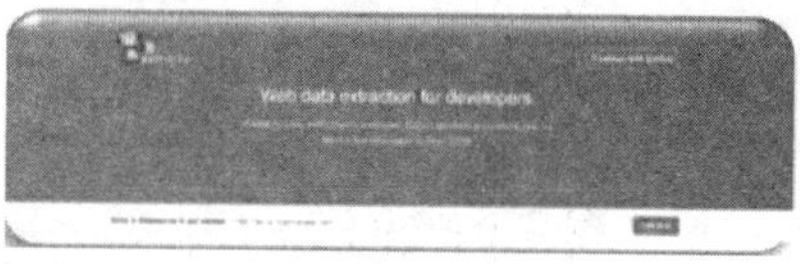
神箭手	神箭手是一个大数据应用开发平台，为开发者提供成套的数据采集、数据分析、机器学习开发工具，为企业提供专业化的数据抓取、数据实时监控和数据分析服务	
网络矿工	网络矿工数据采集软件是一款强大的专业数据采集器，通过用户自定义配置，可快捷地将网页数据结构化存储到本地，并可输出到数据库、发布到网站	

2. 数据调用

数据调用包括企业信息管理系统数据调用、其他数据库数据调用、外部采购数据调用。

企业信息管理系统所包含的数据有：

(1)财务相关数据。

财务相关数据包括资产负债表、利润表、现金流量表、所有者权益变动表、财务报表附注、经济效益分析表、投资效益分析表、现金盘点报告表、部门盈亏管理计划表、年月份应收账款明细表、非经常性实地对账报告单、有价证券盘点报告表、成本差异汇总表、销售管理费用分析表、损益平衡计算表、各产品成本比较表、周转资金分析表。

(2)生产、供应、采购相关数据。

生产、供应、采购相关数据包括生产管理记录表、订单统计表、产销状况控制表、工时记录表、产品设备记录表、材料供应状况追踪表、维护工作记录表、存货数量记录表、产品质量管理表、供应商质量统计表、生产过程质量管理表、产品质量改进记录表、成品检验记录表、产品质量成本损失估计表、年度产品质量问题统计表、产品采购记录、原料订购单、对外发包组装件状况控制表、对外发包零件成本计算表、供应商信用记录卡、材料收发日报表、原材料库存月报表、成品材料收发月报表、盘点盈亏汇总表、各类商品统计报告表、库存管理明细表、滞料库存月报表。

(3)营销相关数据。

营销相关数据包括竞争厂牌价格调查表、市场总需要量调查估计表、产品市场性分析表、促销成本分析表、销售区销售状况分析表、负面情报分析改善表、新产品潜在客户追踪表、业务员销售统计表、历年客户营业额统计表、估计产品占有率比较表、历年销售业绩比较表、销售预算计划表、客户销售收款状况分析表。

(4)人力相关数据。

人力相关数据包括定岗定编表、职位说明书、员工信息花名册、员工变动信息、考核指标汇总、考核结果、其他相关数据(如考勤、考评调整、晋升与职务变动程序、违纪处理程序等)、员工工资奖金核算表、人工成分费用情况、内外部薪酬调研、培训计划与计划完成情况、培训预算与预算完成情况、培训实施情况、培训效果评估、员工职业发展与成长状况、招聘漏斗统计、招聘费用及成本、招聘效果评估、员工简历、员工盘点信息、员工满意度/敬业度调查数据、人力投资回报(人力投资回报、人均产出、劳动生产率)。

3. 网络搜索

网络数据搜索范围包括社交网络数据搜索，专业网站如电商网站、证交所等数据搜索，政府部门、第三方数据收集采用。

4. 数据填报

数据填报包括常规报表、定制报表填报，企业经营管理活动中需要的各类填报数据收集。

5. 调查数据

调查数据的收集范围包括基于调查、访谈等方式的数据收集，如图 3-3 所示。

邮寄调查：通过邮寄或其他方式将调查问卷送至被调查者，由被调查者填写并将问卷寄回或投放到指定收集点的一种调查方法。

个别深度访问：一次只有一名受访者参加的特殊的定性研究。

电话调查：调查员利用电话同受访者进行语言交流，从而获得信息的一种调查方法。

Technology

座谈会：将一组受访者集中在调查现场，让他们对调查主题发表意见，从而获取资料的一种方法。

访问调查：调查者与被调查者通过面对面的交谈获取所需资料的调查方法。

其他方式：如问卷星，基于网络散发问卷以获取数据。

图 3-3 调查数据

3.4 数据预处理

观察表 3-2 中的数据，该数据集有哪些问题？

数据集：数据对象的集合。

数据对象：包括记录、点、向量、模式、事件、案例、样本、观测或实体——行。

属性：指刻画数据对象的基本特征的描述，也称变量、特性、字段、特征、维——列。

表 3-2 数据表

ID	姓名	年龄	性别	分数(百分制)	……
001	张灿	19	女	85	
002	李斯	20	男	120	
003	王五	300	男	72	
004	刘六		女		

3.4.1 数据质量

1. 数据的分类

数据处理技术相对比较成熟的是数值型数据的处理。数据一般可分为定类数据、定序数据、定距数据和定比数据 4 类。

(1)定类数据：也称定性数据，用于标识数据所描述的主题对象的类别或者属性、名称，如人名、事物名等。定类数据只能进行唯一运算——计数，即计算每种数据类型的频数或频率(比重)。

例：将性别分为男性和女性，进行数量化后可用 1、2 表示，这些代号无顺序、大小之分，排序无关紧要，不能进行数学运算，但可以计数。

(2)定序数据：也称序列数据，用于对事物所具有的属性顺序进行描述，可以用数字或序号进行排序和比较。定序数据具有定类数据的特点，并且能够使数据具有某种意义上的等级差异，形成一种确定的排序。

例：将部门分为一级部门、二级部门、三级部门，学历分为研究生、本科、大专、大专以下等。

(3)定距数据：也称间距数据，指具有绝对零点的数据。有标准距离差异度量，可以区分事物不同类型并进行排序，并可测定间距大小、标明强弱程度，可以进行加减法等数学运算。其中，“0”不代表不存在、没有，如时间点、温度等，温度的 0 ℃由人为指定。

例：温度 20 ℃比 10 ℃高 10 ℃，30 ℃比 20 ℃高 10 ℃。

(4)定比数据：也称比率数据，用于描述事物的大小、多少、长短等，可以进行加减乘除数学运算。与定距数据的区别是，定比数据有一个自然确定的非任意的零点，即在数值序列中，零值有实质意义。

例：时间差。

2. 数据类型的转换

定类数据和定序数据是对事物属性的测量，定距数据和定比数据是对事物定量的测量，如图 3-4 所示。

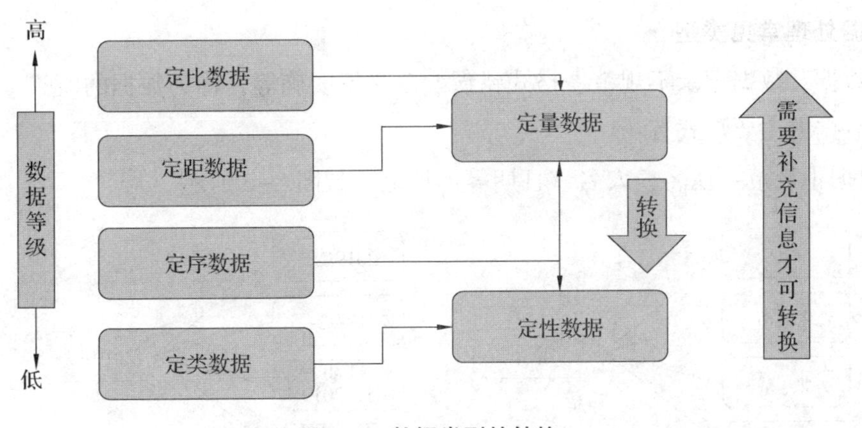

图 3-4　数据类型的转换

3. 数据的质量衡量指标

数据的质量衡量指标有 8 个：准确性、关联性、精确性、即时性、及时性、全面性、完整性、真实性，如图 3-5 所示。

内部数据集准确性、真实性、完整性高，而全面性、及时性、即时性低；

外部数据集(如社交系统数据等)全面性、及时性、即时性高，准确性、真实性、精确性难以控制。

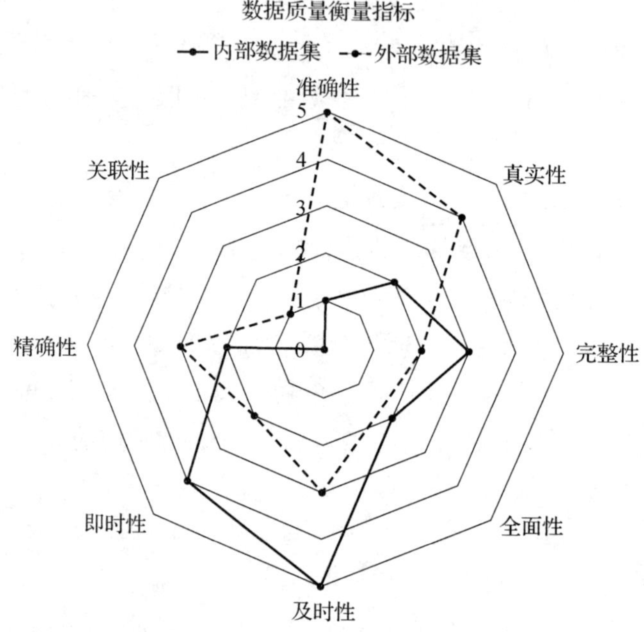

图 3-5 数据质量衡量指标

4. 数据处理常见类型

“脏”数据：数据记录不规范、格式错误、含义不明确等，称为数据的“脏”。

“脏”数据的主要形式有：

(1)数据不规范：地名、人名、日期等不规范，如图 3-6 所示。

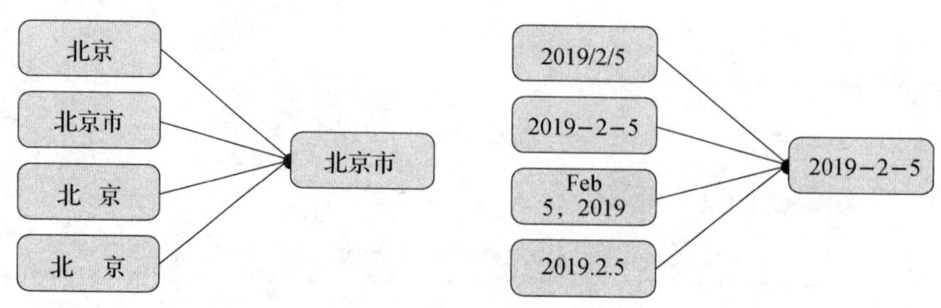

图 3-6 数据不规范

(2)数据不一致：由信息的更新变化、数据源不同、命名规则不同、录入格式不同等产生的不一致，如图 3-7 所示。

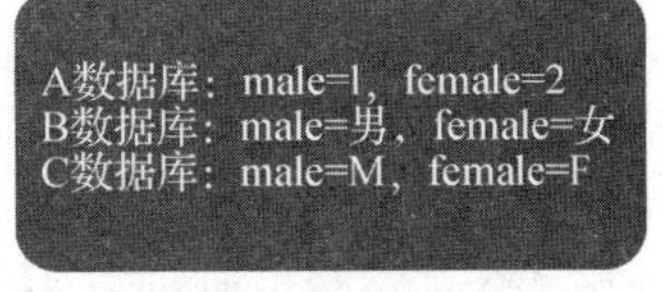

图 3-7　数据不一致

(3)数据不完整、缺失/数据重复：数据记录中出现数据值的丢失或不确定/重复现象。

(4)标准不统一：对录入字段的理解、标准不统一，如质量标准的判定等。

(5)格式不标准。

(6)附加字段。

(7)噪声数据：指数据中存在着错误或异常(偏离期望值)的数据，如年薪-100000 元。

(8)数据杂质：指数据集中出现了与数据记录本身无关的数据。如问卷调查系统中的测试数据。

5. 数据问题产生的原因

不完整数据：数据收集时，缺乏合适的值；数据收集和数据分析时考虑的因素不同；人为、硬件、软件因素所致。

不正确数据：数据收集工具导致的问题；数据录入时，由于人为或计算机错误所致；数据传输中产生的错误。

不一致数据：数据源不同所致；所依据的函数不同所致。

3.4.2　数据预处理的方法

数据预处理的目的：让数据规范化，以供数据处理软件和数据分析模型使用。没有高质量数据，就没有高质量的分析与挖掘结果，高质量的决策必须依赖高质量的数据。

数据预处理的原则：永远给自己留下反悔的余地。数据预处理总体架构，如图 3-8 所示。

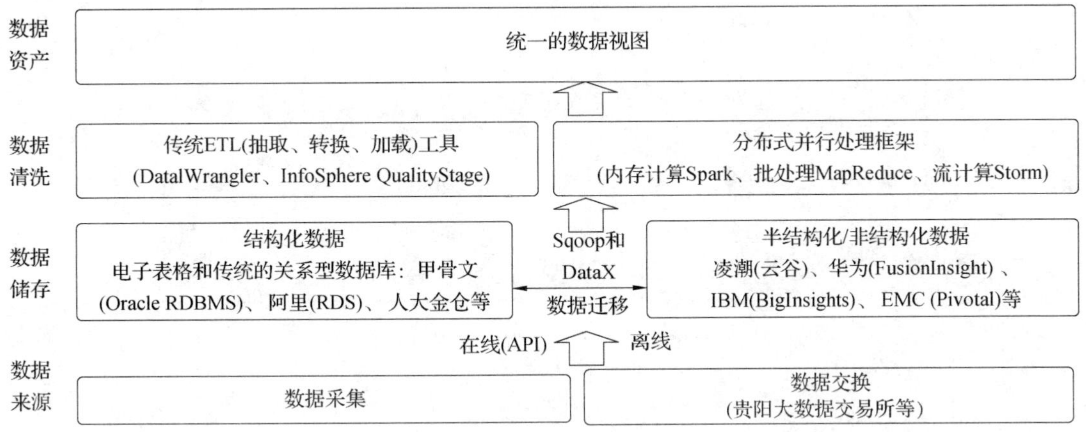

图 3-8　数据预处理总体架构

1. 数据清理

数据清理包括填写空缺数值，平滑噪声数据，识别、删除孤立点，解决不一致性。

(1) 缺失值处理。

确定缺失值范围：对每个字段都计算其缺失值比例，然后按缺失比例和字段重要性，分别制定处理策略。

去除不需要的字段：直接删除即可。

填充缺失内容：以业务知识或经验推测填充缺失值；以同一指标的计算结果(均值、中位数、众数等)填充缺失值；以不同指标的计算结果填充缺失值。如年龄字段缺失，但根据屏蔽后六位的身份证号可进行填充。

重新取数：如果某些指标非常重要又缺失率高，那就需要确定是否有其他渠道可以取到相关数据。

(2) 缺失值处理方法。

直接剔除记录法：直接丢弃含缺失数据的记录，是最常见、最简单的处理缺失数据的方法，也是很多统计软件默认的缺失值处理方法，如图 3-9 所示。缺失值所占比例小时，该方法很有效；但以减少样本量来换取信息的完备，会造成资源的浪费，丢弃了隐藏信息，也可能导致数据发生偏离而得出错误结论。

人员编号	姓名	性别	学历	年龄	司龄（年）	年薪（元）
TZ01838	[illegible]	女	硕士研究生	40.4	14.5	400000
TZ02194	[illegible]	男	硕士研究生	41.8	15.9	300000
TZ01903	[illegible]	男	博士研究生	43.9	18.4	360000
TZ02467	[illegible]	男	本科	38.8	16.0	300000
TZ03638	[illegible]	男	硕士研究生	32.8	6.9	240000
TZ03639	[illegible]	女	本科	35.4	12.6	200000
~~TZ03640~~	~~[illegible]~~	~~男~~	~~本科~~	~~33.1~~	~~10.3~~	~~NULL~~

图 3-9　直接剔除记录法

填补缺失值的方法包括：

1）单一填补法。

用均值、中位数、众数填补缺失值。

均值填补：若数值型变量呈现正态分布，则选择均值填充缺失值。

中位数填补：若是数值型变量呈偏态分布，则选择中位数填充缺失值。

众数填补：如果缺失的不是数值型变量，则选择用众数填充缺失值。

最近距离邻居法：先根据欧式距离或相关分析确定距离具有缺失数据样本最近的 K 个样本，再将这 K 个样本值加权平均用来估计该样本的缺失数据。

2）随机填补法。

随机填补法是采用某种概率抽样的方式，从有完整信息的元组中抽取缺失数据的填补值的方法。能够避免均值填补中由于填补值过于凝集导致的容易扭曲目标属性分布的弱点，使得填补值的分布与真值分布更为接近。

3）多重填补法。

热卡填补法（Hot deck imputation）是规定一个或多个排序属性，按其观察值大小对全部观察单位排序，如果选择的是两个以上的属性，排序按属性的入选顺序依次进行。

排序属性值完全相同的观察单位称为匹配，缺失值就用与之匹配的观察单位的属性值来填补。如果有多例相匹配，可取第一例或随机取其一。如果没有相匹配的，可以每次减少一个排序属性，再找相匹配的元组。如果直到最后一个排序属性，还没有找到相匹配的，则需要重新规定排序属性。

匹配时，可根据不同问题选用不同的标准进行判定。最常见的是使用相关系数矩阵确定某个变量（如变量 Y）与缺失值所在变量（如变最 X）最相关。然后把所有变量按 Y 的取值大小进行排序。那么变量 X 的缺失值就可以用排在缺失值前的个案的数据来代替。

回归填补法：在现有观察值基础上，以含有缺失值的目标属性为因变量，以与目标属性相关性高的其他属性为自变量，建立最小二乘回归模型或判别模型，以估计缺失值。

4）多重替代法。

多重替代法是由鲁宾等人于 1987 年建立起来的作为简单估算的改进方法。首先，用一系列可能的值来替换每一个缺失值，以反映被替换的缺失数据的不确定性。然后，用标准的统计分析过程对多次替换后产生的若干个数据集进行分析。最后，把来自各个数据集的统计结果进行综合，得到总体参数的估计值，如图 3-10 所示。

姓名	性别	学历	职级	年龄	工龄	年薪(万元/年)
郝元甲	男	本科	1B	25.6	2.4	12
夏雪环	女	本科	1B	26.8	4	12
黄凝安	女	本科	1B	27.3	4.5	~~NULL~~ 12
黄希	女	本科	1B	27.3	4.4	12
顾晶晶	女	本科	1B	28.3	5.5	14
孟天路	男	大专	1B	29.6	6.7	14
孙思淼	男	本科	2A	24.5	2	15
梁玫	女	本科	2A	27.6	4.8	15
万俊材	男	硕士研究生	2A	28.1	2.4	~~NULL~~ 16
龚善	男	硕士研究生	2A	28.3	2.4	16
范士	男	本科	2A	29.4	6.6	~~NULL~~ 16
周白秋	女	本科	2B	26.8	4	16
谢飞龙	男	硕士研究生	2B	27.8	1.8	18
夏承基	男	本科	2B	29.8	7	18

图 3-10　多重替代法

(3)噪声处理。

分箱(Bin)：对数据进行排序，并将他们分到等深的箱中，然后选择按箱的平均值平滑、按箱的中值平滑、按箱的边界平滑等。

聚类：按规则将数据聚类，监测并去除孤立点。

回归：通过让数据适应回归函数来平滑数据。例如，借助线性回归方法，包括多变量回归方法，就可以获得多个变量之间的拟合关系，从而达到利用一个(或一组)变量值来预测另一个变量取值的目的。利用回归分析方法所获得的拟合函数，能够帮助平滑数据及除去其中的噪声。

计算机与人工检查结合：先用计算机检测可疑数据，然后再对它们进行人工判断。例如，利用基于信息论的方法可以帮助计算机识别手写符号库中的异常模式，所识别出的异常模式可输出到一个列表中，然后由人工对这一列表中的各异常模式进行检查，并最终确认无用的模式(真正异常的模式)。这种人机结合检查方法比手工方法的手写符号库检查效率要高许多。

2. 数据集成

将多个数据源中的数据集成起来，能够减少或避免结果数据中的冗余与不一致性，从而提高数据挖掘的速度和质量。

模式集成：整合不同数据源中的元数据。

实体识别问题：匹配来自不同数据源的现实世界的实体，比如：A. cust－id＝B. customer_ no。

数据值冲突检测与消除问题：对现实世界中的同一实体，来自不同数据源的属性值可能是不同的，因此需要对不同源的数据值进行冲突检测并消除冲突值。

冗余数据：集成多个数据库时，经常会出现冗余数据，如同一属性在不同的数据库中会有不同的字段名，或一个属性可以由另外一个属性导出，如“月薪”对应“年薪”。

3. 数据变换

将数据进行转换或归并，构成适合处理的规范化数据格式，如表 3-3 所示。

表 3-3　数据变化

方法	说明
平滑处理	去除数据中的噪声，主要方法有分箱(Bin)方法、聚类方法和回归方法
合计处理(聚集)	对数据进行总结或合计操作。例如，每天的数据经过合计操作可以获得每月或每年的总额。这一操作常用于构造数据立方或对数据进行多粒度的分析
数据泛化处理(概化)	用更抽象(更高层次)的概念来取代低层次或数据层的数据对象。例如，街道属性可以泛化到更高层次的概念，如城市、国家。数值型的属性，如年龄属性，可以映射到更高层次的概念，如青年、中年和老年
规格化处理(规范化)	将有关属性数据按比例投射到特定的小范围之中。例如，将工资收入属性值映射到 0 到 1 范围内
属性构造处理	根据已有属性集构造新的属性，以帮助简化数据处理过程

4. 数据规约

数据仓库中往往存有海量数据，在其基础上进行复杂的数据分析与挖掘需要很长的时间，通过数据归约可以得到数据集的归约表示，归约后的数据小得多，但可以产生相同的(或几乎相同的)分析结果。但用于数据归约的时间不应当超过或“抵消”在归约后的数据上进行挖掘分析所节省的时间。数据规约的主要策略，如表 3-4 所示。

表 3-4　数据规约的主要策略

名称	说明
数据立方体聚集	该合计操作主要用于构造数据立方(数据仓库操作)
维归约	主要用于检测和消除无关、弱相关，或冗余的属性或维(数据仓库中属性)
数据压缩	利用编码技术压缩数据集的大小
数值归约	利用更简单的数据表达形式，如参数模型、非参数模型(聚类、采样、直方图等)，取代原有的数据
离散化与概念层次生成	利用取值范围或更高层次概念替换初始数据。利用概念层次可以帮助挖掘不同抽象层次的模式知识

3.5 数据分析与挖掘

3.5.1 数据分析概述

1. 数据分析准备

(1)理解业务，了解数据来源。

深入了解数据背后隐藏的各种业务，有助于更好地发现分析的维度，快速界定问题和原因。

例：电商业务收集到的用户消费记录数据，不仅是收银系统的商品购买数据，还包含会员系统的满减活动、促销凑单、活动折扣商品、推荐系统、推荐商品等数据，需要多维度分析。

(2)明确分析目的。

数据分析不是算法模型和可视化的堆砌，而是有目的地发现某些现象、关联，用以支持下一步的决策。在数据分析之前，要明确分析的目标。

(3)多视角观察数据。

多视角观察数据，对数据有整体、全面的了解，有助于发现潜在信息。例如，在人力资源分析中，离职人员的离职原因与入职时间的长短、绩效考核结果、薪酬提升的频率等可能存在联系，需要全面地观察数据的各个维度。

2. 数据分析类别

数据分析可分为描述性分析、诊断性分析、预测性分析、指导性分析，不同数据分析类别的关系如图 3-11 所示。

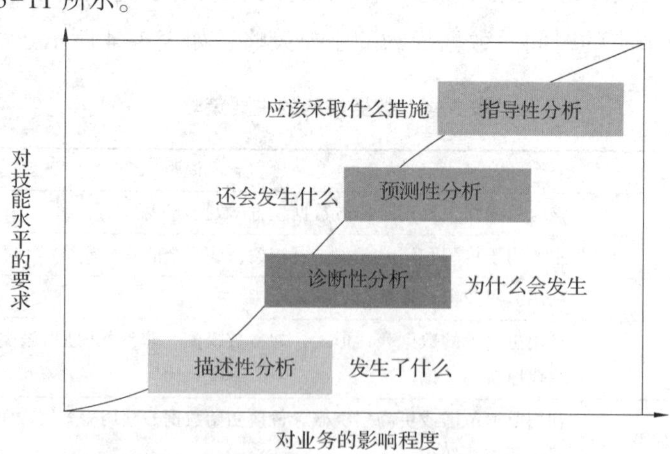

图 3-11　不同数据分析类别的关系

(1)描述性分析(是什么、发生了什么)。

1)基础统计：包括总和、平均数、最大值、最小值、中位数、方差、增长率、占比、分布、频率、频次。

2)对比分析：将两个相互联系的指标数据进行比较，从数量上展示和说明研究对象的规模大小、水平高低、速度快慢等相对数值，通过相同维度下的指标对比，可以发现和找出业务在不同阶段的问题。例如，时间对比：同比、环比、定基比、空间对比、标准对比。

3)异常分析：包括直接观测的现象和关联、无法直接观测的现象和关联。

例：某次考试中，班级学霸有一科没有及格，调查发现他这次的复习时间只有以前的一半，即为异常。但这次的考试题目很简单，那该成绩是否正常呢？考虑到学霸并不知道考试的难度，加上复习时间减半，因此该成绩依旧是异常。因此，在进行异常分析时要熟悉业务和多视角观察。

在异常判断的时候，通常需要设立业务标准，通过观察数据相对于标准的突变发现潜在异常。如用考试成绩与复习时间的比值系数作为标准，可以分析学生的行为轨迹。通过聚类可发现，学霸的活动轨迹主要出现在教室、图书馆、寝室 3 个地方。如通过数据调查正常的向量为(8，8，8)，而学霸连续几天的向量为(2，2，20)，则通过计算两个向量的距离(欧式距离和余弦距离)可发现异常。

(2)诊断性分析(为什么会发生：对数据的深层次挖掘和诊断)。

1)趋势分析、同比环比对比：观察历史、过去和其他周期的情况。

2)抽丝剥茧、逐层分解：例如，某公司销售收入下降，根据销售收入=销售单价×销售数量，将单价和数量两两组合，有 4 种可能性会导致销售收入下降，再逐层分解并分析不同因素的影响。

3)相关性分析：对不同特征或数据间的关系进行分析，发现业务的关键影响和驱动因素。常用方法有回归、协方差、相关系数、信息熵等。

(3)预测性分析(可能会发生什么)。

常用预测方法有：

1)特别点预测：可用于对于实时性和连续性要求不高的预测，与具体的业务深度挂钩。如离职/招聘人员的高峰期、行业的淡旺季、节假日影响等。

2)分类与回归模型：通过已知的数据构建和验证预测函数，回归模型一般为线性回归，分类方法包括决策树、支持向量机等。

例：使用回归模型预测明天的温度；使用分类模型预测明天是下雨还是晴天。

3)其他预测模型：隐马尔可夫模型(HMM)、最大熵马尔可夫模型(MEMM)、条件随机场(CRF)等。

(4)指导性分析(需要做什么)。

需要做什么是数据分析的最终目的，通过分析问题是什么，什么原因导致的，由此得出需要采用的决策。有时知道了问题但无法解决时，可采用以下方法：

1)拟合与图论：如商场频发商品被偷事件，可以统计容易被偷的商品位置，将这些地点串联起来，为保安拟合成一条最优巡逻路线，也可以构建图形用求最短路径的算法构建最优路径。

2)协同过滤：较多应用在推荐算法中，如寻找一个招聘候选人的 N 个相似候选人，寻找产品用户的 N 个相似用户，以及推荐 M 个与 N 个商品相关联的商品。

(5)数据分析总结。

数据分析总结如表 3-5 所示。

表 3-5　数据分析总结

数据分析	内容	基本方法	数据分析方法
描述性分析(现状分析)	是什么？发生了什么？经营状况、人员情况、业务构成、发展及变动	对比	对比分析
			平均分析
			综合评价分析
诊断性分析(原因分析)	为什么会发生？变动的原因	细分	分组分析
			结构分析
			交叉分析
			杜邦分析
			漏斗图分析
			矩阵关联分析
			聚类分析
预测性分析(预测分析)	可能会发生什么？	预测	回归分析
			时间序列
			决策树
			神经网络
指导性分析	需要做什么？	关联规则	

3.5.2　数据可视化分析

1. 数据可视化概述

为什么要进行数据可视化？

人类对图表的理解能力要比文字、表格等表现形式好，通过图表可以发现一些使用常规统计方法很难挖掘到的信息，图表更加直观、说服力更强、论证效果更好。

(1)数据可视化定义。

数据可视化狭义定义：利用计算机图形学和图像处理技术，将数据转换为图形或图像在屏幕上显示出来，并利用数据分析和开发工具发现其中未知信息进行各种交互处理的理论、方法和技术。

数据可视化广义定义：指一切能够把抽象、枯燥或难以理解的内容，包括看似毫无意义的数据、信息、知识等，以一种容易理解的视觉方式展示出来的技术。

数据可视化技术：指涉及计算机图形学、图像处理、计算机视觉、计算机辅助设计等多个领域，用于数据处理、决策分析等一系列问题的综合技术。

数据可视化过程：是指将大型数据集中的数据以图形、图像形式表示，并利用数据分析和开发工具发现其中未知信息的处理过程。

(2)数据可视化的特征。

可视性(Intuitive)：分析数据可以用图像、曲线、二维图形、3D 和动画等形式显示，以视觉效果来加强用户对数据的感知能力。

交互性(Interactivity)：允许用户选择感兴趣的内容或者改变数据的展示形式，更好地促进用户和数据之间的互动。

多维性(Multi-dimension)：对分析数据相关的多个变量或多个属性进行标识，可根据每一维的量值进行显示、组合、排序与分类。

(3)数据可视化工具。

EXCEL/PPT：入门级工具，在数据量处理、图表样式上选择有限。

Python/R：计算机程序语言，相对复杂的开源工具。

Tableau：专业数据报表、数据可视化分析工具，操作需要学习、培训。

Echarts：基于 JavaScript 实现的开源可视化库，可运行在 PC 和移动设备上，可实现高度个性化定制。

DataV：阿里云推出的专业大屏数据可视化工具，可通过拖拽组件+配置数据的方式快速生成可视化大屏。

用友分析云：用于商业分析、可视化的工具，支持拖拽操作，图表丰富(后续课程中用于可视化分析的主要工具)。

Power BI：微软自助智能商业分析工具，可链接数百个数据源、简化数据准备并提供各种即时分析。

2. 数据可视化分析

(1)柱状图/条形图(Bar Chart)。

柱状图是最常见的图表类型，通过使用水平或垂直方向柱子的高度显示不同类别的数值，其中，柱状图的一个轴显示用于比较的类别，另一个轴代表对应的刻度值。分析条目较少时可选择用柱状图表示，如图 3-12 所示。

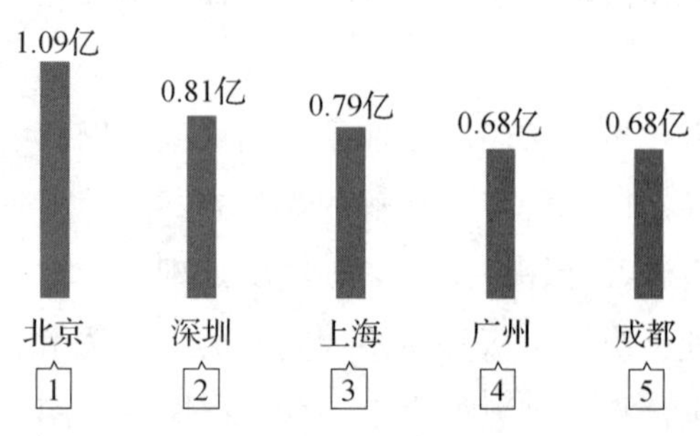

图 3-12　柱状图

纵向柱状图的柱是垂直方向的，横向柱状图的柱是水平方向的，又称条形图。条形图与横向柱状图表达数据的形式是一样的，不过，当图表的数据标签很长或者有超过 10 个项目进行比较时，选择用条形图可以获得比较好的展示效果，如图 3-13 所示。

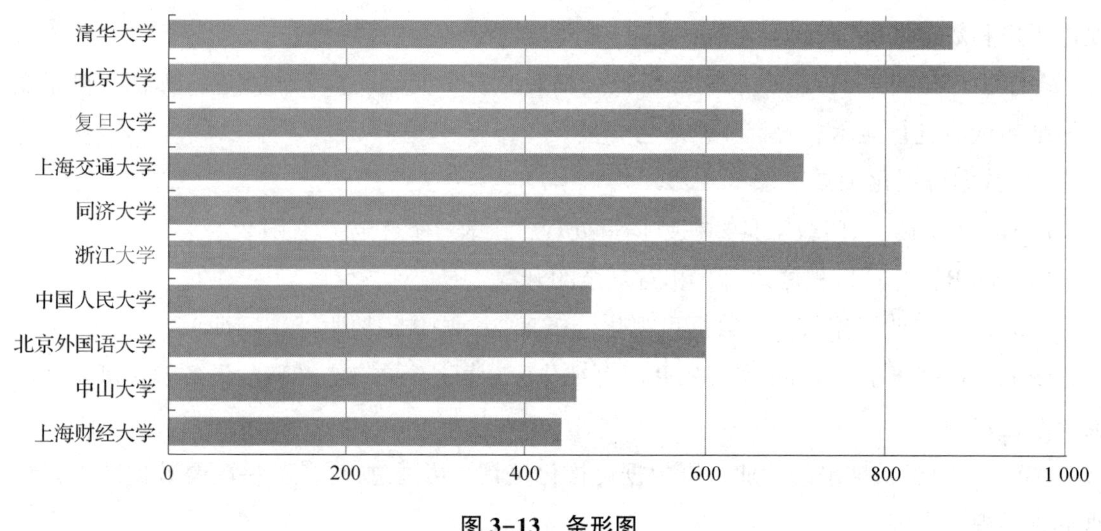

图 3-13　条形图

柱状图/条形图使用建议：

1）避免使用太多颜色。一个柱状图/条形图表示一组相同的度量，尽量使用相同的颜色或同一颜色的不同色调。如果需要强调某个数据时，可以使用对比色或者变化色调突出显示有意义的数据点，如图 3-14 所示。

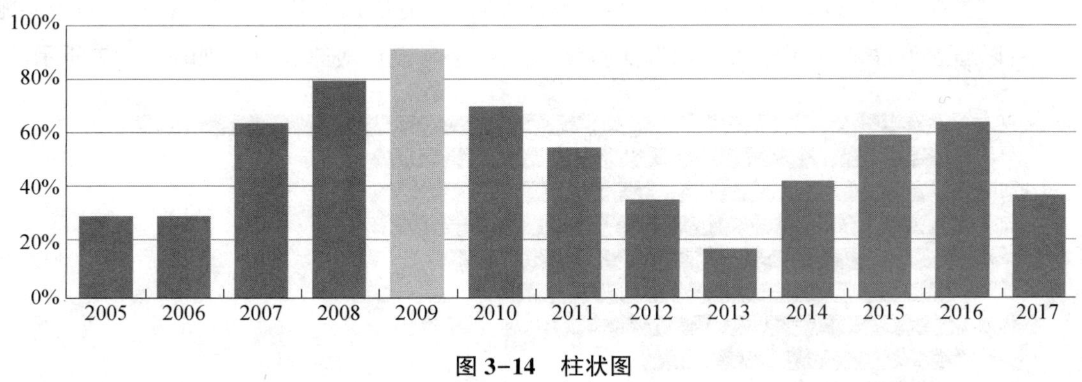

图 3-14　柱状图

2）柱状图柱子间的宽度和间隙要适当。当柱子太窄时，用户的视觉可能会集中在两个柱中间的负空间，而这里是不承载任何数据的。合理的宽度和间隙应该是单个柱子的宽度不小于柱间间隙的两倍，如图 3-15 所示。

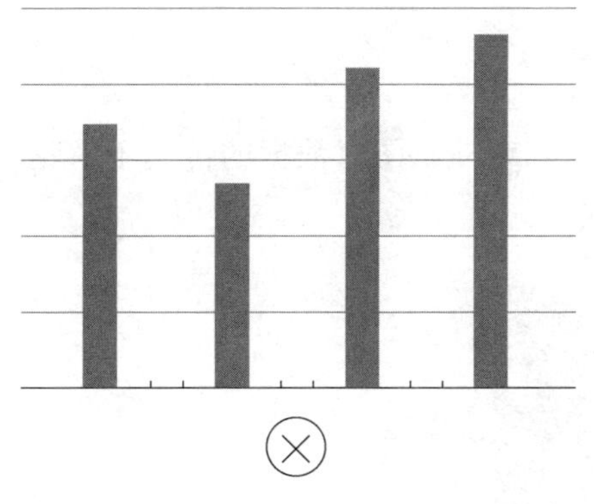

图 3-15　柱状图

3）*Y* 轴数据应该从 0 基线开始，以恰当地反映数值。如果展示的是被截断的数据，会误导用户做出错误的结论。例如，左侧图表显示 2017 年收入是 2014 年的五倍，而实际上如右图完整显示的数据表明，2017 年的收入只比 2014 年提升了 25%，如图 3-16 所示。

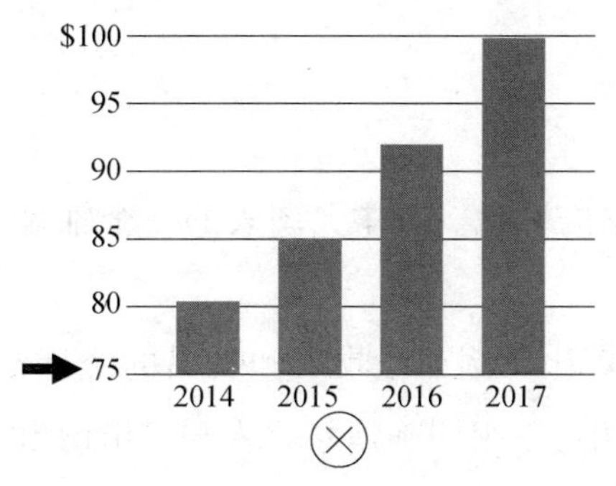

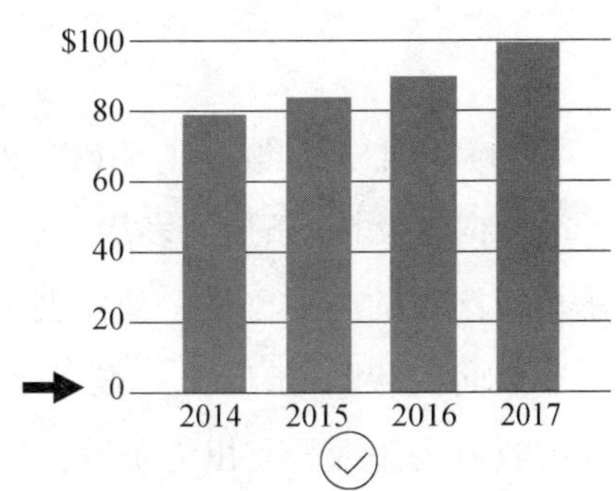

图 3-16　柱状图

4）对多个数据系列排序时，如果不涉及日期等特定数据，排序要符合一定的逻辑顺序。可以通过升序或降序排布，如按照数量多少、字母顺序等来排序，如图 3-17 所示。

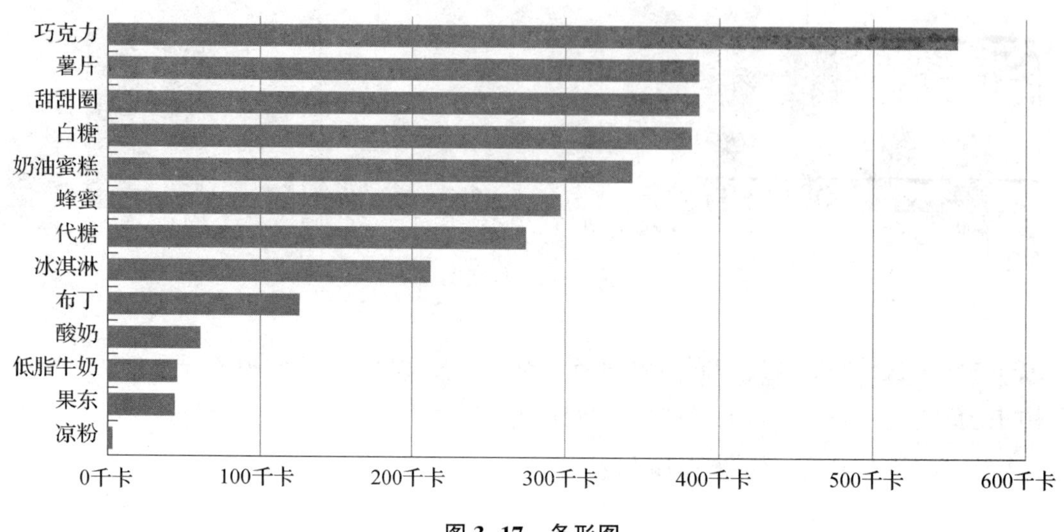

图 3-17　条形图

5）一般情况下不使用三维柱状图，与三维饼图一样，三维柱状图对数据的传达不够精准，需要猜测到底哪个才是数据的顶端，如图 3-18 所示。

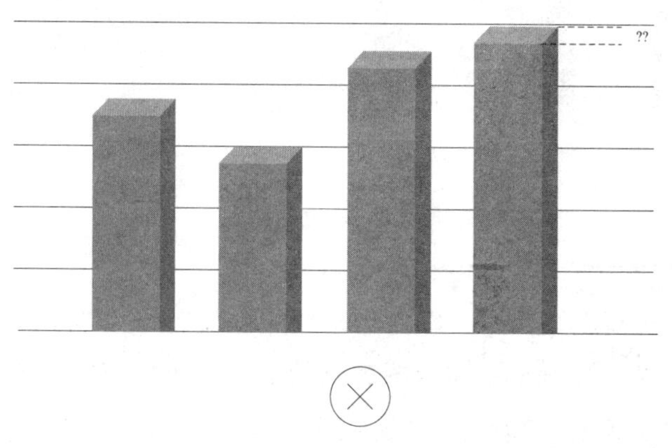

图 3-18　三维柱状图

（2）双向柱状图/条形图（Bi-directional Bar）。

双向柱状图/条形图多用于展示包含相反含义的数据的对比。其中，图表的一个轴显示用于比较的类别，另一轴代表对应的刻度值。

双向柱状图/条形图一般用于正负两份相反数据的对比。例如，收入和支出的统计，其中收入为正数，支出为负数，使用双向柱状图、条形图可以很明确地对收入和支出做出对比，并能从单个系列中分析收入和支出的数值波动，如图 3-19 所示。

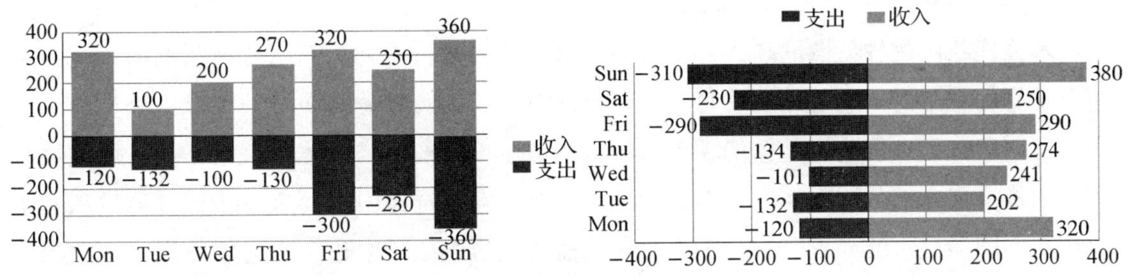

图 3-19　双向柱状图

双向柱状图/条形图使用建议：

1）双向柱状图/条形图正向和负向的数据具有对比性，因此一般选用差值较大的具有对比性的颜色，用时不要在 0 基线的右边画负值的水平条形图，或在 0 基线的上边画负值的柱子，以免和常识违背造成误解，如图 3-20 所示。

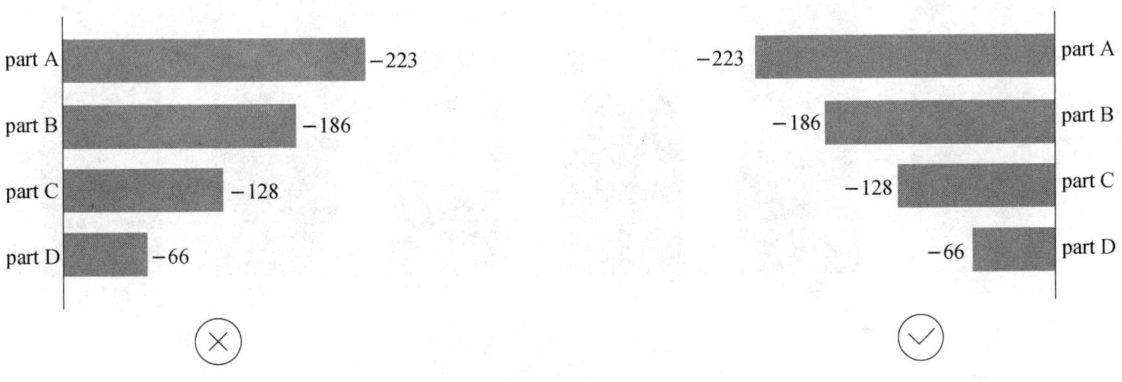

图 3-20　双向柱状图

2）双向柱状图多用于展示含相反含义的数据，因此要避免对不具有正负含义的数据使用而造成的误解。如在人口统计图表中使用双向柱状图，一边绘制男性数据一边绘制女性数据，但该分析只是单纯的两类不同数据的对比，并不存在负数。这种情况下将两个数据系列绘制分组柱状图是更合适的，如图 3-21 所示。

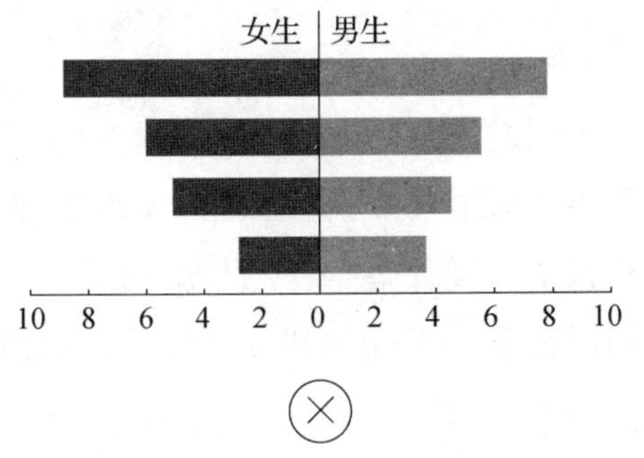

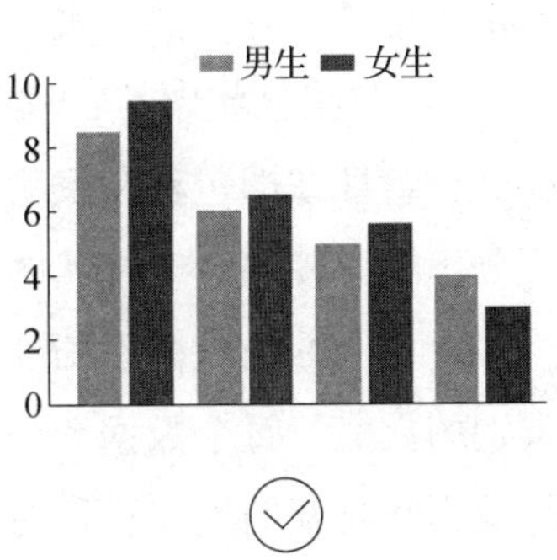

图 3-21　双向柱状图和分组柱状图

(3)堆叠柱状图/条形图(Stacked Bar Chart)。

堆叠柱状图是柱状图的扩展，柱状图的数据值为并行排列，而堆叠柱状图的数据则是一个个叠加起来的。它可以展示每一个分类的总量，以及该分类包含的每个小分类的大小及占比，适合处理部分与整体的关系。与饼图显示单个部分与整体的关系不同，堆叠柱状图可以显示多个部分与整体的关系。如一个班级体育课选课中需要进一步区分男生和女生参与到不同项目中的人数分别是多少时，就需要把每个项目中包含的男生数和女生数都展示出来。堆叠柱状图能显示每个项目的总人数，还能展示出每个项目中的部分与整体的关系，如图 3-22 所示。

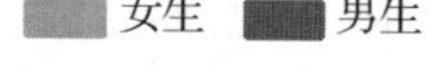

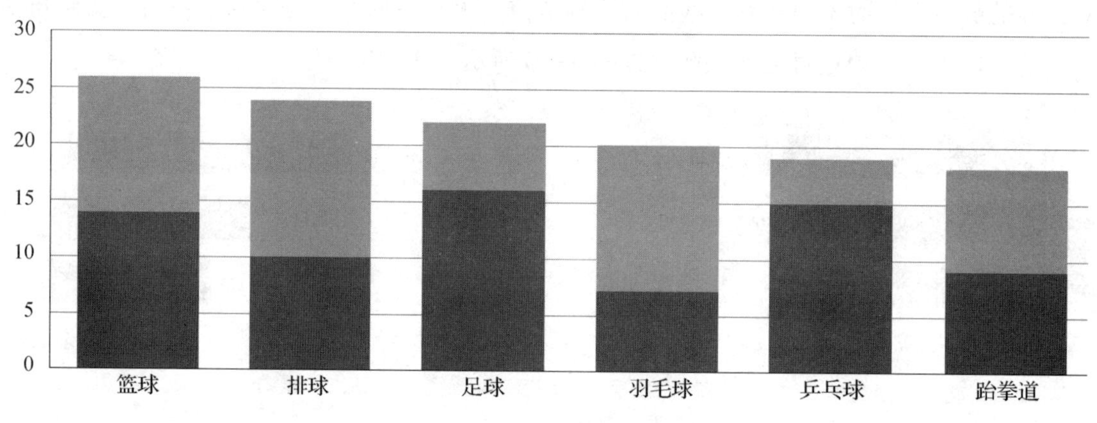

图 3-22　堆叠柱状图

堆叠柱状图使用建议：遵循基本的柱状图使用原则，避免使用太多颜色，不要刻意展示被截断的数据误导读者；不适合用于对比不同分组内同个分类之间的数据大小；最好的展示效果是每组只包含两到三个类别，最多不超过 6 个，太多的数据系列会使数据的阅读和分辨变得非常困难；由于要分析部分数据在整体中的占比，因此要避免用堆叠柱状图展示包含负数的数据；大多数的堆叠柱状图都是垂直绘制的，数据标签特别长时可以选择使用水平堆叠条形图的方式。

(4)分组柱状图/条形图(Grouped Bar Chart)。

分组柱状图也称为聚集柱状图。当两个或多个数据序列并排显示并在同一轴上的类别下分组时，使用分组柱状图。相当于包含带有两个或更多图表的简单的柱状图，通常用于将包含相同变量或类别的几个分组进行比较。像简单柱状图一样，每个柱的长度用于显示类别的数值，每个数据系列被分配一个单独的颜色或相同色系的不同饱和度以区分，每组数据之间相互间隔并进行对比，如图 3-23 所示。

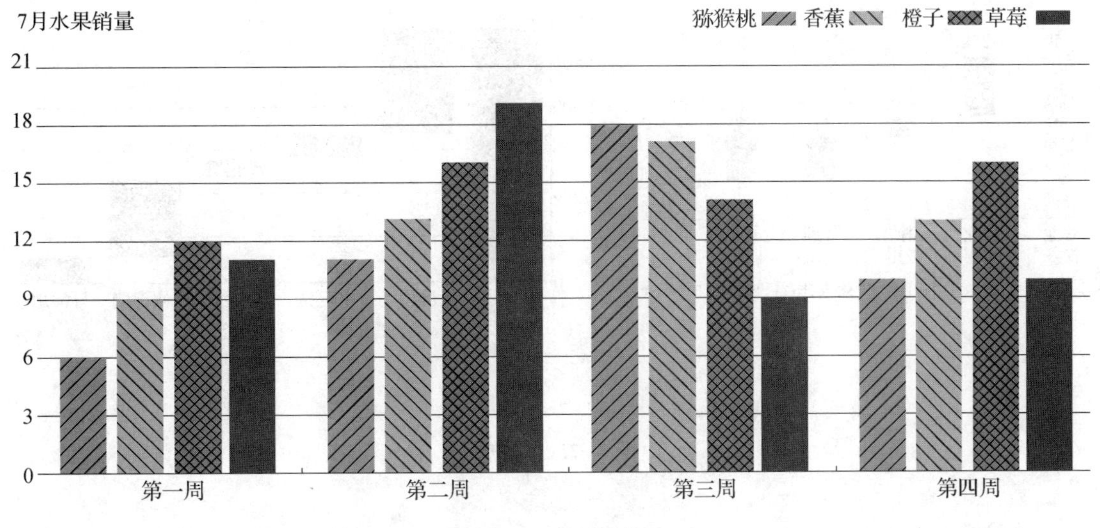

图 3-23 分组柱状图

分组柱状图/条形图使用建议：每个分组中拥有的系列不宜太多，数据系列超过 12 组以上时，可考虑使用堆叠柱状图；每两个分组之间的间距要大于组内不同系列之间的间距，以免造成视觉上错误的归类和区分，如图 3-24 所示。

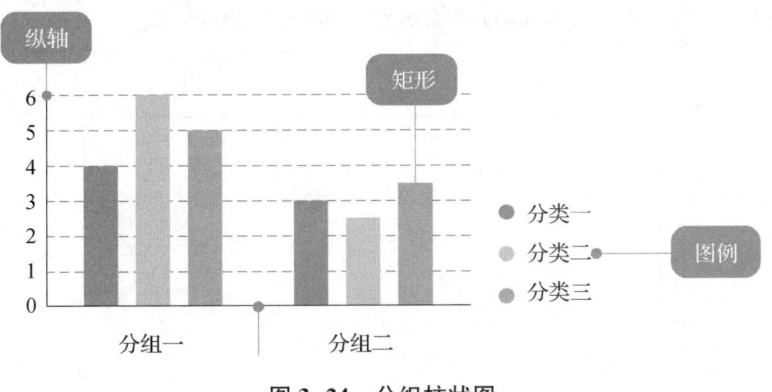

图 3-24 分组柱状图

(5)瀑布图。

瀑布图用来表示累计增减，表达两个数据点间数量的演变过程。开始的一个值，在经过不断的加减后，得到一系列值，瀑布图可将该过程图示化，常用来展现财务分析中的收支情况，如图 3-25 所示。

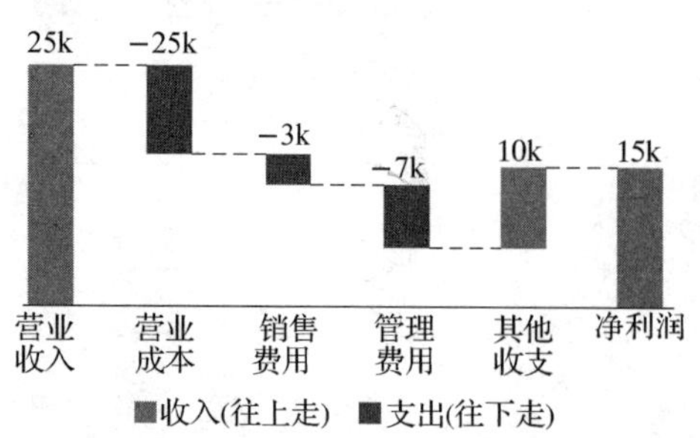

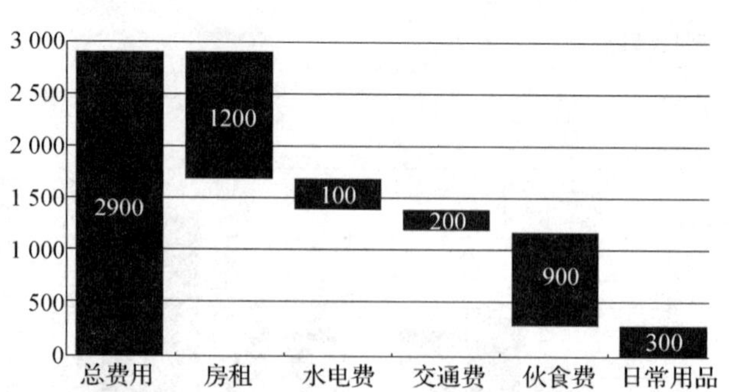

图 3-25 瀑布图

(6)折线图(Line Chart)。

折线图是在两个数据点之间用线段连接起来，为了追求美观或特殊的效果，还可将两点之间用曲线连接，这种图又叫曲线图或样条图。折线图主要用来展示数据随着时间推移的趋势或变化。折线图非常适合用于展示连续的变化，二维数据折线图除了展示某个事情发展的趋势，还可以用来比较多个不同的数据系列。例如，通过对比同一时间段内三种商品的销量，可以分析出哪一种商品的销量最好，如图 3-26 所示。

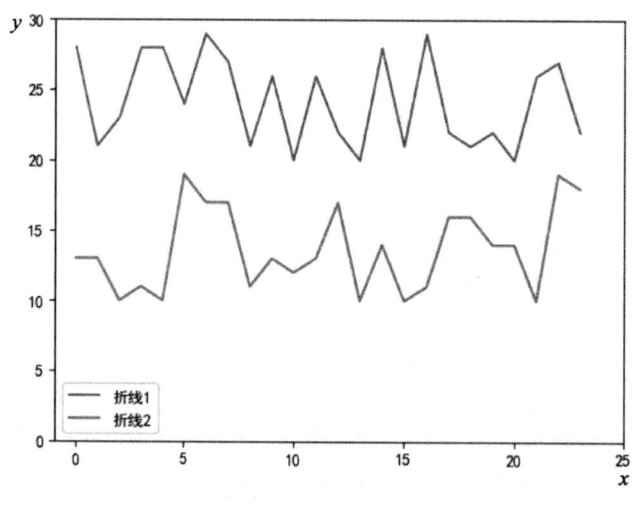

图 3-26 折线图

样条图与折线图用法相同，区别在于每个数据点之间是由曲线连接的，如图 3-27 所示。

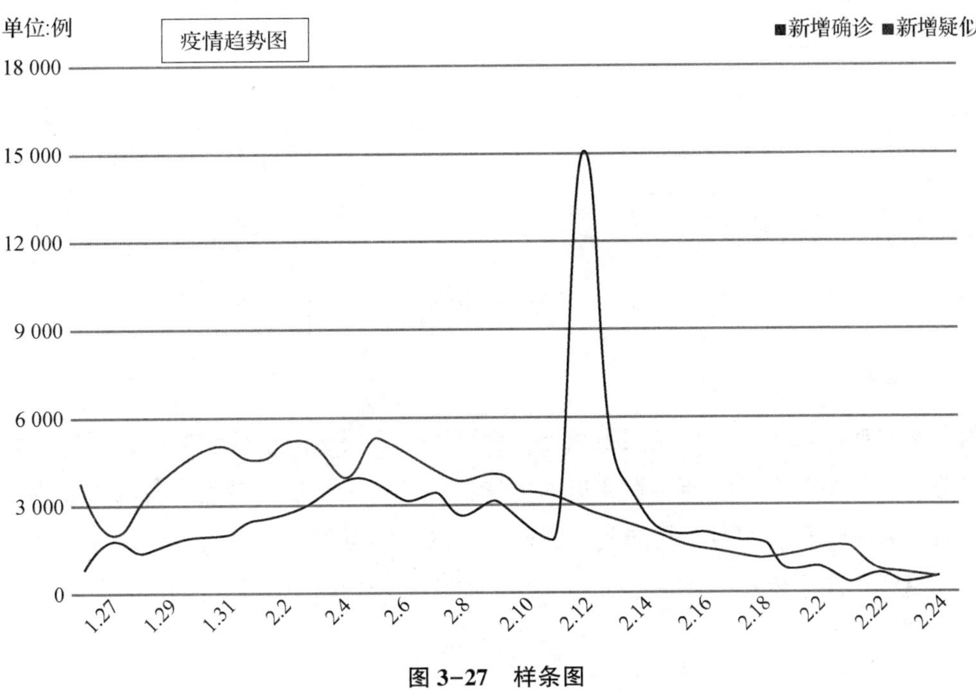

图 3-27　样条图

折线图使用建议：

1) 使用实线绘制数据线时，要保证能够区分数据线和坐标轴线，并且要尽力使所有的数据清晰可识别，不要绘制 4 条以上的折线，如图 3-28 右图所示。图 3-28 左图中，数据线都折叠在一起并且没有明显的对比，整张图表显得混乱并难以阅读。左图中没有使用过多的装饰区分图表，图例虽然可以帮助读者区分不同数据系列，但使用过多种类的图例会分散重点。

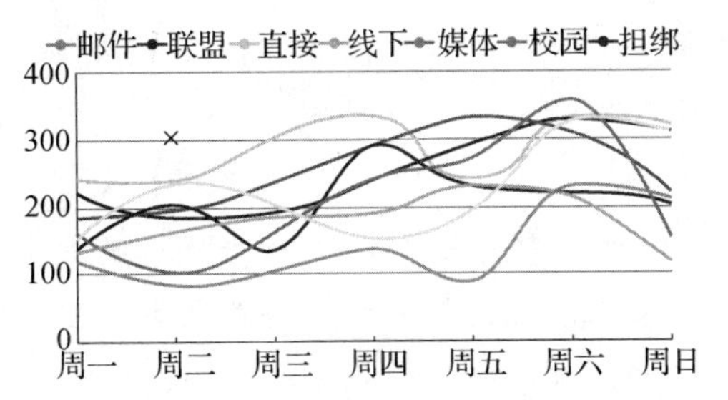

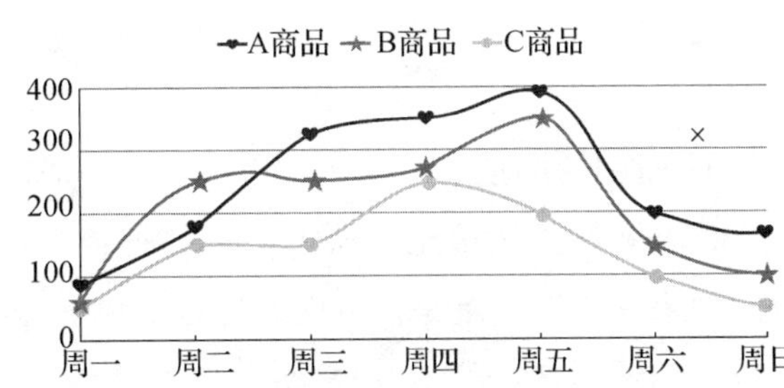

图 3-28　折线图

2) 展示折线图的数据时要避免刻意的歪曲趋势。要根据展示数据波动的参考单位，做有意义的波动分析。例如，图 3-29 中左图过于扁平化掩盖了想传达的信息，而右图又过于夸大趋势，正确的数据高度是折线约占 Y 轴高度的 2/3。

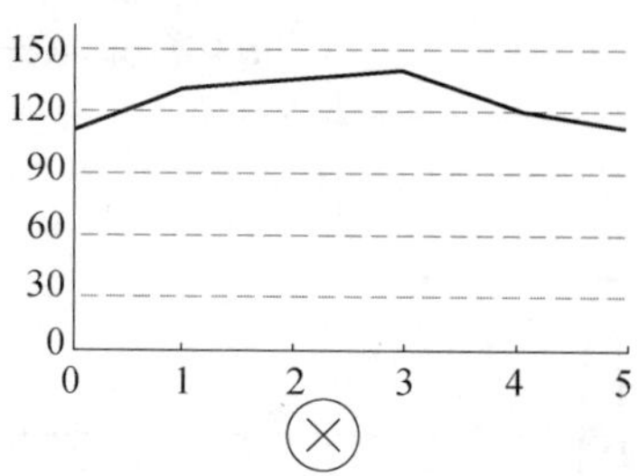

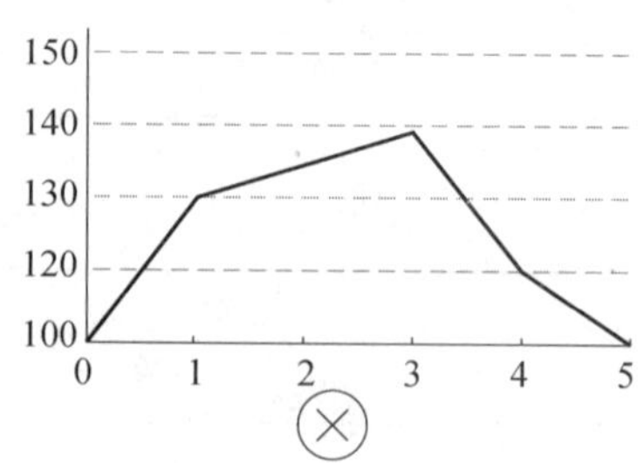

图 3-29 折线图

(7)面积图(Area Graph)。

面积图又叫区域图，与折线图很相近，都可以用来展示随着连续时间的推移，数据的变化趋势。面积图是在折线与类别数据的水平轴(*X* 轴)之间填充颜色或者纹理，形成一个区域以表示数据体积。相对于折线而言，被填充的区域可以更好地引起读者对总值趋势的注意，所以面积图主要用于传达趋势的大小，而不是确切的单个数据值，如图 3-30 所示。

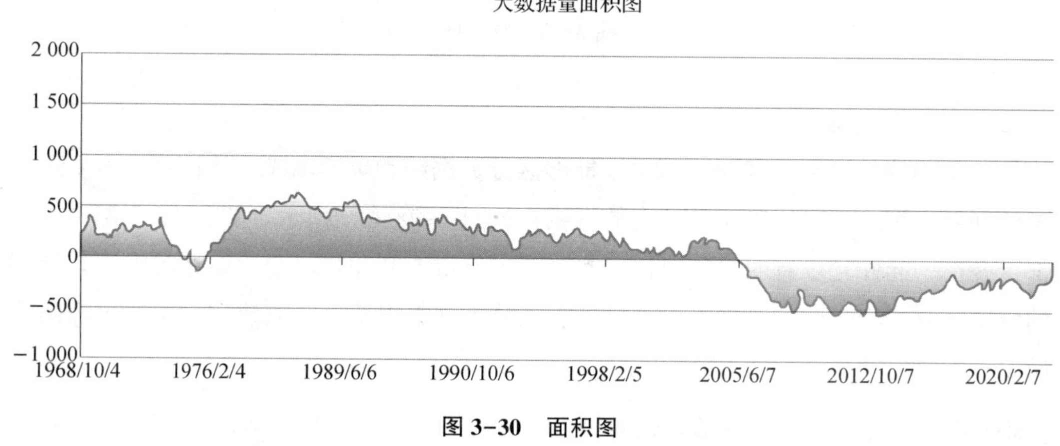

图 3-30 面积图

面积图使用建议：

1)面积图要用填充区域来展示数据，当图表上有多个图层时，要尽量确保数据不重叠。如果无法避免重叠，可以通过将颜色和透明度设置为适当的值，使重叠的数据图变得可读，如图 3-31 所示。

2)面积图适合用来展示 2~3 组数据，最多不要展示超过 4 组数据系列。如图 3-32 所示，数据系列过多无法有效辨识数据。

3)当数据值相距很远时，区域模糊不清，不适合使用面积图展示。如图 3-33 所示，虽然仔细分析能确定只展示了两个类别，但很容易误以为图表上显示了三种不同的颜色。

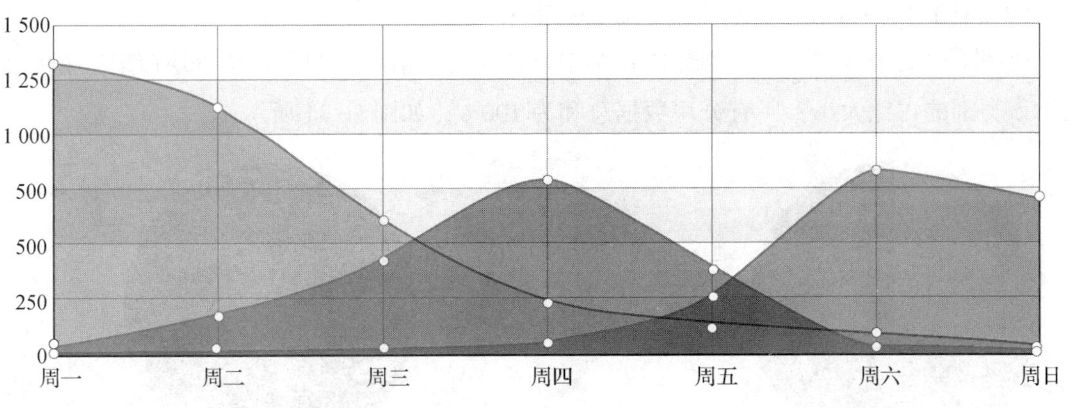

图 3-31　面积图

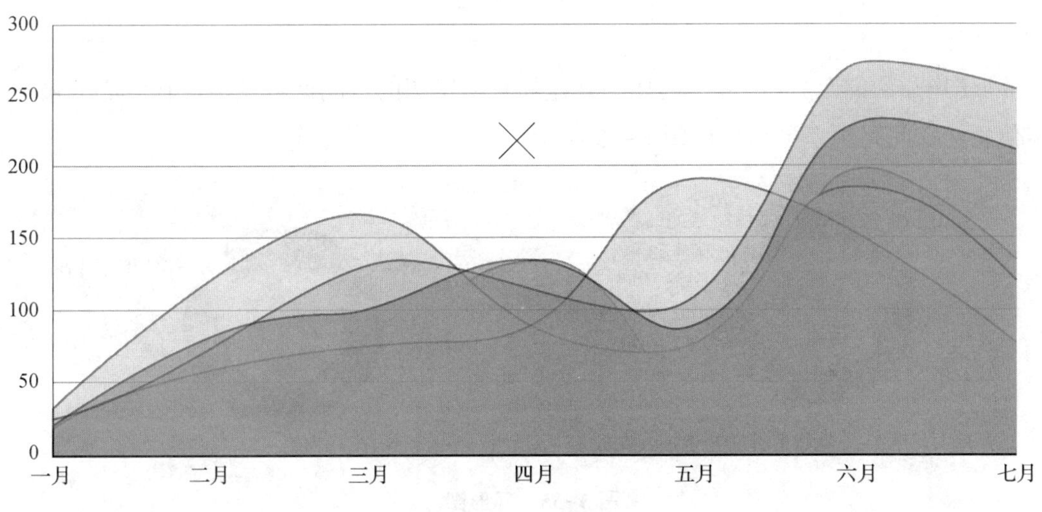

图 3-32　面积图

图 3-33　面积图

(8)饼图(Pie Chart)/环形图(Doughnut Chart)。

饼图主要用于展现不同类别数值相对于总数的占比情况。图中每个分块(扇区)的弧长表示该类别的占比大小，所有分块数据总和为100%，如图3-34所示。

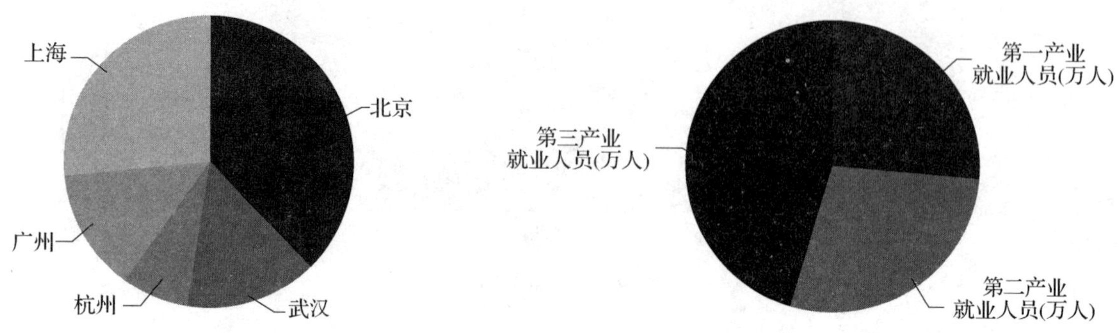

图3-34 饼图

环形图(甜甜圈图)亦可表示占比，其差异是将饼图的中间区域挖空，在空心区域显示文本信息，空间利用率更高，如图3-35所示。

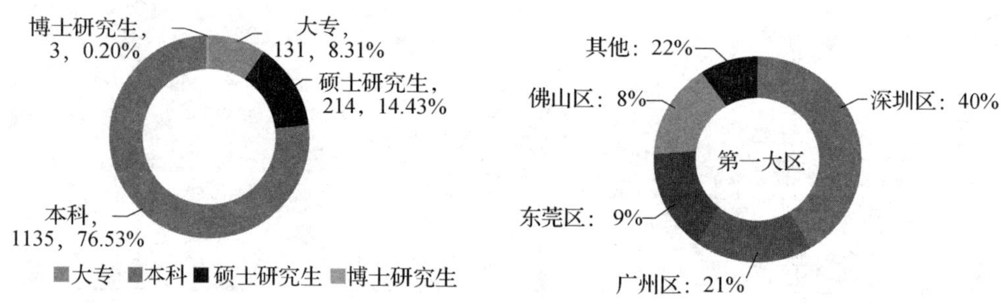

图3-35 环形图

饼图使用建议：

1)饼图适合用来展示单一维度数据的占比，要求数值中没有零值或负值，并确保各分块占比总和为100%，分块数量控制在5个以内。当数据类别较多时，把较小或不重要的数据合并成“其他”模块。各类别都必须全部展示时，选择柱状图或堆叠柱状图更合适。饼图不适合用于精确数据的比较，各类别数据占比较接近时，选用柱状图或南丁格尔玫瑰图可以获得更好的展示效果。

2)大多数人视觉习惯是按照顺时针和自上而下的顺序去观察。绘制饼图时，应从12点钟开始沿顺时针方向在右边第一个分块绘制饼图最大的数据分块，强调其重要性。其余的数据分块按照数据大小依次顺时针排列，或在12点钟的左边绘制第二大的分块，其余的分块按照逆时针排列，最小的分块放在底部，如图3-36所示。按照数据大小区别顺序，不仅符合用户的视觉习惯，也更易于数据的识别和比较。另外，也可将需要强调的

最重要的部分(不一定是最大的部分)放在最突出的位置。

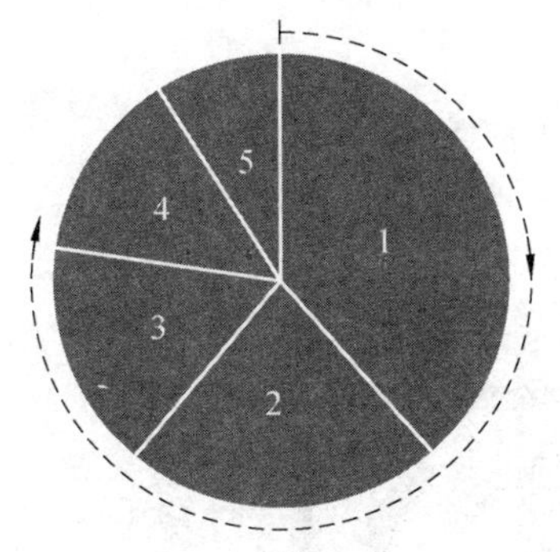

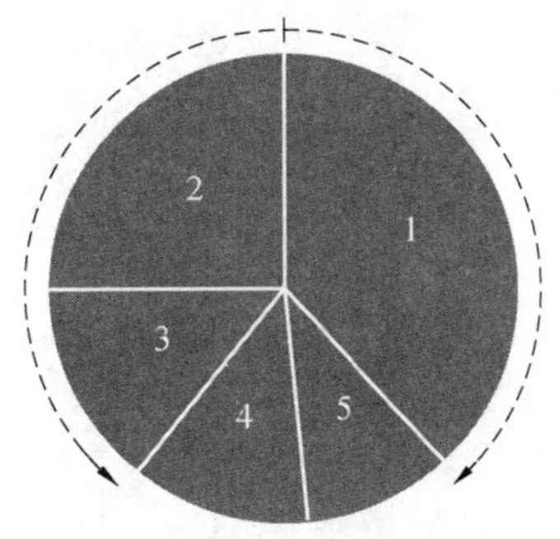

图 3-36　饼图

3)三维饼图歪曲了各分块相对于整体的比例关系，会造成错误及理解上的困扰，不建议使用三维饼图。

(9)仪表盘(Gauger Chart)。

仪表盘也称为拨号图表或速度图表。其显示类似于拨号/速度计，是一种拟物化的展示形式。仪表盘的颜色可以用来划分指示值的类别，使用刻度标示数据，指针指示维度，指针角度表示数值。仪表盘只需分配最小值和最大值，并定义一个颜色范围，指针(指数)将显示出关键指标的数据或当前进度。仪表盘可用于展示速度、体积、温度、进度、完成率、满意度等，如图 3-37 所示。

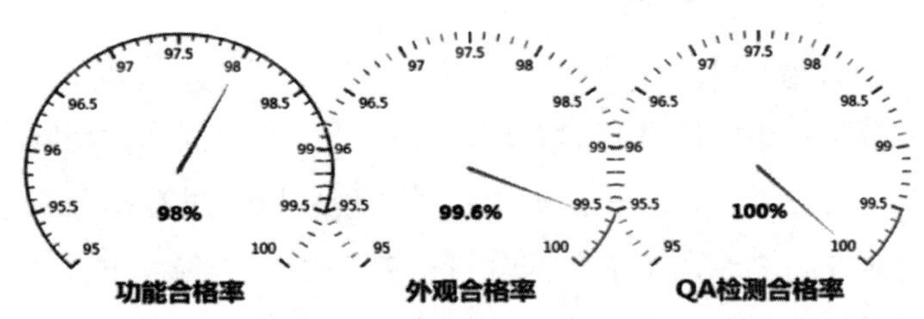

图 3-37　仪表盘

仪表盘使用建议：

仪表盘非常适合在量化的情况下显示单一的价值和衡量标准，不适合用于比较不同变量或者趋势。分析仪表盘上可以同时展示不同维度的数据，但最多不要超过 3 维。如果有多组数据需要展示，可使用多个仪表盘。

(10)词云(Wordcloud)。

词云又称标签云、文字云、词图等，是文本数据的视觉表示，由词汇组成类似云的彩色图形，是对文本中出现频率较高的“关键词”予以视觉化的展现。词云图通过过滤掉大量低频低质的文本信息，可以展示大量文本数据。每个词的重要性以字体大小表示，字体越大，越突出，也越重要。通过词云图，用户可以快速感知最突出的文字，迅速抓住重点，如图 3-38 所示。

图 3-38　词云图

3.5.3　数据挖掘分析

1. 数据挖掘概述

数据挖掘(Data Mining)是指在大量数据中，提取隐含在其中的、人们事先不知道的、但又潜在有用的信息和知识的过程。是一个用数据发现问题、解决问题的学科，通常通过对数据的探索、处理、分析或建模实现，以通过数据分析来识别趋势和模式，建立关系来解决业务问题。在基本数据分析的基础上，选择和开发数据分析算法，对数据进行建模，从数据中提取有价值的信息。数据挖掘涉及很多算法和技术，比如机器学习算法、深度学习等。

数据建模的步骤：选择合适的模型，根据不同模型处理数据，模型评估，模型的优化。

2. 数据挖掘算法

(1)回归分析。

根据事物的变化情况，找到影响结果变化的主要、次要因素，考察各自变量对因变量的影响强度，并通过模型对结果进行预测分析的方法。按涉及变量的多少，回归分析可分为一元回归分析和多元回归分析；按自变量与因变量之间的关系，回归分析可以分为线性回归分析和非线性回归分析，如图 3-39 所示。

自变量：一般把作为估测依据的变量叫作自变量。

因变量：待估测的变量。

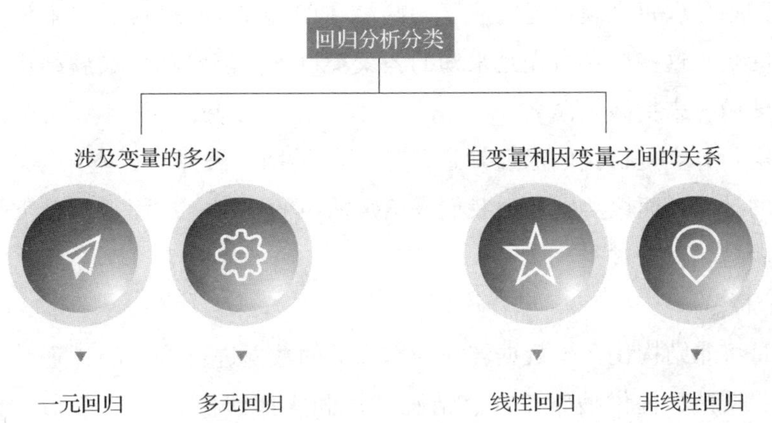

图 3-39　回归分析分类

注意事项：

1) 对于噪声和异常值比较敏感。在回归分析之前需要努力消除噪声和异常值，确保模型的稳定和准确度。

2) 只适合处理线性关系。如果自变量和因变量之间有比较强烈的非线性关系，直接利用多元线性回归不合适时，应对自变量进行一定的转换，如取对数、开平方或求平方根等。

3) 多元线性回归还应满足一些前提假设。自变量是确定的变量，而不是随机变量，并且自变量之间没有线性相关性，随机误差项具有均值为 0、等方差性、正态分布等特征。

(2) 分类分析。

分类(Categorizationor Classification)就是按照某种标准给对象贴标签，再根据标签进行区分归类。分类时要事先定义好类别，保持类别数不变。分类器需要由人工标注的分类得到，属于有监督学习范畴。

分类分析的应用：

分类分析具有广泛的应用，比如：信誉证实、医疗诊断、性能预测、选择购物和文本分析等。

二分类分析通常用于区分高端信用卡和普通信用卡邮箱，区分正常邮件和垃圾邮件。

多类分类分析通常用于区分社会网络中的中心用户、活跃用户、不活跃用户等。

分类分析的常见算法：朴素贝叶斯、决策树等。

(3) 聚类分析。

将数据对象的集合分组为由类似的对象组成的多个类的分析过程。如果把人和其他动物放在一起比较，可以很轻松地找到一些判断特征，比如肢体、嘴巴、耳朵、皮毛等，根据判断指标之间的差距大小划分出某一类为人，某一类为动物，这就是聚类过程。

簇：聚类试图将数据集中的样本划分为若干个通常不相交的子集，每个子集称为一个“簇”(Cluster)。

通过这样的划分，每个簇可能对应于一些潜在的概念(类别)，如“亚洲人”“非洲人”等。需要说明的是，这些概念事先是未知的，聚类过程仅能自动形成簇结构，簇所对应的概念语义需由使用者来把握和命名。

分类和聚类：分类是指我们已经知道了事物的类别，需要从样本中学习分类的规则，是一种有监督的学习；而聚类则是由我们来给定简单的规则，从而得到分类，是一种无监督的学习，两者是相反的过程。

(4)文本分析。

文本分析是将非结构化文本数据转换为有意义的数据进行分析的过程，以度量客户意见、产品评论、反馈，提供搜索工具、情感分析和实体建模，以支持基于事实的决策制定。文本分析包括词云分析、词频、主题分析、情感分析等。常用于客户服务、知识管理、用户画像、情境广告、情绪分析、舆情监测、垃圾邮件过滤等方面。

3.5.4 时间序列

时间序列(或称动态数列)是指将同一统计指标的数值按其发生的时间先后顺序排列而成的数列。时间序列分析的主要目的是根据已有的历史数据对未来进行预测。

时间序列算法(Autoregressive Integrated Moving Average，ARIMA)即自回归整合移动平均模型，是进行时间序列预测最常见的一种算法。

优点：模型十分简单，只需要内生变量而不需要借助其他外生变量。

缺点：要求时序数据是稳定的或者是通过差分化后是稳定的，不稳定的数据，无法预测规律。

时间序列分析本质上只能分析线性关系，而不能分析非线性关系。

3.6 报告撰写

3.6.1 概念

企业大数据分析报告是根据企业内部、外部经营管理相关数据分析原理和方法，运用大数据来反映、研究和分析企业经营管理中存在的问题，探索其原因、本质和规律，并提出解决办法的应用文体。

3.6.2 数据分析报告的作用

数据分析报告用于验证分析质量，展示分析结果，为企业提供决策依据。

3.6.3 数据分析报告的种类与特点

数据分析报告包括专题性报告、综合性报告和日常数据通报。

专题性报告：内容单一、分析深入。

综合性报告：综合性强、复杂度高、内容联系紧密。

日常数据通报：进度性、规范性、时效性。

3.6.4 数据分析报告编撰原则

数据分析报告在编撰时应遵循以下原则：

规范真实性：名词术语要规范，标准规范，名词统一，前后一致；结论要基于数据说话，严谨、专业。

目的性与重要性：数据分析目标要清晰，围绕体现数据分析的重点，选取关键指标，分级阐述。

创新性：适时引入各种新型研究模型与分析方法，与时俱进。

逻辑性：分析和推理过程科学、合理、全面，具有逻辑性。

3.6.5 数据分析报告结构

常见的数据分析报告应包含标题、目录、前言、正文、分析结论 5 个部分，如表 3-6 所示。

表 3-6 数据分析报告结构

类别	内容
标题	标题是一份报告的文眼，反映了全篇报告的主旨
目录	目录应体现数据分析报告的逻辑关系、整体结构
前言	前言应包括报告的目的和背景，阐述现状或者存在的问题，需要解决什么问题，运用了什么分析思路、分析方法和模型，给出总结性的结论或者效果，给出数据来源
正文	正文要求逻辑性强、层次结构清晰、分析结论明确等。需要通过可视化图形分析、挖掘分析等，呈现正确解读的结论
分析结论	分析结论应呈现数据分析的总体结果，对结果进行解释与说明，并提出合理建议或改善策略

3.6.6 常见问题与注意事项

(1)数据分析报告应从问题所需分析的定量指标入手，围绕指标、数据反映出的问题，结合专业知识进行解读得出分析结论。

(2)分析主体内容应围绕分析目标与问题解决进行，从不同角度进行对比交叉等可视化或挖掘分析，得出分析指标的高低、结论和改进方法。

(3)分析内容与分析目标要一致，论证不能偏离问题。如营收增长问题，实际论证内容和分析重点是利润增减问题。

(4)可视化图表或挖掘分析与结论不一致时，不能得出分析结论或相悖。

(5)避免问题解决方案与建议措施脱离具体的业务背景，针对性不强。

小组讨论 & 分享

你印象最深刻的数据分析报告有哪些?

撰写企业大数据分析报告的重点与难点是什么?

撰写企业大数据分析报告的注意事项有哪些?

随堂测验

一、单选题

1. 企业大数据项目分析流程包括以下步骤：(　　)。

A. 数据收集—业务理解—数据分析与挖掘—数据预处理—报告撰写

B. 数据收集—业务理解—数据可视化—数据挖掘—报告撰写

C. 业务理解—数据收集—数据预处理—数据分析与挖掘—报告撰写

D. 业务理解—数据收集—数据清洗—数据挖掘—数据可视化

2. 下列哪个是不完整数据产生的原因(　　)。

A. 数据收集工具的问题　　　　B. 数据收集时缺乏合适的值

C. 数据传输中产生的错误　　　D. 数据源不同所致

3. 下列哪一项不属于数据缺失值处理的方法(　　)。

A. 以业务知识或经验推测填充缺失值

B. 以同一指标的计算结果(均值、中位数、众数等)填充缺失值

C. 以不同指标的计算结果填充缺失值

D. 数据格式统一

4. (   )由柱状图和折线图组合而成，反映数量和比率之间的趋势关系。

A. 双轴图 B. 桑基图 C. 旭日图 D. 堆叠柱状图

5. 一般采用(   )标识事物发展变化的时间趋势和规律。

A. 散点图 B. 折线图 C. 饼图 D. 柱状图

6. 确认两种或两种以上变量间相互依赖的定量关系的算法是(   )。

A. 聚类分析 B. 文本分析 C. 回归分析 D. 关联规则

7. 数据可视化更容易挖掘隐藏的信息(   )。

A. 构建数据挖掘模型 B. 进行数据计算

C. 进行数据清洗 D. 找到事物之间的关联性

8. 下列文档中属于结构化数据的是(   )。

A. MySQL 文档 B. PDF 文档 C. JPG 文档 D. TXT 文档

二、多选题

1. 数据分析的类别一般包括(   )。

A. 诊断性分析 B. 指导性分析

C. 验证性分析 D. 描述性分析

E. 预测性分析

2. 常用的分类算法有支持向量机和(   )。

A. ARIMA B. 关联规则

C. 朴素贝叶斯 D. K-Means

E. 决策树

3. 以下哪些可以作为企业经营管理相关数据来源(   )。

A. 内部填报数据 B. 调查数据

C. 第三方发布数据 D. 企业信息管理系统数据

E. 专业网站数据

4. K-Means 聚类效果的评估指标有(   )。

A. R^2 决定系数 B. 轮廓系数 C. AUC 面积 D. DBI

E. 精确度值

三、判断题

1. 在聚类分析中，簇内的相似性越大，簇间的差别越大，聚类的效果就越差。 (   )

2. 决策树是一种有监督的机器学习算法。 (   )

3. 条形图和柱状图要避免使用太多颜色。 (   )

4. 展现折线图数据时，图线越歪曲越好。 (   )

5. 挖掘数字变化背后的真正影响因素，才是数据分析洞察的最终目标。（　　）
6. 爬取数据可以使用软件采集。（　　）
7. 数据清理是指把多个数据源中的数据整合并存储到一个一致的数据库中。（　　）
8. 数据根据结构不同可以分为结构化数据、非结构化数据和半结构化数据。（　　）

第 4 章 数据采集

学习目标

【知识目标】

- 了解数据采集的范围和数据采集的工具
- 了解网络爬虫采集数据的基本原理
- 熟悉在仿真网站上进行数据采集的代码逻辑

【技能目标】

- 能够从上交所仿真网站上爬取数据
- 能够根据爬取目标修改 Python 爬虫代码

【素质目标】

- 培养学生具备基本的程序逻辑素养，拓宽财会青年视野、更新知识储备
- 培育学生在财务大数据分析方法方面的创新精神
- 培养学生具有较强的集体意识和团队合作能力

【思政目标】

- 树立学员的数据保护意识，既要保护自己公司的隐私数据，也不能破坏别的公司的隐私数据

思维导图

本章聚焦数据采集，主要包括项目导入、数据准备、单企业财报数据采集、多企业财报数据采集、多企业多表采集 5 个学习任务，本章学习思维导图如图 4-1 所示。

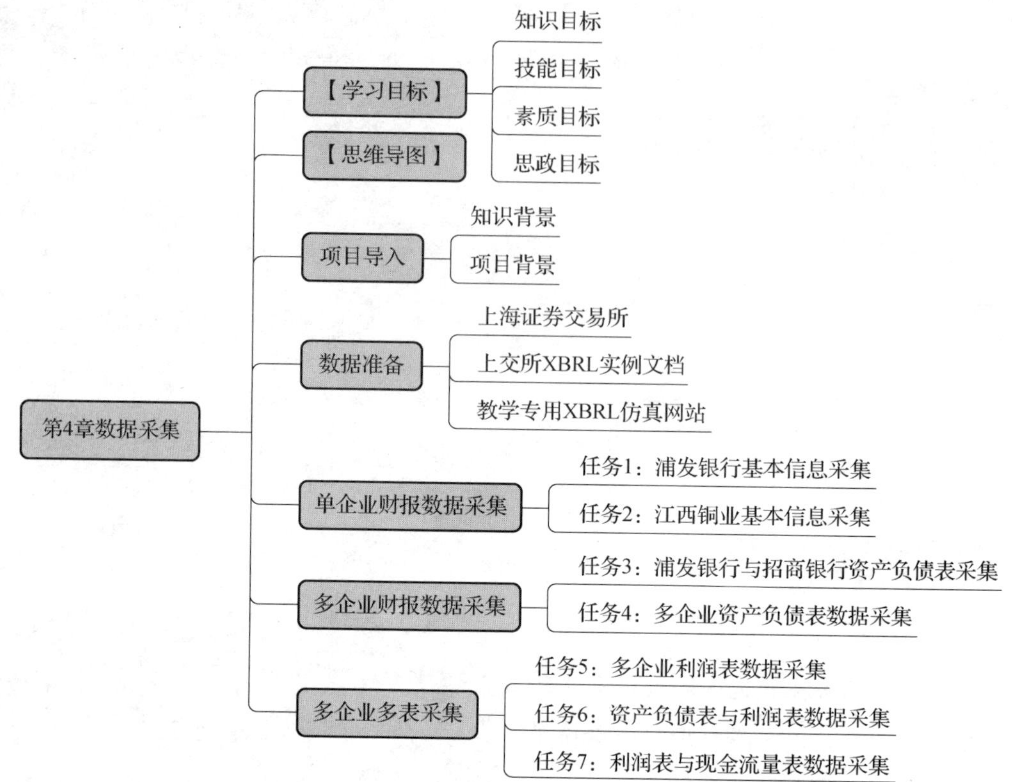

图 4-1　第 4 章思维导图

4.1　项目导入

4.1.1　知识背景

1. 数据采集概述

数据采集，又称数据获取，是指将数据从数据源采集到可以支持大数据架构环境的过程。

数据采集是数据挖掘、数据分析的一个环节，在数据处理过程中是非常基本的操作步骤，也是数据分析道路上的重中之重。再好的分析原理、建模算法，没有高质量的数据都是没有用的。数据采集的质量直接

数据采集

决定了后续的分析是否准确，如图 4-2 所示。

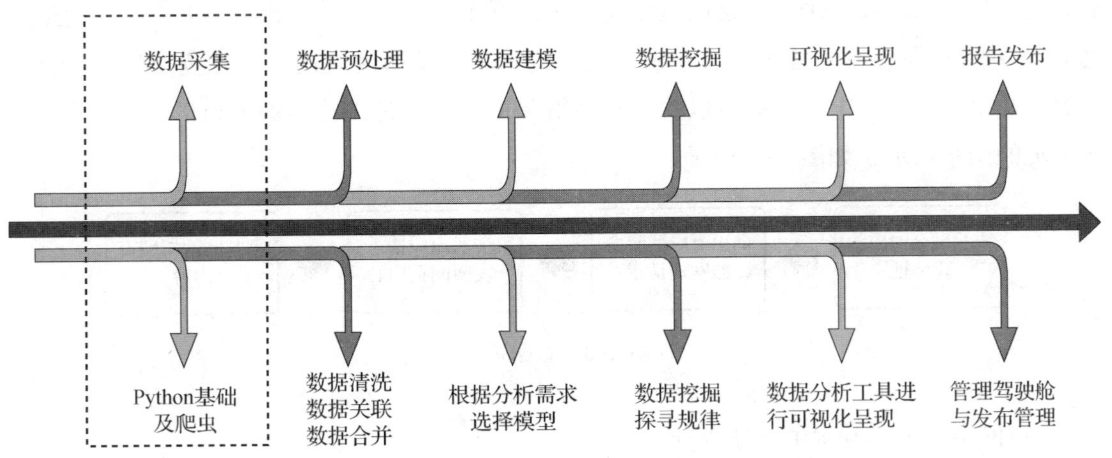

图 4-2　数据分析流程图

2. 网络爬虫

(1) 网络爬虫概述。

网络爬虫(webcrawler)，也叫网络蜘蛛(spider)，是一种用来自动浏览万维网的网络机器人。其早期目的一般为编纂网络索引，随后广泛应用在数据采集、信息监控等领域。简单来说，网络爬虫就是获取网页并提取和保存信息的自动化程序。当某些需要的信息散布在多个网站、网页面里，为了提取它们，我们就可以编写网络爬虫程序或使用具有网络爬虫功能的工具，实现规模化、自动化的数据采集。

(2) 网络爬虫的几个基本术语。

URL(Uniform Resource Locator)代表统一资源定位符，在万维网中可指定文件资源所在地址，即网址。统一资源定位系统是因特网的万维网服务程序上用于指定信息位置的表示方法。它最初是由蒂姆·伯纳斯·李发明，用来作为万维网的地址，现在已经被万维网联盟编制为互联网标准 RFC1738。

客户端(Client)或称为用户端，是指与服务器相对应，为客户提供本地服务的程序。主要功能是请求访问文本或图像等资源。行为过程为根据目标 URL，编制请求报文并发送，以获取资源。

Web 服务器(Web Server)一般指网站服务器，是指驻留于因特网上某种类型计算机的程序，可以向浏览器等 Web 客户端提供文档，也可以放置网站文件，供全世界用户浏览或放置数据文件，供全世界用户下载。主要功能是提供资源响应。行为过程为接收请求，按照既定规则返回相应文件资源。

(3) 网络爬虫基本原理。

网络爬虫是模拟用户在浏览器或者某个应用上的操作，把操作的过程，结合背后的原理，用程序模拟出来，并实现自动化的程序。当我们在浏览器中输入一个 URL 后回车，后台会发生什么？简单来说，这段过程发生了以下 4 个步骤：①查找域名对应的 IP 地址。②向 IP 对应的服务器发送请求。③服务器响应请求，发回网页内容。④浏览器解析网页内容。从上面的步骤中，我们可以看出，网络爬虫的本质是浏览器的 HTTP 请求。模拟真实环境的网络请求，如图 4-3 所示。

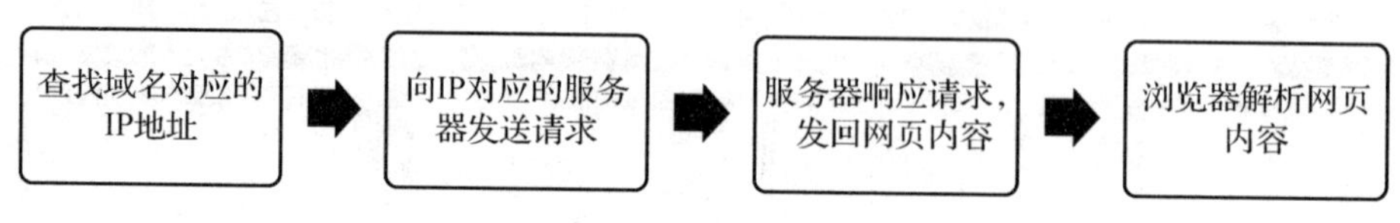

图 4-3　数据爬虫

(4)网络爬虫的基本工作流程。

确定数据源：一个或多个网站的某些页面的某部分信息。

构造并发送请求：根据页面的 URL 和请求报文，模拟真实的浏览器，构造 HTTP 请求。

获取响应数据：如果上一步的请求能够成功获取到正常的响应数据，则获取响应报文中的响应数据可能是 HTML、JSON、图片、视频等类型的文件。

解析、处理、保存数据：获取的数据可能是不同的编码格式，首先要转换为需要的编码格式，再做进一步的数据解析、提取，获取到目标数据之后，目标数据可能不是我们需要的形式，需要做进一步的处理，最后将数据保存，如图 4-4 所示。

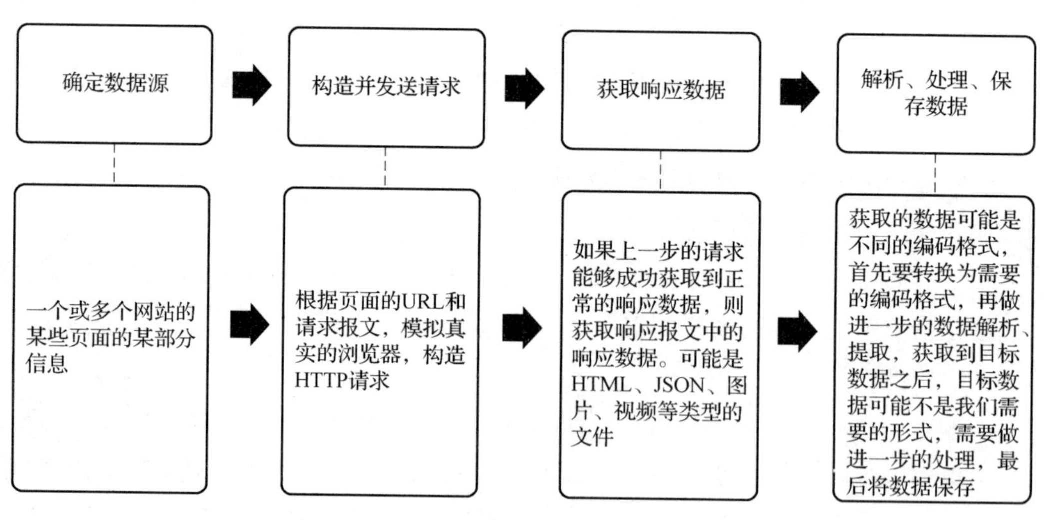

图 4-4　网络爬虫的基本工作流程

4.1.2　项目背景

任务目标：

从上交所 XBRL 教学专用仿真网站采集上市公司的报表数据，了解数据采集的 Python 代码，理解网络爬虫的基本原理和步骤，图 4-5 所示为上海证券交易所（简称上交所）XBRL 数据。

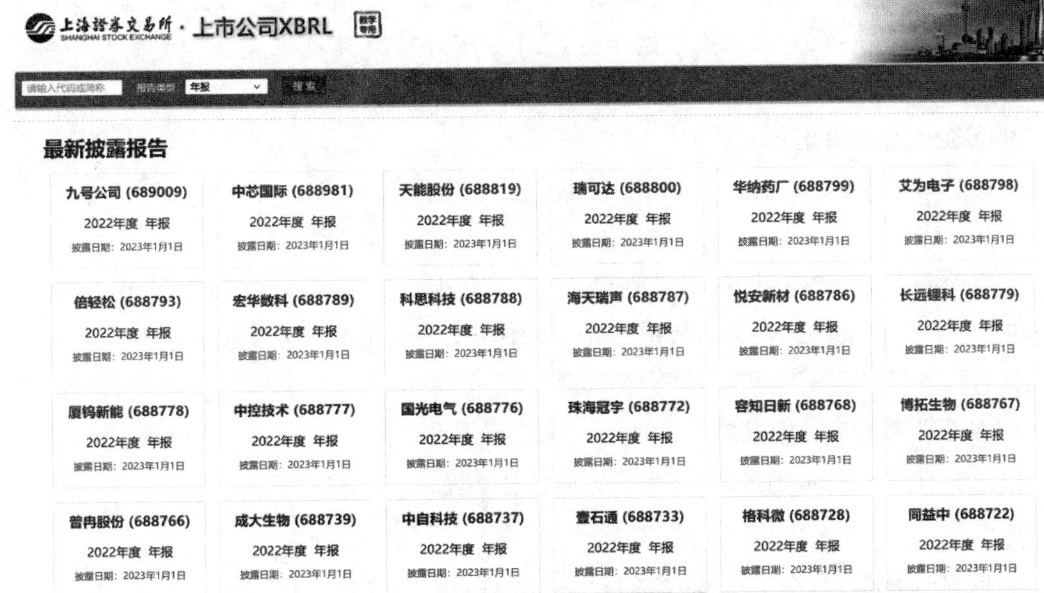

图 4-5　上海证券交易所 XBRL 数据

任务要求：

(1) 利用新道代码编辑器，使用 Python 代码进行单企业数据采集。

(2) 利用新道代码编辑器，使用 Python 代码进行多企业数据采集。

(3) 利用新道代码编辑器，使用 Python 代码进行多企业多表数据采集。

1. 单企业数据采集

根据学习任务 1（示例代码）脚本，完成任务 2 操作。

任务 1：

企业简称：浦发银行股票代码：600000；采集数据年份：2019 年；采集报表类型：1 季度；采集数据内容：基本信息。

任务 2：

企业简称：江西铜业；股票代码：600362；采集数据年份：2020 年；采集报表类型：年报；采集数据内容：基本信息。

2. 多企业数据采集

根据学习任务3(示例代码)脚本，完成任务4操作。

任务3：

企业简称：浦发银行、招商银行；股票代码：600000、600036；采集数据年份：2015年、2016年；采集报表类型：年报；采集数据内容：资产负债表、利润表。

任务4：

企业简称：美克家居、柳钢股份、三一重工、贵州茅台；股票代码：600337、601003、600031、600519；采集数据年份：2019年、2020年；采集报表类型：年报；采集数据内容：资产负债表。

3. 多企业数据采集

根据学习任务3(示例代码)脚本，完成任务5操作。

任务5：

企业简称：美克家居、柳钢股份、三一重工、贵州茅台；股票代码：600337、601003、600031、600519；采集数据年份：2019年、2020年；采集报表类型：年报；采集数据内容：利润表。

4. 多企业多报表数据采集

根据学习任务6(示例代码)脚本，完成任务7操作。

任务6：

企业简称：浦发银行、招商银行；股票代码：600000、600036；采集数据年份：2015年、2016年；采集报表类型：年报；采集数据内容：资产负债表、利润表。

任务7：

企业简称：美克家居、柳钢股份、三一重工、贵州茅台；股票代码：600337、601003、600031、600519；采集数据年份：2019年、2020年；采集报表类型：年报；采集数据内容：利润表、现金流量表。

4.2 数据准备

4.2.1 上海证券交易所

上海证券交易所创立于1990年11月26日，位于上海浦东新区。截至2020年末，沪

市上市公司家数达 1 800 家，总市值 45. 5 万亿元。上交所所有上市公司的财报数据都是以 XBRL 实例文档的形式提供的，如图 4-6 所示。

上海證券交易所 SHANGHAI STOCK EXCHANGE
首页 党建 披露 数据 产品 服务 规则 关于 一网通办 | 业务专区

交易提示
停复牌信息
盘中停牌信息
市场日历
休市安排

上交所公告

监管信息公开
公司监管
债券监管
交易监管
会员及其他交易参与人监管
纪律处分复核
监管白皮书

上市公司信息
最新公告
发行上市公告
定期报告预约情况
定期报告
业绩说明会
上市公司经营业绩概览
公告摘要
XBRL实例文档
风险警示板
科创板风险提示

融资融券信息
融资融券公告
融资余额/融券余量超25%信息
融资买入/融券卖出超50%信息

基金信息
基金公告
ETF公告
基础设施公募REITs公告
ETF公告申购赎回清单
交易型货币基金公告申购赎回清单

交易信息披露
交易公开信息
异常波动信息
大宗交易信息
新股首日交易信息
境外投资者持股信息披露
要约收购
交易所申报上限
科创板做市商信息

债券信息
债券公告
国债、公司债回购折算率
通用质押式回购定盘利率
债券应计利息额
投资者适当性管理债券
质押式三方回购
公司债券项目信息平台
债券交易参与人
竞买业务

股票期权信息
合约与交易公告
参与人公告
当日合约
提醒信息

图 4-6　上海证券交易所数据形式

4. 2. 2　上交所 XBRL 实例文档

XBRL（EXtensible Business Reporting Language，可扩展商业报告语言）是 XML（Extensible Markup Language，可扩展的标记语言）于财务报告信息交换的一种应用，是目前应用于非结构化信息处理尤其是财务信息处理的有效技术。

XBRL 技术在资本市场信息披露中的应用，使上市公司、监管机构、交易所、会计师事务所、投资者、研究机构、证券信息服务商等信息加工者与使用者能够以更低的成本、更高的效率实现信息交换和共享，有效提高了信息披露的透明度和监管水平，促进了资本市场的健康有序发展。

4. 2. 3　教学专用 XBRL 仿真网站

在使用网络爬虫进行数据爬取时，有的网站有反爬机制，有的网站会有监测，如果同时有数百或数千名同学使用同一 IP 段或 IP 同时访问上交所网站，该网站会检测到此 IP 异常，暂时封闭此 IP 的访问权限，导致相关页面无法访问。基于此，新道研发了教学专用上交所 XBRL 仿真网站，该网站可以支持多人同时进行报表数据采集。仿真网站页面如图 4-7 所示，该网站的报表数据每年进行更新。

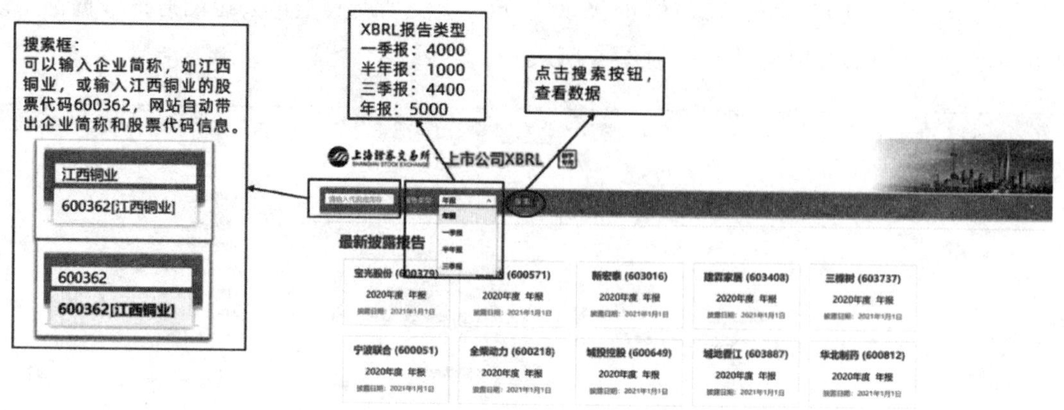

图 4-7　教学专用上交所 XBRL 仿真网站

4.3　单企业财报数据采集

任务 1　浦发银行基本信息采集

任务描述

利用大数据技术，在 XBRL 教学网站采集浦发银行 2019 年 1 季度基本信息。

操作步骤

(1)确认数据来源。

(2)通过 Python 代码，采集所需数据。

(3)保存采集到的数据信息。

浦发银行数据采集

任务 2　江西铜业基本信息采集

任务描述

利用大数据技术，在 XBRL 教学网站采集江西铜业 2020 年基本信息。

操作步骤

(1)导入 Python 库文件。

(2)定义 code、year、report_period_id。

(3)创建空的 DataFrame 存储结果数据。

(4)点击“运行”按钮。

(5)将运行结果下载并保存在本地电脑。

江西铜业数据采集

4.4　多企业财报数据采集

任务 3　浦发银行与招商银行资产负债表采集

任务描述

利用大数据技术，采集浦发银行与招商银行 2015—2016 年资产负债表。

操作步骤

(1) 确认数据来源。

(2) 通过 Python 代码，采集所需数据。

(3) 保存采集到的数据信息。

浦发银行与招商银行资产负债表采集

任务 4　多企业资产负债表数据采集

任务描述

利用大数据技术，采集美克家居、柳钢股份、三一重工、贵州茅台 2019—2020 年资产负债表数据。

操作步骤

(1) 确认数据来源。

(2) 通过 Python 代码，采集所需数据。

(3) 保存采集到的数据信息。

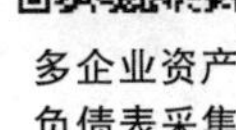

多企业资产负债表采集

4.5　多企业多表采集

任务 5　多企业利润表数据采集

任务描述

利用大数据技术，采集美克家居、柳钢股份、三一重工、贵州茅台 2019—2020 年利润表数据。

操作步骤

(1)确认数据来源。

(2)通过 Python 代码，采集所需数据。

(3)保存采集到的数据信息。

多企业利润表采集

任务 6　资产负债表与利润表数据采集

任务描述

利用大数据技术，采集浦发银行与招商银行 2015—2016 年资产负债表和利润表数据。

操作步骤

(1)确认数据来源。

(2)通过 Python 代码，采集所需数据。

(3)保存采集到的数据信息。

资产负债表与利润表数据采集

任务 7　利润表与现金流量表数据采集

任务描述

利用大数据技术，采集美克家居、柳钢股份、三一重工、贵州茅台 2019—2020 年基本信息、资产负债表、利润表与现金流量表数据。

操作步骤

(1)确认数据来源。

(2)通过 Python 代码，采集所需数据。

(3)保存采集到的数据信息。

随堂测验

一、单选题

1. 数据分析的第一个步骤一般是(　　)。

A. 数据预处理　　B. 数据采集　　C. 数据建模　　D. 数据挖掘

2. 因特网的万维网服务程序上用于指定信息位置的表示方法是(　　)。

A. 统一资源定位系统　　B. Web 服务器

C. TCP 协议　　D. 网络操作系统

3. 与服务器相对应，能够为客户提供本地服务的程序是(　　)。

A. Web 服务器　　B. 统一资源定位系统

C. 客户端　　D. 网址

4. 可以向浏览器提供文档，也可以放置网站文件，让全世界用户浏览的驻留于因特网上某种类型计算机的程序是(　　)。

A. Web 服务器　　B. 客户端

C. 统一资源定位系统　　D. 网络爬虫

5. 客户端的主要功能是(　　)。

A. 请求访问文本或图像等资源

B. 放置网站文件，让全世界用户浏览

C. 提供资源响应

D. 接收请求，按照既定规则返回相应文件资源

6. Web 服务器的主要功能是(　　)。

A. 请求访问文本或图像等资源

B. 根据目标 URL，编制请求报文并发送，以获取资源

C. 提供资源响应

D. 爬取数据

7. 当在浏览器的地址栏中输入了要访问的网址后，相当于(　　)。

A. 一个客户端被启动　　B. 客户端接收到了一个 URL

C. 客户端根据 URL 制作了一份请求报文　D. 客户端接收到了来自服务器的响应报文

二、多选题

1. 数据分析的步骤一般包括(　　)。

A. 数据预处理　　B. 可视化呈现　　C. 数据建模　　D. 数据挖掘

E. 数据采集

2. 企业的外部数据一般包括(　　)。

A. 国家统计数据　　B. 上市公司的年报、季报

C. 地方政府公开数据　　D. 研究机构的调研报告

3. 数据采集的三大特点是(　　)。

A. 全面　　B. 多维　　C. 随机　　D. 时效

4. 数据采集前需要做的准备包括(　　)。

A. 明确数据驱动目标　　B. 按需采集数据

C. 选择数据采集工具　　D. 选择数据采集手段

5. 数据采集可以使用的工具有(　　)。

A. 八爪鱼　　B. 网络爬虫　　C. 集搜客　　D. 火车采集器

6. 在浏览器中输入一个 URL 后回车，后台会发生哪些步骤(　　)。

A. 向 IP 对应的服务器发送请求　　B. 查找域名对应的 IP 地址

C. 浏览器解析网页内容 D. 服务器响应请求，发回网页内容

三、判断题

1. 数据采集的质量直接决定了后续的分析是否准确。 ( )

2. 网络爬虫是模拟用户在浏览器或者某个应用上的操作，把操作的过程，结合背后的原理，用程序模拟出来，并实现自动化的程序。 ( )

3. 企业的内部数据一般包括业务数据、财务数据和研究机构的调研报告。 ( )

4. 当客户端收到一个 URL 后，下一步会收到来自服务器的响应报文，将其内容编排在屏幕上。 ( )

5. 在使用网络爬虫时，在获取到响应数据后，直接保存即可用于数据建模分析，不需要再进行任何处理，简单快捷。 ( )

6. 客户端的主要功能是请求访问文本或图像等资源，并提供资源响应。 ( )

7. 当打开一个浏览器时，相当于客户端接收到了一个 URL。 ( )

第 5 章 数据清洗

学习目标

【知识目标】

- 了解数据清洗的概念、内容、方法
- 了解数据清洗的设计原则
- 掌握数据清洗常见问题及处理顺序

【技能目标】

- 能够依据案例资料建立数据清洗规则，进行数据清洗流程设计与工具操作

【素质目标】

- 培养学生对大数据技术的认知
- 培养学生数据清洗的能力

【思政目标】

- 培养学生对于数据处理的基本认知
- 通过企业经营数据的清洗案例，使学生能够认识在大数据环境下进行数据清洗与处理的思维与方法

思维导图

本章聚焦数据清洗，主要包括项目导入、数据准备、全局清洗规则、按字段清洗规则 4 个学习任务，本章学习思维导图如图 5-1 所示。

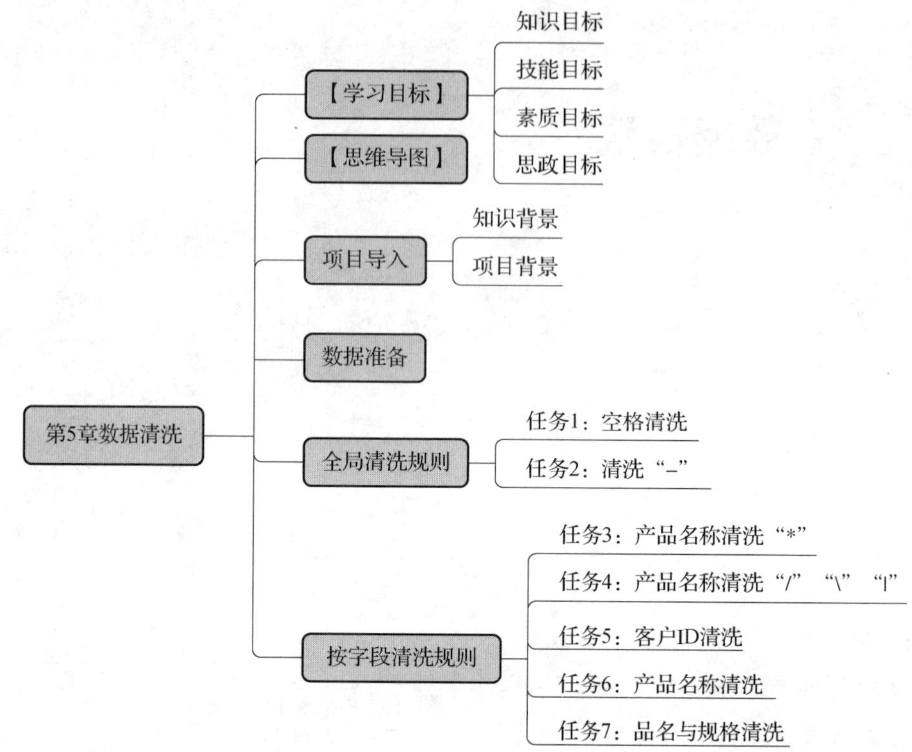

图 5-1　第 5 章学习思维导图

5.1　项目导入

5.1.1　知识背景

1. 数据清洗概念

数据清洗是发现并纠正数据文件中可识别的错误的最后一道程序，包括检查数据一致性、处理无效值和缺失值等。

数据清洗(Data cleaning)是对数据进行重新审查和校验的过程，目的在于删除重复信息、纠正存在的错误，并提供数据一致性。

数据清洗

2. 数据清洗的主要内容

(1)缺失值清洗。

缺失值清洗的步骤为：

1) 确定缺失值范围。

2) 去除不需要的字段。

3) 填充缺失内容。

4) 重新取数。

(2) 格式内容清洗。

格式内容清洗包括：

1) 将时间、日期、数值、全半角等显示格式不一致的数据，处理成一致的某种格式。

2) 当内容中有不该存在的字符时，需要去除。

3) 当内容与该字段应有内容不符时，要详细识别问题类型。

(3) 逻辑错误清洗。

逻辑错误清洗包括：

1) 去重：去除数据中的重复值。

2) 去除数据中的不合理值。

3) 修正矛盾内容。

(4) 非需求性数据清洗。

非需求性数据清洗需注意：

1) 一般将不需要的字段直接删除。

2) 如果不能事先判断该字段是否有用，建议先保留。

3) 在删除字段之前做好备份，以免误删字段找不回数据。

(5) 关联性验证。

如果数据有多个来源，那么有必要进行关联性验证。如果验证发现问题，需要对数据进行调整或去除。

3. 数据清洗设计

(1) 数据流程。

数据处理时的流程示意图，如图 5-2 所示。

数据处理需要遵守的法则：

1) 少量数据接入时，先合并、联接，再清洗。

2) 大数据源接入时，先按照统一标准清洗，再接入。

3) 处理每个数据计算层时，先清洗，再计算。

4) 分析结果发现数据问题时，向前溯源，新增、修订清洗规则。

(2) 数据清洗设计规则。

1) 一个清洗步骤就用一条清洗规则。

2) 多拆分清洗步骤，每个步骤备份数据，方便出问题时回退。

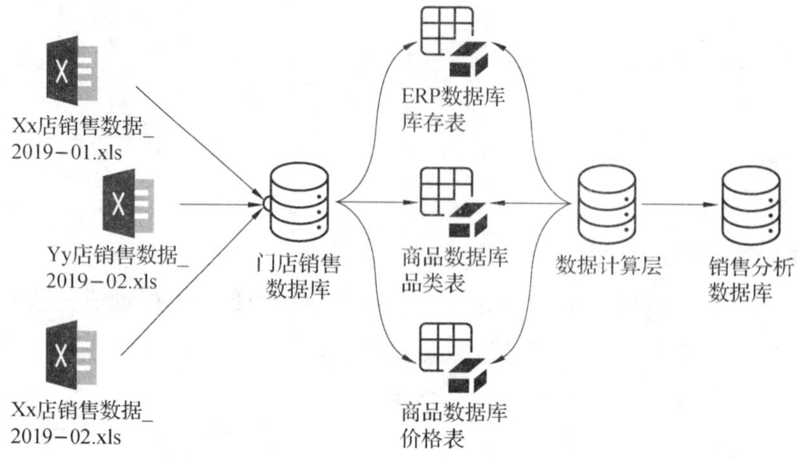

图 5-2　数据处理流程示意图

3）一般先做全局清洗（即对全部数据），再做个别字段的清洗。

4）清洗的输出结果不要直接放在正式数据流或正式文件中，先用测试环境或临时文件，充分验证后再置于正式环境中。

4. 数据清洗流程

（1）数据清洗流程。

数据清洗流程图如图 5-3 所示。

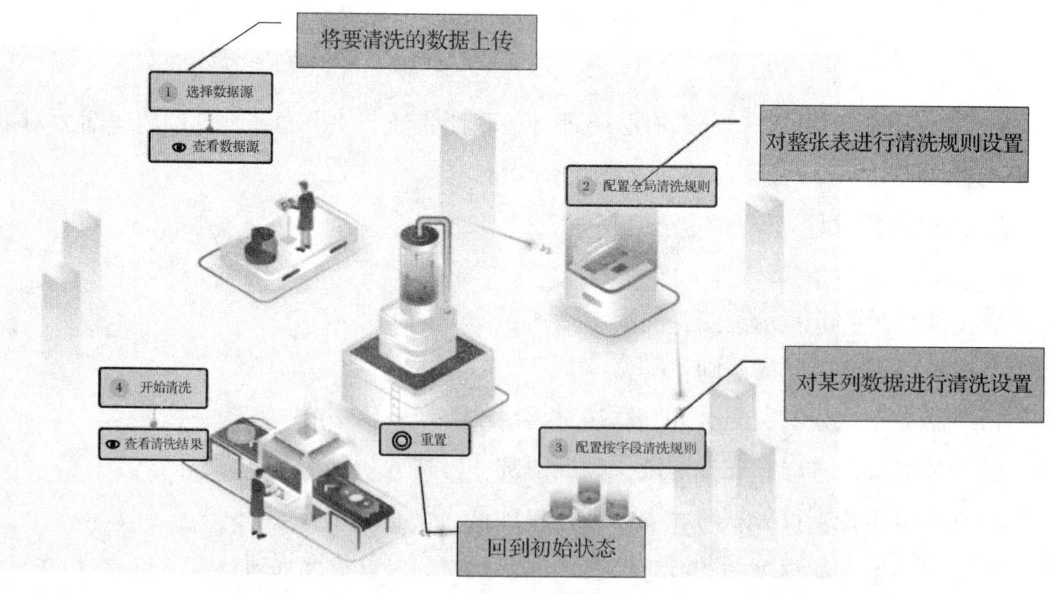

图 5-3　数据清洗流程

（2）数据清洗规则。

为了提升数据清洗效率，在不影响分析数据的前提下，将多个字段都存在的问题一次性

清洗掉，可以使用全局规则。全局清洗一般放在其他清洗规则前优先执行，如表 5-1 所示。

表 5-1　数据清洗规则

<table>
<tr><th>全局规则</th><th>规则描述</th></tr>
<tr><td>非法字符清洗</td><td>对表中所有记录中含有非法字符的内容进行删除
非法字符包括：‘ * ?: " <> |</td></tr>
<tr><td>空格清洗</td><td>对表中所有记录中的空格进行统一删除</td></tr>
<tr><td>-(仅有)替换为 Null</td><td>将字段记录值仅含有' -' 的内容进行删除，存为空记录</td></tr>
<tr><td>-(仅有)替换为 0</td><td>将字段记录值仅含有' -' 的内容进行替换，存为' 0'</td></tr>
<tr><td>空格(仅有)替换为 Null</td><td>将字段记录值仅含有空格的内容进行删除，存为空记录</td></tr>
<tr><td>空格(仅有)替换为 0</td><td>将字段记录值仅含有空格的内容进行替换，存为' 0'</td></tr>
</table>

全局规则中，Null，表示不存在，是一种特殊的数据类型；0，可以是数字类型或整型，当存储的值为 0，数据类型为数字类型时，如果替换为 Null，则该单元格不参与后续计算，若替换为 0，则该单元格参与后续计算。

按字段清洗规则：

常用数据清洗工具提供了字符替换、字段切分、字段合并、缺失值填补 4 种清洗规则。

1) 字符替换：可以将选定字段的值进行替换。

2) 字段切分：将选定字段切分为多个字段，相当于拆分列。

3) 字段合并：将选定的多个字段合并为一个字段，相当于合并列。

4) 缺失值填补：将选定字段的缺失值进行自动填充，有均值填补、中位数填补、丢弃空值记录、填补为 0，4 种方式。

5.1.2　项目背景

1. 案例背景介绍

B 公司是一家销售办公用品、办公家具和办公电子设备的公司，旗下有多家直营店，每月月底，各直营店都会向财务部提供本月的订单详情表。现在公司的财务分析师手上有一份汇总多年的订单详情表。

财务分析师需要对汇总订单详情表进行分析，如客户群体分布分析、受欢迎商品分析、收入利润情况分析。在做分析之前，财务分析师需要对原始数据表进行数据清洗，构建一张准确的数据表是数据分析最重要的环节之一。观察此表，我们可以发现，表中有一些空值和“-”，有的单元格还有特殊字符，如图 5-4 所示。同时，客户 ID、产品名称这些数据也需要进一步处理，才可以准确地进行分析。

H	I	J	K	L	M	N	O	P
城市	产品 ID	类别	子类别	产品名称	销售额	销售数量	折扣	利润
杭州	10002717	办公用品	用品	Fiskars 剪刀，*蓝色	129.696	2	0.4	-60.704
内江	10004832	办公用品	信封	GlobeWeis *搭扣信封，红色	125.44	2	0	42.56
内江	10001505	办公用品	装订机	Cardinal 孔加固材料，回收	31.92	2	0.4	4.2
镇江	10003746	办公用品	用品	Kleencut 开信刀，工业	321.216	4	0.4	-27.104
汕头	10003452	办公用品	器具	KitchenAid 搅拌机，黑色	1375.92	3	0	550.2
景德镇	10001640	技术	设备	柯尼卡 打印机，红色	11129.58	9	-	3783.78
景德镇	10001029	办公用品	装订机	Ibico|订书机，实惠	479.92	2	0	172.76
景德镇	10000578	家具	椅子	SAFCO|扶手椅，可调	8659.84	4	0	2684.08
景德镇	10001629	办公用品	纸张	GreenBar|计划信息表，多色	588	5	0	46.9
景德镇	10004801	办公用品	系固件	Stockwell 橡皮筋，整包	154.28	2	0	33.88
榆林	10000001	技术	设备	爱普生 计算器，耐用	434.28	2	0	4.2
哈尔滨	10002416	技术	复印机	惠普 墨水，红色	2368.8	4	0	639.52
青岛	10000017	办公用品	信封	Jiffy|局间信封，银色	683.76	3	0	88.62
青岛	10004920	技术	配件	SanDisk 键区，可编程	1326.5	5	0	344.4
青岛	10004349	技术	电话	诺基亚 充电器，蓝色	5936.56	2	0	2849.28
徐州	10003582	办公用品	器具	KitchenAid 冰箱，黑色	10336.452	7	0.4	-3962.728
徐州	10004648	办公用品	标签	Novimex 圆形标签，红色	85.26	3	0	38.22
上海	10001200	技术	配件	Memorex 键盘，实惠	2330.44	7	0	1071.14
上海	10000039	办公用品	用品	Acme 尺子，工业	85.54	1		23.94
上海	10004589	办公用品	装订机	Avery 孔加固材料，耐用	137.9	5	0	2.1
上海	10004369	办公用品	装订机	Cardinal 装订机，回收	397.32	6	0	126.84
上海	10002777	技术	电话	三星 办公室电话机，整包	2133.46	7	-	959.42
上海	10002045	技术	复印机	Hewlett 传真机，数字化	4473.84	3	0	1162.98
上海	10004353	办公用品	用品	Elite 开信刀，工业	269.92	2		118.72
温岭	10004730	家具	书架	Sauder 书架，金属	1638.336	4	0.4	-464.464
温岭	10002386	家具	椅子	OfficeStar 摇椅，可调	1204.56	3	0.4	60.06
温岭	10003889	办公用品	系固件	OIC 图钉，金属	198.66	5	0.4	-16.94

图 5-4　销售数据

2. 任务目标

(1)特殊字符清洗。

任务 1：对表中的“空值”进行清洗。

任务 2：对表中的“-”字符进行清洗。

任务 3：对表中“产品名称”字段中的“ * ”进行清洗。

任务 4：对表中“产品名称”字段中的“/”“ | ”“ \ ”进行清洗。

(2)格式内容清洗。

任务 1：将表中的“客户 ID”字段进行拆分，分别显示为“客户名称”和“客户 ID”。

任务 2：将表中的“产品名称”字段进行拆分，分别显示为“产品品牌”和“品名与规格”。

任务 3：将“品名与规格”字段进行拆分，分别显示为“产品品名”与“产品规格”。

5.2　数据准备

本节所需数据表可到资源中进行下载，如图 5-5 所示。

数据查找路径为：教学应用—资源—数据清洗—销售数据_清洗前 . xlsx

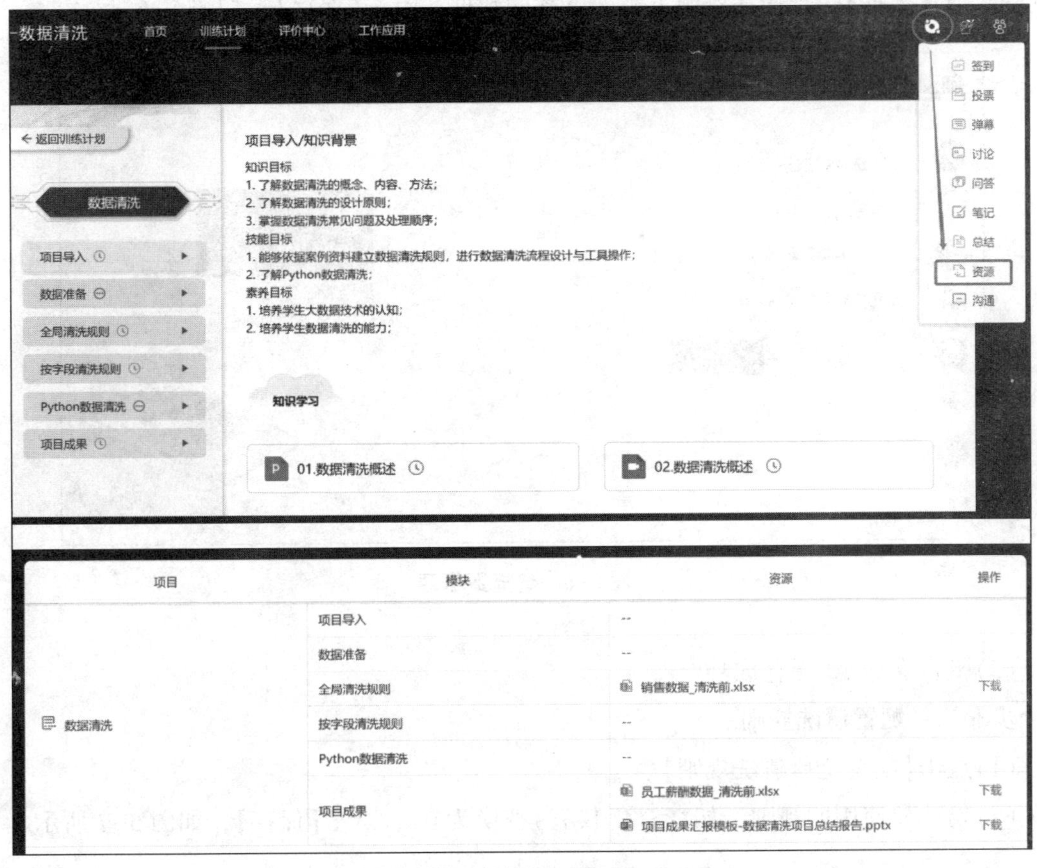

图 5-5　资源下载

5.3　全局清洗规则

任务 1　空格清洗

任务描述

特殊字符清洗，使用全局清洗规则对整张数据表的空格进行清洗。

操作步骤

步骤一：选择数据源。

(1) 点击【选择数据源】，在下拉列表中找到预置的数据，点击【保存】。

(2) 如果下拉列表中没有预置数据，可以前往资源下载处，先下载本任务所需数据，再点击【上传数据】，选择在资源下载处下载的数据，点击【保存】，如图 5-6 所示。

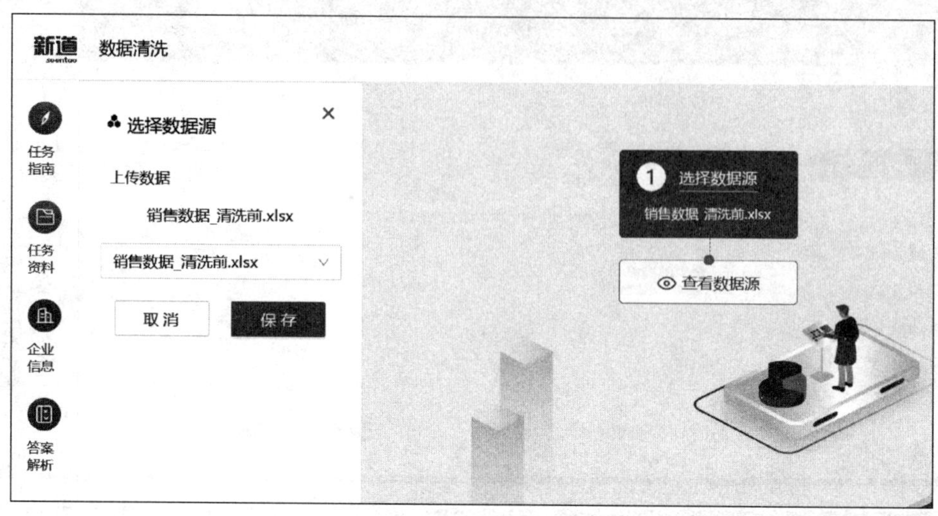

图 5-6　选择数据源

(3)平台会提示“保存成功”。

步骤二：配置清洗规则。

(1)点击【配置全局清洗规则】。

(2)勾选要使用的规则，如“空格(仅有)替换为 0”，点击【保存】，如图 5-7 所示。

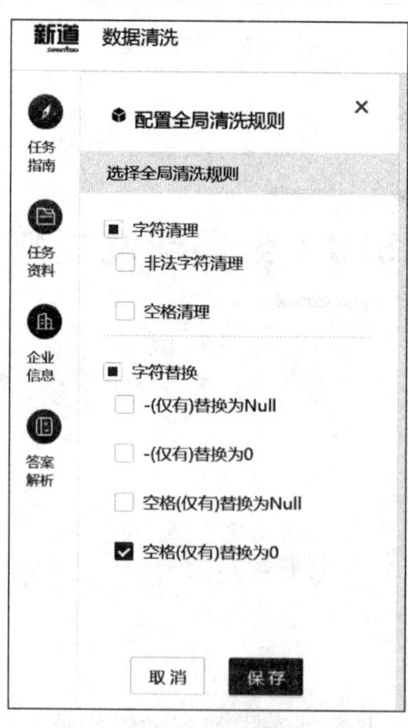

图 5-7　配置全局清洗规则

(3)平台会提示“配置清洗规则成功”。

步骤三：数据清洗。

(1)点击【开始清洗】，平台提示“确定要开始清洗吗?”，点击【确定】，如图 5-8 所示。

图 5-8　开始清洗

(2)平台提示“清洗中”，清洗结束后，平台会提示“清洗并上传成功”。

(3)点击【查看清洗结果】，对清洗结果进行预览。

步骤四：下载数据并保存到本地电脑。

(1)点击【下载】，如图 5-9 所示。

结果预览　下载　返回　加载行数：100　确定

行 ID	订单 ID	订单日期	发货日期	邮寄方式	客户 ID	客户类型	城市	产品 ID	类别	子类别	产品名称	销售额
1	US-2015-1357144	2015/04/28	2015/04/30	二级	曾惠-14485	公司	杭州	10002717	办公用品	用品	Fiskars 剪刀, *蓝色	129.696
2	CN-2015-1973789	2015/06/16	2015/06/20	标准级	许安-10165	消费者	内江	10004832	办公用品	信封	GlobeWeis *搭扣信封, 红色	125.44
3	CN-2015-1973789	2015/06/16	2015/06/20	标准级	许安-10165	消费者	内江	10001505	办公用品	装订机	Cardinal 孔加固材料, 回收	31.92
4	US-2015-3017568	2015/12/10	2015/12/14	标准级	宋良-17170	公司	镇江	10003746	办公用品	用品	Kleencut 开信刀, 工业	321.216
5	CN-2014-2975416	2014/05/31	2014/06/02	二级	万兰-15730	消费者	汕头	10003452	办公用品	器具	KitchenAid 搅拌机, 黑色	1375.92
6	CN-2013-4497736	2013/10/27	2013/10/31	标准级	俞明-18325	消费者	景德镇	10001640	技术	设备	柯尼卡 打印机, 红色	11129.58
7	CN-2013-4497736	2013/10/27	2013/10/31	标准级	俞明-18325	消费者	景德镇	10001029	办公用品	装订机	Ibico|订书机, 实惠	479.92
8	CN-2013-4497736	2013/10/27	2013/10/31	标准级	俞明-18325	消费者	景德镇	10000578	家具	椅子	SAFCO|扶手椅, 可调	8659.84
9	CN-2013-4497736	2013/10/27	2013/10/31	标准级	俞明-18325	消费者	景德镇	10001629	办公用品	纸张	GreenBar|计划信息表, 多色	588
10	CN-2013-4497736	2013/10/27	2013/10/31	标准级	俞明-18325	消费者	景德镇	10004801	办公用品	系固件	Stockwell 橡皮筋, 整包	154.28
11	CN-2012-4195213	2012/12/22	2012/12/24	二级	谢雯-21700	小型企业	榆林	10000001	技术	设备	爱普生 计算器, 耐用	434.28
12	CN-2015-5801711	2015/06/02	2015/06/07	标准级	康青-19585	消费者	哈尔滨	10002416	技术	复印机	惠普 墨水, 红色	2368.8

图 5-9　下载结果

清洗空格

(2)点击【返回】，退回到数据清洗界面。

任务 2　清洗“-”

任务描述

特殊字符清洗，使用全局清洗规则对整张数据表的“-”进行清洗。

操作步骤

步骤一：选择数据源。

(1)将任务 1 的操作结果上传到数据清洗系统中，点击【保存】，如图 5-10 所示。

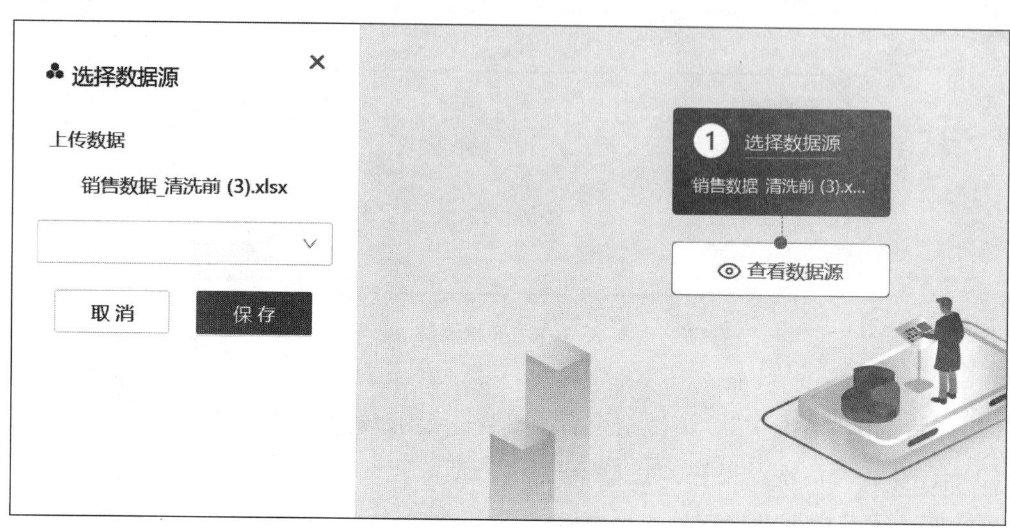

图 5-10　选择数据源

(2)平台会提示"保存成功"，如图 5-11 所示。

图 5-11　保存成功

步骤二：配置清洗规则。

(1)点击【配置全局清洗规则】。

(2)勾选要使用的规则，如"-(仅有)替换为 0"，点击【保存】，如图 5-12 所示。

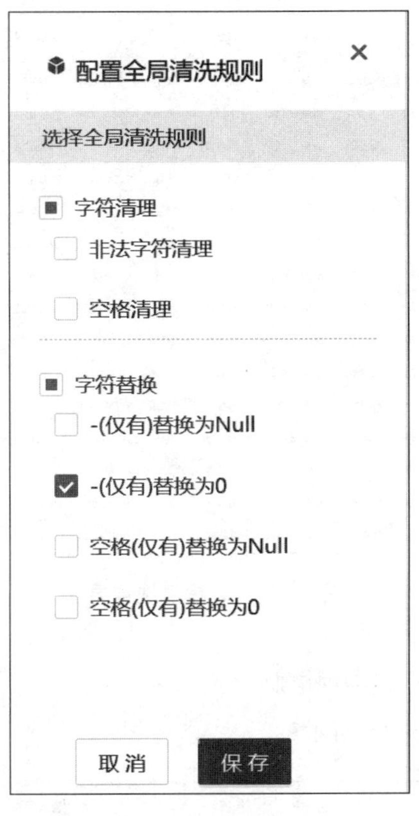

图 5-12　配置全局清洗规则

(3)平台会提示“配置清洗规则成功”。

步骤三：数据清洗。

(1)点击【开始清洗】，平台提示“确定要开始清洗吗?”，点击【确定】，如图 5-13 所示。

图 5-13　开始清洗

(2)平台提示“清洗中”，清洗结束后，平台会提示“清洗并上传成功”。

(3)点击【查看清洗结果】，对清洗结果进行预览，如图 5-14 所示。

结果预览　下载　返回　加载行数：100　确定

行 ID	订单 ID	订单日期	发货日期	邮寄方式	客户 ID	客户类型	城市	产品 ID	类别	子类别	产品名称	销售额
1	US-2015-1357144	2015/04/28	2015/04/30	二级	曾惠-14485	公司	杭州	10002717	办公用品	用品	Fiskars 剪刀, *蓝色	129.696
2	CN-2015-1973789	2015/06/16	2015/06/20	标准级	许安-10165	消费者	内江	10004832	办公用品	信封	GlobeWeis *搭扣信封, 红色	125.44
3	CN-2015-1973789	2015/06/16	2015/06/20	标准级	许安-10165	消费者	内江	10001505	办公用品	装订机	Cardinal 孔加固材料, 回收	31.92
4	US-2015-3017568	2015/12/10	2015/12/14	标准级	宋良-17170	公司	镇江	10003746	办公用品	用品	Kleencut 开信刀, 工业	321.216
5	CN-2014-2975416	2014/05/31	2014/06/02	二级	万兰-15730	消费者	汕头	10003452	办公用品	器具	KitchenAid 搅拌机, 黑色	1375.92
6	CN-2013-4497736	2013/10/27	2013/10/31	标准级	俞明-18325	消费者	景德镇	10001640	技术	设备	柯尼卡 打印机, 红色	11129.58
7	CN-2013-4497736	2013/10/27	2013/10/31	标准级	俞明-18325	消费者	景德镇	10001029	办公用品	装订机	Ibico订书机, 实惠	479.92
8	CN-2013-4497736	2013/10/27	2013/10/31	标准级	俞明-18325	消费者	景德镇	10000578	家具	椅子	SAFCO扶手椅, 可调	8659.84
9	CN-2013-4497736	2013/10/27	2013/10/31	标准级	俞明-18325	消费者	景德镇	10001629	办公用品	纸张	GreenBar计划信息表, 多色	588
10	CN-2013-4497736	2013/10/27	2013/10/31	标准级	俞明-18325	消费者	景德镇	10004801	办公用品	系固件	Stockwell 橡皮筋, 整包	154.28
11	CN-2012-4195213	2012/12/22	2012/12/24	二级	谢雯-21700	小型企业	榆林	10000001	技术	设备	爱普生 计算器, 耐用	434.28
12	CN-2015-5801711	2015/06/02	2015/06/07	标准级	康青-19585	消费者	哈尔滨	10002416	技术	复印机	惠普 墨水, 红色	2368.8
13	CN-2013-2752724	2013/06/05	2013/06/09	标准级	赵婵-10885	消费者	青岛	10000017	办公用品	信封	Jiffy局间信封, 银色	683.76
14	CN-2013-2752724	2013/06/05	2013/06/09	标准级	赵婵-10885	消费者	青岛	10004920	技术	配件	SanDisk 键区, 可编程	1326.5

图 5–14　查看清洗结果

步骤四：下载数据并保存到本地电脑。

(1)点击【下载】，如图 5–15 所示。

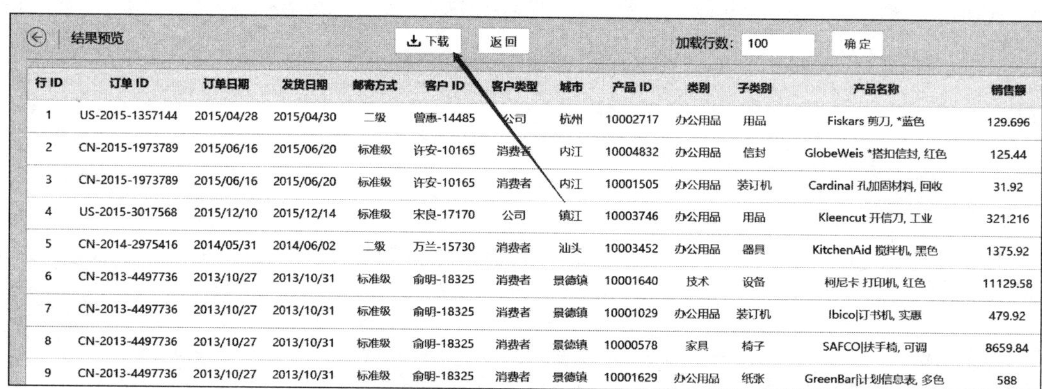

结果预览　下载　返回　加载行数：100　确定

行 ID	订单 ID	订单日期	发货日期	邮寄方式	客户 ID	客户类型	城市	产品 ID	类别	子类别	产品名称	销售额
1	US-2015-1357144	2015/04/28	2015/04/30	二级	曾惠-14485	公司	杭州	10002717	办公用品	用品	Fiskars 剪刀, *蓝色	129.696
2	CN-2015-1973789	2015/06/16	2015/06/20	标准级	许安-10165	消费者	内江	10004832	办公用品	信封	GlobeWeis *搭扣信封, 红色	125.44
3	CN-2015-1973789	2015/06/16	2015/06/20	标准级	许安-10165	消费者	内江	10001505	办公用品	装订机	Cardinal 孔加固材料, 回收	31.92
4	US-2015-3017568	2015/12/10	2015/12/14	标准级	宋良-17170	公司	镇江	10003746	办公用品	用品	Kleencut 开信刀, 工业	321.216
5	CN-2014-2975416	2014/05/31	2014/06/02	二级	万兰-15730	消费者	汕头	10003452	办公用品	器具	KitchenAid 搅拌机, 黑色	1375.92
6	CN-2013-4497736	2013/10/27	2013/10/31	标准级	俞明-18325	消费者	景德镇	10001640	技术	设备	柯尼卡 打印机, 红色	11129.58
7	CN-2013-4497736	2013/10/27	2013/10/31	标准级	俞明-18325	消费者	景德镇	10001029	办公用品	装订机	Ibico订书机, 实惠	479.92
8	CN-2013-4497736	2013/10/27	2013/10/31	标准级	俞明-18325	消费者	景德镇	10000578	家具	椅子	SAFCO扶手椅, 可调	8659.84
9	CN-2013-4497736	2013/10/27	2013/10/31	标准级	俞明-18325	消费者	景德镇	10001629	办公用品	纸张	GreenBar计划信息表, 多色	588

图 5–15　下载结果

(2)点击【返回】，退回到数据清洗界面。

清洗“–”

5.4　按字段清洗规则

任务 3　产品名称清洗“ * ”

任务描述

特殊字符清洗，使用按字段清洗规则将数据表中的“ * ”清洗掉。

操作步骤

在开始操作之前，需要点击【重置】，将数据清洗系统重置为初始状态。

步骤一：选择数据源。

(1)点击【上传数据】。

(2)将任务 2 的操作结果上传，点击【保存】。

步骤二：配置清洗规则。

(1)点击【配置按字段清洗规则】。

(2)点击【添加规则】，选择“字符替换”清洗规则。

(3)点击规则下方的【+】，选择需要替换的字段，在弹出的窗口中选择“产品名称”，并点击右移(添加)按钮，点击【确定】。

(4)填写“原内容”与“替换内容”，将“产品名称”中的“ * ”替换为空，点击【保存】，如图 5-16 所示。

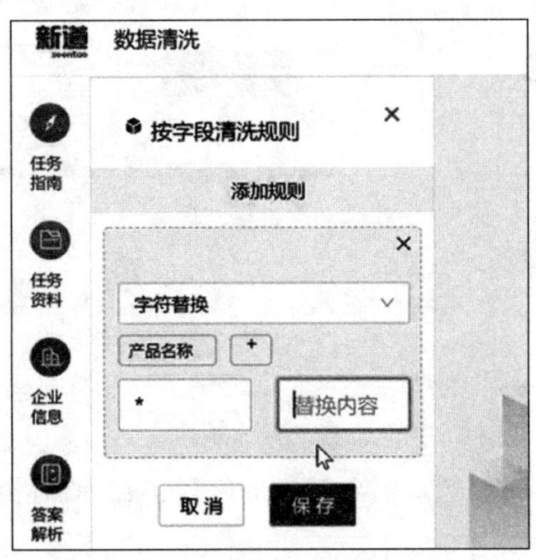

图 5-16　配置按字段清洗规则

步骤三：数据清洗。

(1)点击【开始清洗】。

(2)查看清洗结果。

步骤四：下载清洗数据并将数据保存至本地。

(1)点击【下载】。

(2)点击【返回】。

产品名称清洗“＊”

任务4　产品名称清洗“/”“\”“|”

任务描述

特殊字符清洗，使用按字段清洗规则将数据表中产品名称字段中的“/”“\”“|”清洗掉。

操作步骤

在开始操作之前，需要点击【重置】，将数据清洗系统重置为初始状态。

步骤一：选择数据源。

(1)点击【上传数据】。

(2)将任务3的操作结果上传，点击【保存】，如图5-17所示。

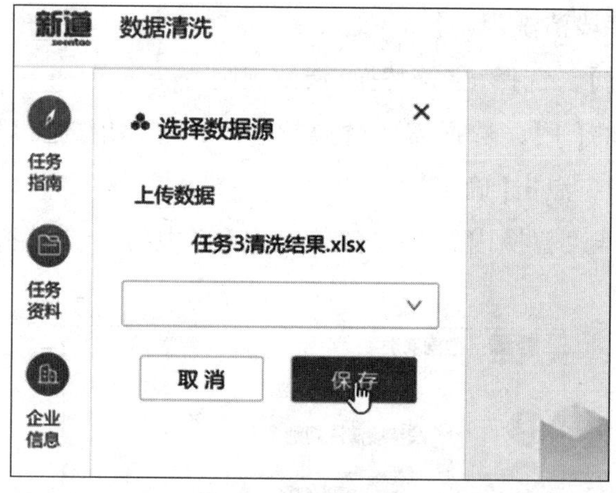

图5-17　选择数据源

步骤二：配置清洗规则。

(1)点击【配置按字段清洗规则】。

(2)点击【添加规则】，选择“字符替换”清洗规则。

(3)点击规则下方的【+】，选择需要替换的字段，在弹出的窗口中选择“产品名称”，并点击右移(添加)按钮，点击【确定】。

(4)填写“原内容”与“替换内容”。

1)将“产品名称”中的“/”替换为空。

2)将“产品名称”中的“ \ ”替换为空。

3)将“产品名称”中的“ | ”替换为空格(注意：此处需要输入一个空格)。

4)点击【保存】，如图 5-18 所示。

图 5-18　配置按字段清洗规则

步骤三：数据清洗。

(1)点击【开始清洗】。

(2)查看清洗结果。

步骤四：下载清洗数据并将数据保存至本地。

(1)点击【下载】。

(2)点击【返回】。

产品名称清洗“/”“ \ ”“ | ”

任务 5　客户 ID 清洗

任务描述

使用按字段清洗规则将数据表中“客户 ID”字段中的客户名称与客户 ID 进行切分。

操作步骤

在开始操作之前，需要点击【重置】，将数据清洗系统重置为初始状态。

步骤一：选择数据源。

(1)点击【上传数据】。

(2)将任务 4 的操作结果上传，点击【保存】，如图 5-19 所示。

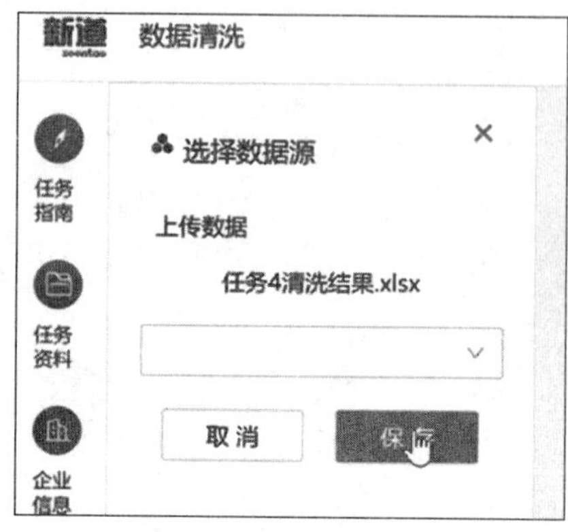

图 5-19　选择数据源

步骤二：配置清洗规则。

(1)点击【配置按字段清洗规则】。

(2)点击【添加规则】，选择“字段切分”清洗规则。

(3)点击规则下方的【+】，选择需要切分的字段，在弹出的窗口中选择“客户 ID”，并点击右移(添加)按钮，点击【确定】。

(4)设置将“客户 ID”进行字段切分，切分分隔符为“-”，切分后名称为“客户名称”与“客户 ID”。

(5)点击【保存】，如图 5-20 所示。

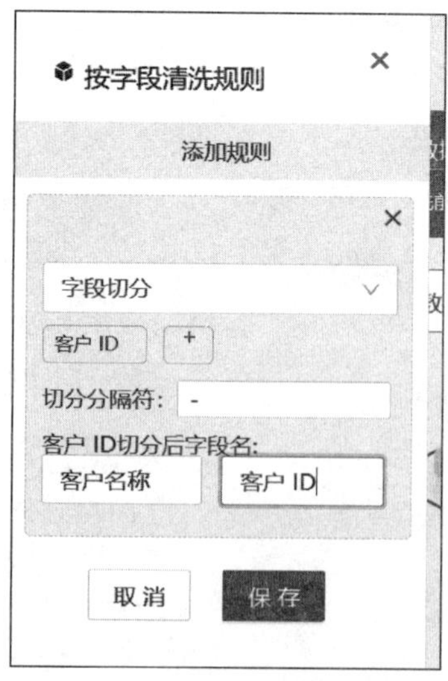

图 5-20　配置按字段清洗规则

步骤三：数据清洗。

(1)点击【开始清洗】。

(2)查看清洗结果。

步骤四：下载清洗数据并将数据保存至本地。

(1)点击【下载】。

(2)点击【返回】。

客户 ID 清洗

任务 6　产品名称清洗

任务描述

使用按字段清洗规则将数据表中的“产品名称”字段进行切分，切分为“产品品牌”和“品名与规格”。

操作步骤

在开始操作之前，需要点击【重置】，将数据清洗系统重置为初始状态。

步骤一：选择数据源。

(1)点击【上传数据】。

(2)将任务 5 的操作结果上传，点击【保存】。

步骤二：配置清洗规则。

(1)点击【配置按字段清洗规则】。

(2)点击【添加规则】，选择“字段切分”清洗规则。

(3)点击规则下方的【+】，选择需要切分的字段，在弹出的窗口中选择“产品名称”，并点击右移(添加)按钮，点击【确定】。

(4)设置将“产品名称”进行字段切分，切分分隔符为“,”(英文状态下逗号)，切分后名称为“产品品牌”与“品名与规格”。

(5)点击【保存】。

步骤三：数据清洗。

(1)点击【开始清洗】。

(2)查看清洗结果。

步骤四：下载清洗数据并将数据保存至本地。

(1)点击【下载】。

(2)点击【返回】。

产品名称清洗

任务 7　品名与规格清洗

任务描述

使用按字段清洗规则将数据表中的“品名与规格”字段进行切分，切分为“产品品名”

与“产品规格”。

操作步骤

在开始操作之前，需要点击【重置】，将数据清洗系统重置为初始状态。

步骤一：选择数据源。

(1)点击【上传数据】。

(2)将任务6的操作结果上传，点击【保存】。

步骤二：配置清洗规则。

(1)点击【配置按字段清洗规则】。

(2)点击【添加规则】，选择“字段切分”清洗规则。

(3)点击规则下方的【+】，选择需要切分的字段，在弹出的窗口中选择“品名与规格”，并点击右移(添加)按钮，点击【确定】。

(4)设置将“品名与规格”进行字段切分，切分分隔符为“,”(英文状态下逗号)，切分后名称为“产品品名”与“产品规格”。

(5)点击【保存】。

品名与规格清洗

步骤三：数据清洗。

(1)点击【开始清洗】。

(2)查看清洗结果。

步骤四：下载清洗数据并将数据保存至本地。

(1)点击【下载】。

(2)点击【返回】。

随堂测验

一、单选题

1.“脏数据”产生的最根本原因是(　　)。

A. 数据来源多样，使得数据标准、格式和统计方法不一致

B. 数据录入错误

C. 计算代码错误

D. 技术原因瑕疵

2. 发现并纠正数据文件中可识别的错误的最后一道程序是(　　)。

A. 数据采集　　B. 数据清洗

C. 数据建模　　D. 数据挖掘与分析

3. 为了提升清洗效率，在不影响分析数据的前提下，将多个字段都存在的问题一次性清洗掉，可以使用(　　)。

A. 个别字段清洗　　B. 全局清洗

C. 非法字符清洗　　D. 缺失值清洗

4. 将选定字段切分为多个字段，相当于拆分列的数据清洗方法是(　　)。

A. 字段替换　　B. 字段合并　　C. 均值填补　　D. 字段切分

5. 将选定的多个字段合并为一个字段，相当于合并列的数据清洗方法是(　　)。

A. 字段替换　　B. 均值填补　　C. 字段合并　　D. 字段切分

6. 将数据替换为 Null 后，该单元格将(　　)。

A. 不参与后续计算　　B. 参与后续计算

C. 可能参与也可能不参与后续计算　　D. 以上均不正确

7. 一般放在其他清洗规则前优先执行的是(　　)。

A. 个别字段清洗　　B. 全局清洗　　C. 缺失值清洗　　D. 以上均不正确

二、多选题

1. 数据清洗中的“脏数据”一般是指(　　)。

A. 无效数据　　B. 缺失数据　　C. 重复数据　　D. 错误数据

E. 冲突数据

2. 数据清洗的主要内容包括(　　)。

A. 缺失值清洗　　B. 逻辑错误清洗

C. 非需求性数据清洗　　D. 关联性验证

E. 格式内容清洗

3. 缺失值填补的方式一般有(　　)。

A. 均值填补　　B. 字段切分　　C. 中位数填补　　D. 丢失空值记录

E. 填补为 0

4. 格式内容清洗的主要内容是(　　)。

A. 显示格式不一致的时间日期　　B. 不需要的字符

C. 显示格式不一致的数值　　D. 关联性验证

5. 逻辑错误清洗的主要内容包括(　　)。

A. 去除不合理值

B. 将显示格式不一致的数值处理成统一格式

C. 修正矛盾内容

D. 重新取对数

三、判断题

1. 数据清洗是对数据进行重新审查和校验的过程，目的在于删除重复信息、纠正存在的错误，并提供数据一致性。（　　）

2. 在数据清洗时，一般先做个别字段的清洗，再做全局清洗。（　　）

3. 用友分析云中提供的字段清洗规则主要包括字符替换、字段切分、字段合并和缺失值填补 4 种类型。（　　）

第 6 章 数据集成

学习目标

【知识目标】

- 掌握数据集成的相关概念
- 理解数据关联和数据合并的意义
- 掌握数据集成的工作要求

【技能目标】

- 能够依据案例资料进行数据集成工具操作
- 能够依据案例资料进行数据关联操作
- 能够生成合并资产负债表和合并利润表

【素质目标】

- 培养学生对数据进行关联与合并的预处理能力
- 强化学生努力掌握先进技术的职业素养
- 具有较强的集体意识和团队合作能力

【思政目标】

- 培养学生对于数据处理的基本认知
- 培养学生在大数据环境下进行数据集成的思维
- 让学生了解《数据安全法》的内容、数据使用的规范，培养学员作为财务人员遵纪守法的基本意识

思维导图

本章聚焦数据集成，主要包括数据集成概念、数据关联的四种方式、项目背景、数据准备、数据关联、数据合并等学习任务，本章学习思维导图如图 6-1 所示。

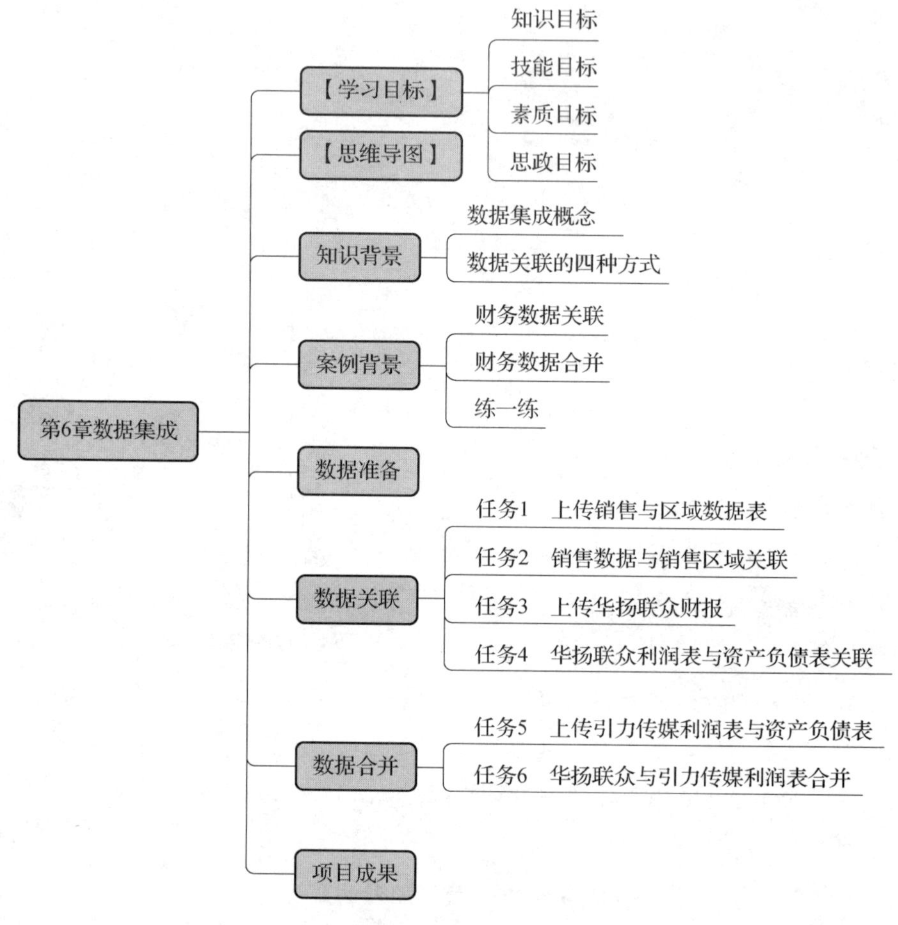

图 6-1 第 6 章学习思维导图

6.1 知识背景

6.1.1 数据集成概念

从广义上来说，在企业中，由于开发时间或开发部门的不同，往往有多个异构的、运

行在不同的软硬件平台上的信息系统同时运行，这些系统的数据源彼此独立、相互封闭，使数据难以在系统之间交流、共享和融合，从而形成了“信息孤岛”。随着信息化应用的不断深入，企业内部、企业与外部信息交互的需求日益强烈，急切需要对已有信息进行整合，联通“信息孤岛”，共享数据信息，将这些信息数据进行整合的一系列方案称为数据集成。

从狭义上来说，数据集成是一个数据整合的过程，是将多份数据合并成数据集的过程和方法。通过综合各数据源，将拥有不同结构、不同属性的数据合并后存放在一个一致的数据存储中，如存放在数据仓库中，以产生更高的数据价值和更丰富的数据。这些数据源可能包括多个数据库、数据立方体或一般文件。

数据集成

数据集成最常见的两种方法为数据关联与数据合并。前者用于将不同数据内容的表格根据条件进行左右连接，后者用于将具有相同或相似数据内容的表格进行上下连接，如图 6-2 所示。

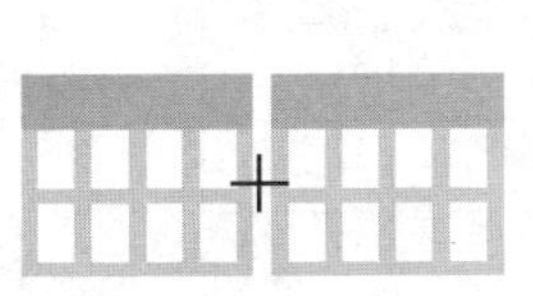

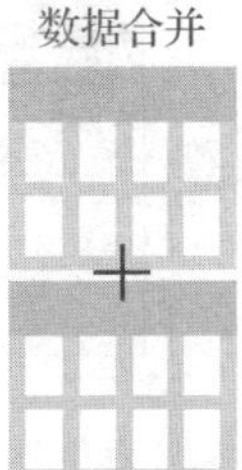

图 6-2　数据关联与数据合并

6. 1. 2　数据关联的四种方式

数据关联必须要有关联条件，一般是指左表的主键或其他唯一约束字段(即没有重复值)与右表的主键或其他唯一约束字段相等(相同)。根据关联条件的差异，可分为左连接、内连接、右连接和全连接 4 种方式，如图 6-3 所示。

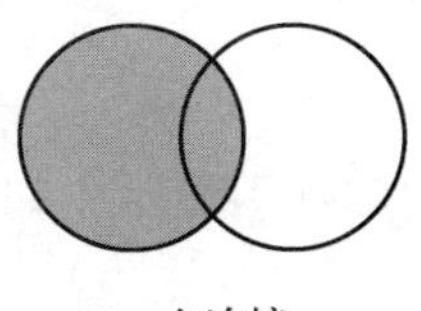

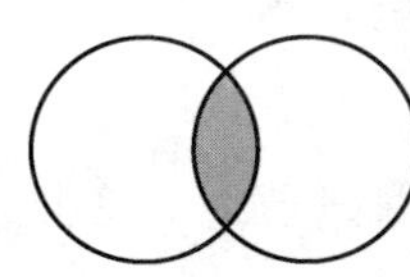

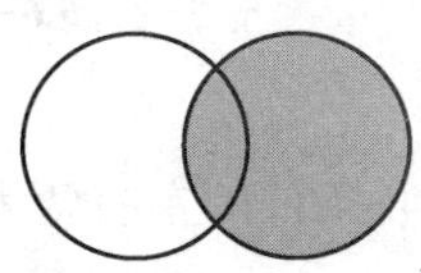

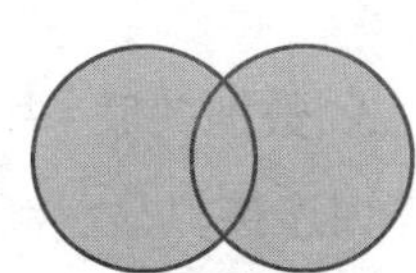

图 6-3　数据关联方式

1. 数据关联-左连接

左连接是以左表为基础，根据两表的关联条件将两表连接起来。结果会将左表所有的数据条目列出，而右表只列出与左表关联条件满足的部分。左连接全称为左外连接，属于外连接的一种方式，如图 6-4 所示。

2. 数据关联-右连接

右连接是以右表为基础，根据两表的关联条件将两表连接起来。结果会将右表所有的数据条目列出，而左表只列出与右表关联条件满足的部分。右连接全称为右外连接，属于外连接的一种方式，如图 6-5 所示。

ID	A	B	C
1	11	21	31
2	12	22	32
3	13	23	33

ID	D	E	F
2	42	52	62
3	43	53	63
4	44	54	64

ID	A	B	C	D	E	F
1	11	21	31			
2	12	22	32	42	52	62
3	13	23	33	43	53	63

图 6-4　左连接

ID	A	B	C
1	11	21	31
2	12	22	32
3	13	23	33

ID	D	E	F
2	42	52	62
3	43	53	63
4	44	54	64

ID	A	B	C	D	E	F
2	12	22	32	42	52	62
3	13	23	33	43	53	63
4				44	54	64

图 6-5　右连接

3. 数据关联-内连接

内连接只显示满足关联条件的左右两表的数据记录，不符合条件的数据不显示，如图 6-6 所示。

ID	A	B	C
1	11	21	31
2	12	22	32
3	13	23	33

ID	D	E	F
2	42	52	62
3	43	53	63
4	44	54	64

ID	A	B	C	D	E	F
2	12	22	32	42	52	62
3	13	23	33	43	53	63

图 6-6　内连接

4. 数据关联-全连接

全连接即为将满足关联条件的左右表数据相连，但不满足条件的各表数据仍保留，两表之间无对应数据的内容为空值，如图 6-7 所示。

ID	A	B	C
1	11	21	31
2	12	22	32
3	13	23	33

ID	D	E	F
2	42	52	62
3	43	53	63
4	44	54	64

ID	A	B	C	D	E	F
1	11	21	31			
2	12	22	32	42	52	62
3	13	23	33	43	53	63
4				44	54	64

图 6-7　全连接

5. 数据关联-笛卡儿积

数据关联时如果关联条件设置不当时，极有可能出现笛卡儿积现象。在数学中，两个集合 X 和 Y 的笛卡儿积(Cartesian product)，又称直积，表示为 $X \times Y$，通俗地说，就是指包含从两个集合中任意取出两个元素所构成组合的集合，如图 6-8 所示。

ID	A	B	C
1	11	21	31
2	12	22	32
3	13	23	33

ID	D	E	F
2	42	52	63
3	43	53	63
4	44	54	64

ID	A	B	C	ID	D	E	F
1	11	21	31	2	42	52	63
1	11	21	31	3	43	53	63
1	11	21	31	4	44	54	64
2	12	22	32	2	42	52	63
2	12	22	32	3	43	53	63
2	12	22	32	4	44	54	64
3	13	23	33	2	42	52	63
3	13	23	33	3	43	53	63
3	13	23	33	4	44	54	64

图 6-8　笛卡儿积

6.2 案例背景

6.2.1 财务数据关联

新新公司的数据分析师对清洗后的销售数据表要从省份和大区的维度统计销售额，但数据表中只有“城市”的数据，没有省份和大区的数据，如图 6-9 所示。

F	G	H	I	J	K	L	M	N	O	P	Q	R	S
客户类型	城市	产品 ID	类别	子类别	销售额	销售数量	折扣	利润	客户名称	客户ID	产品品牌	产品品名	产品规
公司	杭州	10002717	办公用品	用品	129.696	2	0.4	-60.704	曾惠	14485	Fiskars	剪刀	蓝色
消费者	内江	10004832	办公用品	信封	125.44	2	0	42.56	许安	10165	GlobeWeis	搭扣信封	红色
消费者	内江	10001505	办公用品	装订机	31.92	2	0.4	4.2	许安	10165	Cardinal	孔加固材料	回收
公司	镇江	10003746	办公用品	用品	321.216	4	0.4	-27.104	宋良	17170	Kleencut	开信刀	工业
消费者	汕头	10003452	办公用品	器具	1375.92	3	0	550.2	万兰	15730	KitchenAi	搅拌机	黑色
消费者	景德镇	10001640	技术	设备	11129.58	9	0	3783.78	俞明	18325	柯尼卡	打印机	红色
消费者	景德镇	10001029	办公用品	装订机	479.92	2	0	172.76	俞明	18325	Ibico	订书机	实惠
消费者	景德镇	10000578	家具	椅子	8659.84	4	0	2684.08	俞明	18325	SAFCO	扶手椅	可调
消费者	景德镇	10001629	办公用品	纸张	588	5	0	46.9	俞明	18325	GreenBar	计划信息	多色
消费者	景德镇	10004801	办公用品	系固件	154.28	2	0	33.88	俞明	18325	Stockwell	橡皮筋	整包
小型企业	榆林	10000001	技术	设备	434.28	2	0	4.2	谢雯	21700	爱普生	计算器	耐用
消费者	哈尔滨	10002416	技术	复印机	2368.8	4	0	639.52	康青	19585	惠普	墨水	红色
消费者	青岛	10000017	办公用品	信封	683.76	3	0	88.62	赵婵	10885	Jiffy	局间信封	银色
消费者	青岛	10004920	技术	配件	1326.5	5	0	344.4	赵婵	10885	SanDisk	键区	可编程
消费者	青岛	10004349	技术	电话	5936.56	2	0	2849.28	赵婵	10885	诺基亚	充电器	蓝色
公司	徐州	10003582	办公用品	器具	10336.45	7	0.4	-3962.73	刘斯	20965	KitchenAi	冰箱	黑色
公司	徐州	10004648	办公用品	标签	85.26	3	0	38.22	刘斯	20965	Novimex	圆形标签	红色
消费者	上海	10001200	技术	配件	2330.44	7	0	1071.14	白鹄	14050	Memorex	键盘	实惠
消费者	上海	10000039	办公用品	用品	85.54	1	0	23.94	白鹄	14050	Acme	尺子	工业
消费者	上海	10004589	办公用品	装订机	137.9	5	0	2.1	白鹄	14050	Avery	孔加固材料	耐用
消费者	上海	10004369	办公用品	装订机	397.32	6	0	126.84	白鹄	14050	Cardinal	装订机	回收
消费者	上海	10002777	技术	电话	2133.46	7	0	959.42	白鹄	14050	三星	办公室电i	整包
消费者	上海	10002045	技术	复印机	4473.84	3	0	1162.98	白鹄	14050	Hewlett	传真机	数字化
消费者	上海	10004353	办公用品	用品	269.92	2	0	118.72	白鹄	14050	Elite	开信刀	工业
公司	温岭	10004730	家具	书架	1638.336	4	0.4	-464.464	贾彩	10600	Sauder	书架	金属
公司	温岭	10002386	家具	椅子	1204.56	3	0.4	60.06	贾彩	10600	OfficeSta	摇椅	可调
公司	温岭	10003889	办公用品	系固件	198.66	5	0.4	-16.94	贾彩	10600	OIC	图钉	金属
公司	温岭	10003118	办公用品	系固件	249.312	8	0.4	-58.688	贾彩	10600	Accos	图钉	混合尺
公司	温岭	10002717	办公用品	用品	389.088	6	0.4	-182.112	贾彩	10600	Fiskars	剪刀	蓝色
公司	温岭	10003585	技术	配件	692.496	1	0.4	-34.664	贾彩	10600	罗技	路由器	实惠
公司	温岭	10001174	家具	用具	106.008	2	0.4	-9.072	贾彩	10600	Tenex	灯泡	黑色
消费者	上海	10004816	办公用品	装订机	158.9	5	0	72.8	马丽	15910	WilsonJon	标签	回收
公司	唐山	10001942	办公用品	收纳具	1272.88	2	0	585.48	宋栋	12310	Fellowes	文件车	金属
公司	唐山	10000374	家具	椅子	1738.1	5	0	799.4	宋栋	12310	HarbourCr	椅垫	可调
公司	[illegible]	10002226	家具	书架	1390.032	4	0.4	-486.528	[illegible]	13495	Dania	书架	白色

图 6-9　超市销售情况表

因此，数据分析师做了两张表：城市表和省区表，城市表是城市和省区的对应表，超市销售情况表中的每一个城市都有对应的省区，如图 6-10 所示。

省区表是省份和大区的对应表，每个省份都对应了所属的大区，如图 6-11 所示。

	A	B
1	城市	省/自治区
2	安庆	安徽
3	蚌埠	安徽
4	亳州	安徽
5	巢湖	安徽
6	池州	安徽
7	滁州	安徽
8	阜阳	安徽
9	合肥	安徽
10	淮北	安徽
11	淮南	安徽
12	黄山	安徽
13	界首	安徽
14	鹿城	安徽
15	明光	安徽
16	濉溪	安徽
17	唐寨	安徽
18	铜陵	安徽
19	无城	安徽
20	芜湖	安徽

图 6-10　城市表

省/自治区	地区
安徽	华东
澳门	台港澳
北京	华北
福建	华东
甘肃	西北
广东	中南
广西	中南
贵州	西南
海南	中南
河北	华北
河南	中南
黑龙江	东北
湖北	中南
湖南	中南
吉林	东北
江苏	华东
江西	华东
辽宁	东北
内蒙古	华北

图 6-11　省区表

城市表和省区表可在平台“资源下载”中进行下载查看。

【思考】*观察数据源，要分别从省份和大区的维度统计销售额，需要如何将三张数据表关联？可以使用哪些方法进行关联？*

任务目标：

任务 1：上传数据表。

在资源下载处下载清洗后的销售数据表与省区表、城市表，并分别上传至分析云。

任务 2：销售数据与销售区域关联。

在分析云上，将销售数据表、省区表与城市表进行关联。

另外，新新公司想对现有产品进行广告投放，增加产品推广力度，从而提高销售量。在选择广告代理商时，新新公司把目标锁定华扬联众数字技术股份有限公司(简称”华扬联众“)，财务分析师想简单地了解一下华扬联众公司的综合能力，首先想对其进行财务能力进行分析。

任务目标：

任务 3：上传数据表。

在资源下载处下载华扬联众公司的利润表与资产负债表，分别将两张表上传至分析云。

任务 4：华扬联众利润表与资产负债表关联。

在分析云上，将华扬联众利润表与资产负债表进行关联。

6.2.2 财务数据合并

分析师还想对另外一家广告代理商进行综合分析，与华扬联众公司进行比较。分析师选择了引力传媒股份有限公司(简称“引力传媒”)作为横向对比分析对象。

任务目标：

任务5：上传数据表

在资源下载处下载引力传媒公司的利润表与资产负债表，分别将两张表上传至分析云。

任务6：华扬联众与引力传媒资产负债表合并。

在分析云上，将华扬联众与引力传媒的资产负债表进行数据合并。

6.2.3 练一练

任务目标：

任务7：上传数据表。

在资源下载处下载AJ公司和金岭公司的利润表，分别将两张表上传至分析云。

任务8：AJ公司与金岭公司的利润表合并。

在分析云上，将AJ公司和金岭公司的利润表进行数据合并。

6.3 数据准备

在资源下载处下载本案例所需数据，或按照任务要求，直接使用系统内置数据进行数据集成，如图6-12所示。

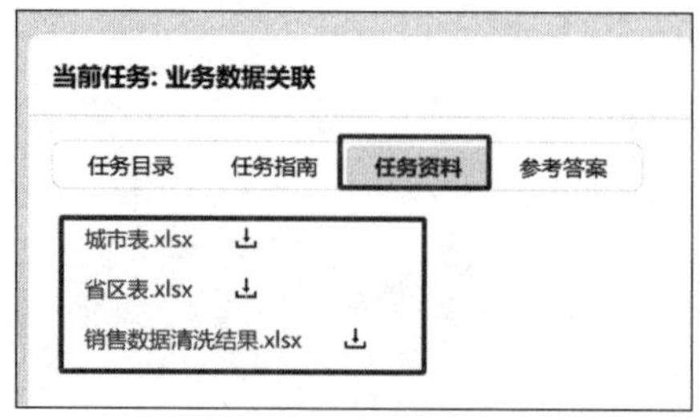

图6-12　下载数据

6.4　数据关联

任务 1　上传销售与区域数据表

任务描述

在数据清洗任务中，我们将销售数据表进行了数据清洗，现在需要将清洗后的销售数据表与资源下载处下载到的“城市表”、“省区表”、“销售数据_清洗后”上传分析云。

操作步骤

步骤一：下载数据，在资源下载处，下载“城市表”“省区表”“销售数据_清洗后”，如图 6-13 所示。

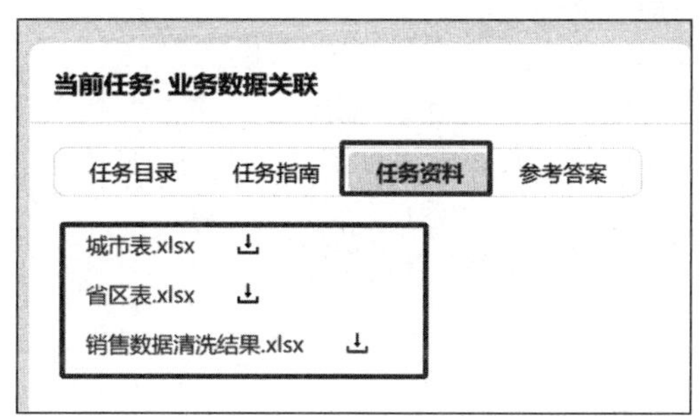

图 6-13　下载数据

步骤二：上传数据。

(1) 点击【数据准备】，点击【上传】，系统弹出“上传数据”窗口。

(2) 选择所需上传文件。

(3) 点击【下一步】。

(4) 编辑文件名称。

(5) 选择上传文件所需保存位置。

(6) 点击【确定】。

提示：通常将上传数据保存在“我的数据”文件夹内，也可以在“我的数据”文件夹内新建“数据集成”文件夹，将数据保存其中，如图 6-14 所示。

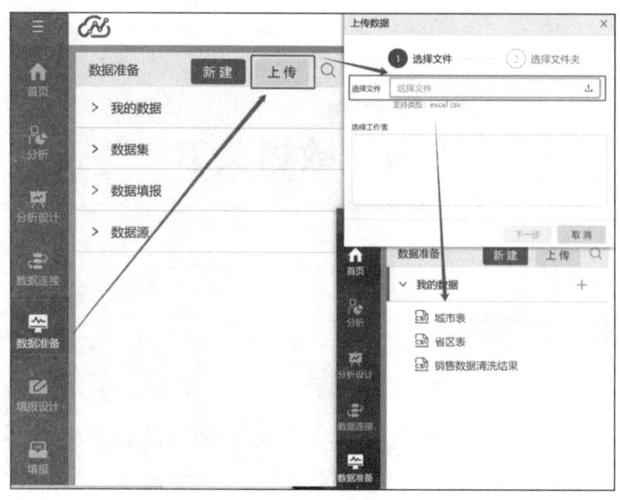

图 6-14　上传数据

上传销售与区域数据表

数据表有很多页面(sheet)，本任务只需上传“订单”页即可。

任务 2　销售数据与销售区域关联

任务描述

在数据清洗任务中，我们将销售数据表进行了数据清洗，现在需要将清洗后的销售数据表与“城市表”“省区表”在分析云中进行关联。

操作步骤

步骤一：新建数据集。

(1)在分析云的【数据准备】菜单下找到【新建】按钮，点击【新建】。

(2)在弹出窗口中选择【关联数据集】。

(3)填写关联后的数据集名称：业务数据关联。

(4)选择数据集所在的文件夹位置：我的数据。

(5)点击【确定】，如图 6-15 所示。

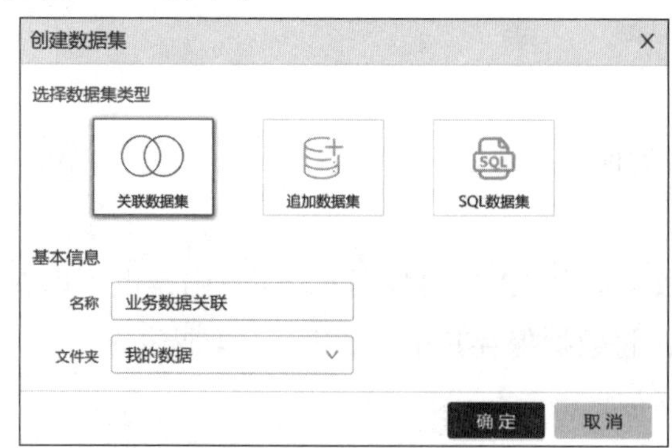

图 6-15　新建数据集

步骤二：添加关联数据表。

（1）将清洗后的销售数据表、城市表、省区表 3 张表分别拖放到关联面板内，如图 6-16 所示。

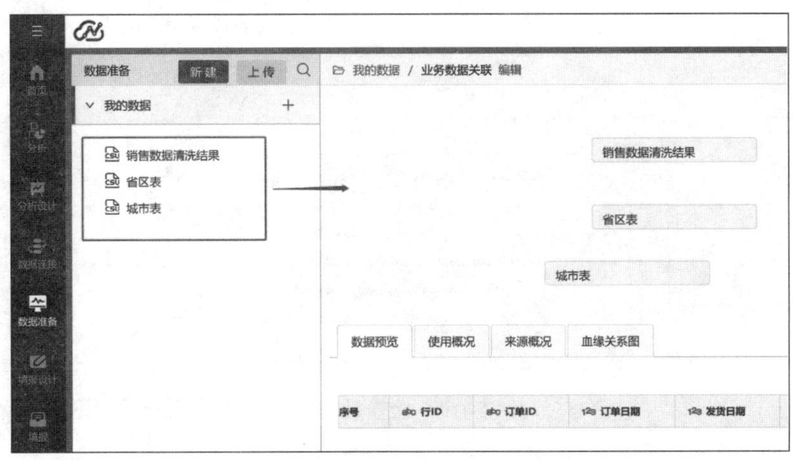

图 6-16　添加关联数据表

（2）先点击清洗后的销售数据表后再点击城市表，在连接条件里设置连接方式为“左连接”，关联字段为“城市 = 城市”，如图 6-17 所示。

（3）先点击城市表后再点击省区表，在连接条件里设置连接方式为“左连接”，关联字段为“省自治区 = 省自治区”，如图 6-18 所示。

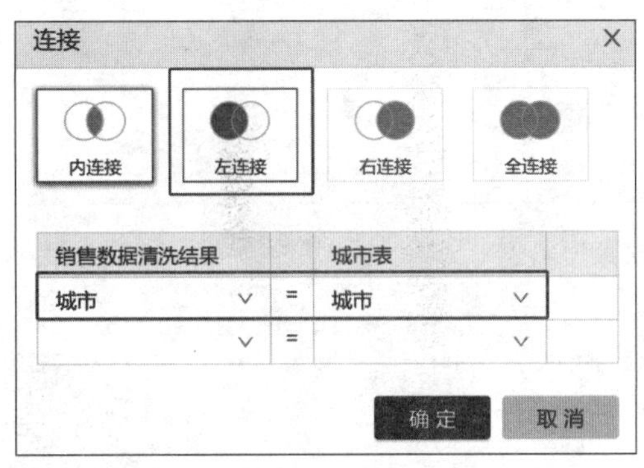

图 6-17　数据关联（1）

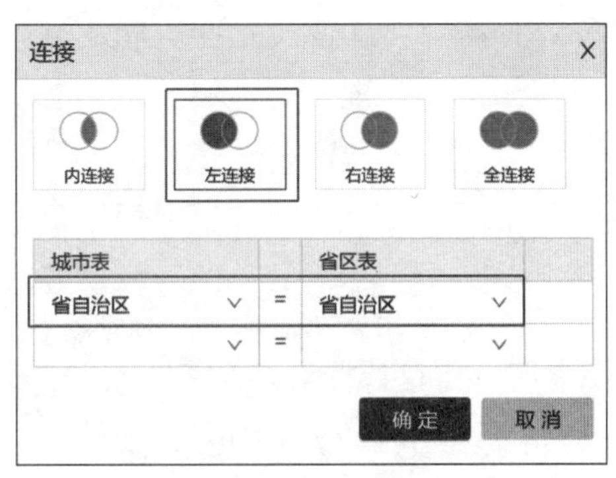

图 6-18　数据关联（2）

步骤三：检查数据集。

（1）点击右上角的【执行】。

（2）查看数据结果预览，检查数据是否正确，如图 6-19 所示。

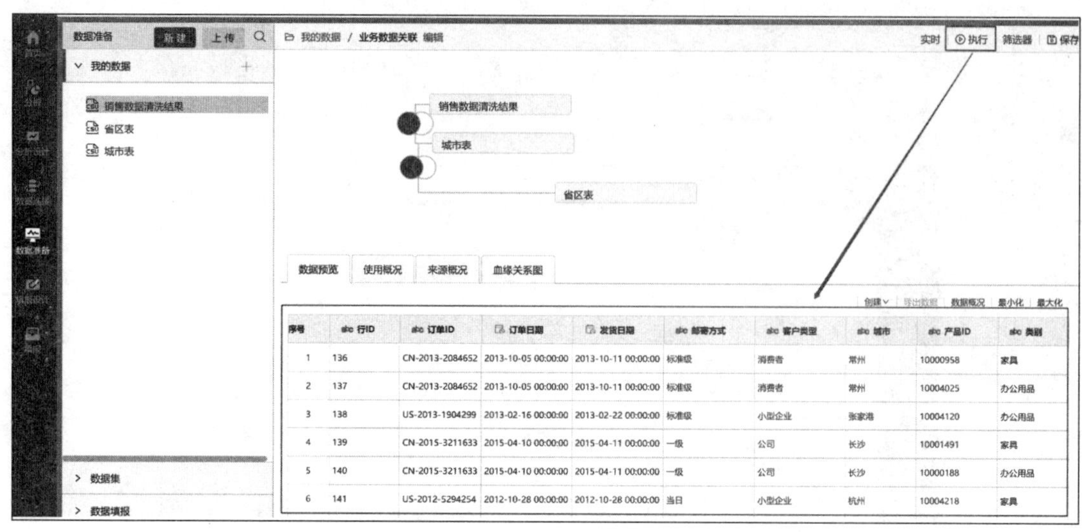

序号	行ID	订单ID	订单日期	发货日期	邮寄方式	客户类型	城市	产品ID	类别
1	136	CN-2013-2084652	2013-10-05 00:00:00	2013-10-11 00:00:00	标准级	消费者	常州	10000958	家具
2	137	CN-2013-2084652	2013-10-05 00:00:00	2013-10-11 00:00:00	标准级	消费者	常州	10004025	办公用品
3	138	US-2013-1904299	2013-02-16 00:00:00	2013-02-22 00:00:00	标准级	小型企业	张家港	10004120	办公用品
4	139	CN-2015-3211633	2015-04-10 00:00:00	2015-04-11 00:00:00	一级	公司	长沙	10001491	家具
5	140	CN-2015-3211633	2015-04-10 00:00:00	2015-04-11 00:00:00	一级	公司	长沙	10000188	办公用品
6	141	US-2012-5294254	2012-10-28 00:00:00	2012-10-28 00:00:00	当日	小型企业	杭州	10004218	家具

图 6-19 检查数据集

(3)点击数值型字段名称前的小图标，切换成“123”类型(123 代表数值型)，如图 6-20 所示。

城市	产品ID	类别	子类别	销售额	销售数量	折扣	利润	客户名称
州	10000958	家具	用具	35	3	0.4	-164.976	薛婷
州	10004025	办公用品	标签	10	2	0	31.92	薛婷
家港	10004120	办公用品	系固件	96	2	0.4	-35.336	牛晒
沙	10001491	家具	书架	38	2	0	153.72	彭绅
沙	10000188	办公用品	器具	74	3	0	2664.48	彭绅
州	10004218	家具	用具	43	3	0.4	-72.66	罗媛

图 6-20 修改数据类型

步骤四：保存数据集。

(1)再次点击【执行】按钮。

(2)点击【保存】。

销售数据与销售区域关联

任务 3 上传华扬联众财报

任务描述

请将华扬联众财务报表包括利润表和资产负债表上传至分析云。

操作步骤

步骤一：下载数据

在资源下载处，下载华扬联众财报，包括“华扬联众利润表”和“华扬联众资产负债表”，如图 6-21 所示。

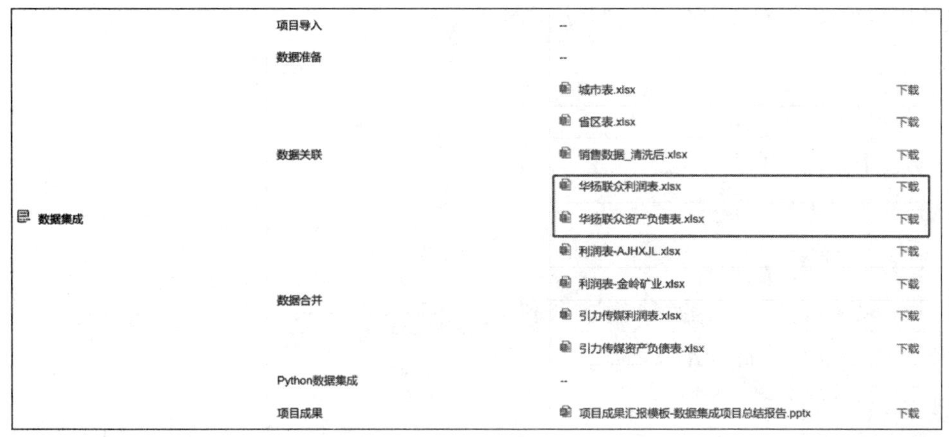

图 6-21 下载数据

上传华扬联众财报

步骤二：上传数据。

(1)点击【数据准备】，点击【上传】，系统弹出“上传数据”窗口。

(2)选择所需上传文件。

(3)点击【下一步】。

(4)编辑文件名称。

(5)选择上传文件所需保存位置。

(6)点击【确定】。

(7)数据上传后，可点击编辑按钮，删除”Sheet1_”，如图 6-22 所示。

图 6-22 上传数据

任务 4　华扬联众利润表与资产负债表关联

任务描述

请将华扬联众利润表与资产负债表进行关联。

操作步骤

步骤一：新建数据集。

(1) 点击【数据准备】。

(2) 点击【新建】。

(3) 选择数据类型为“关联数据集”。

(4) 将数据集名称命名为“华扬联众利润表与资产表合集”，如图 6-23 所示。

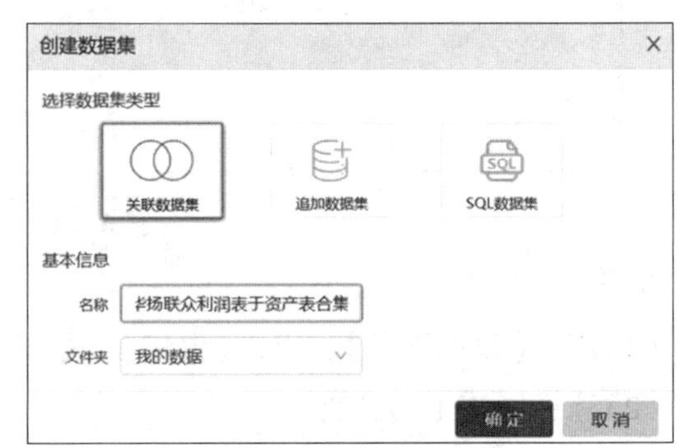

图 6-23　新建关联数据集

步骤二：数据关联。

(1) 分别拖拽资产负债表和利润表到数据预览区域。

(2) 点击两个需要关联的表进行连接，连接方式选择“左连接”。

(3) 关联条件设置为：报表年份 = 报表年份。

(4) 点击【确定】，如图 6-24 所示。

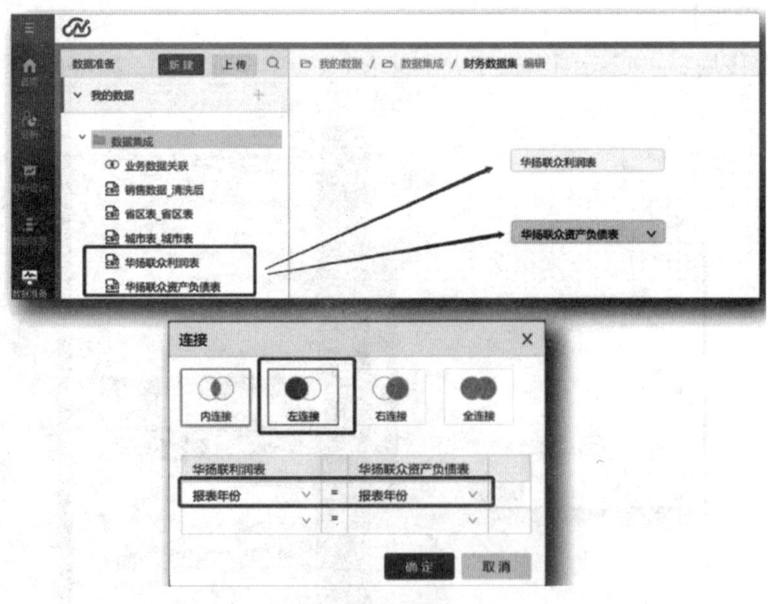

图 6-24　数据关联

步骤三：数据集保存

华扬联众利润表与资产负债表关联

(1)点击【执行】。

(2)点击【实时】中的【数据物化】，将数据表固定。

3 点击【保存】，如图 6-25 所示。

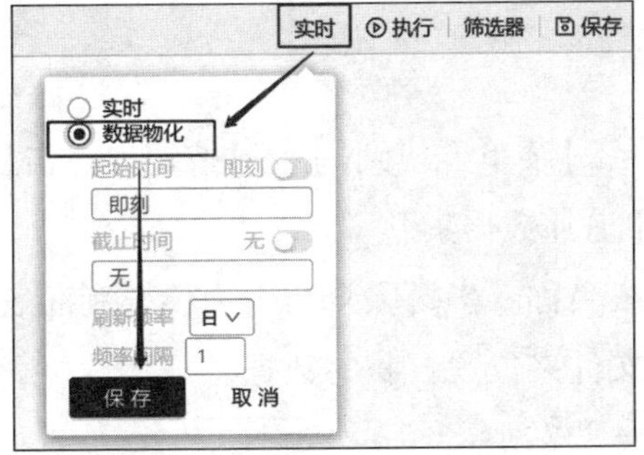

图 6-25　数据物化

6.5　数据合并

上传引力传媒利润表与资产负债表

任务 5　上传引力传媒利润表与资产负债表

任务描述

请上传引力传媒利润表与资产负债表。

操作步骤

(1)在资源下载处下载引力传媒公司的利润表和资产负债表，如图 6-26 所示。

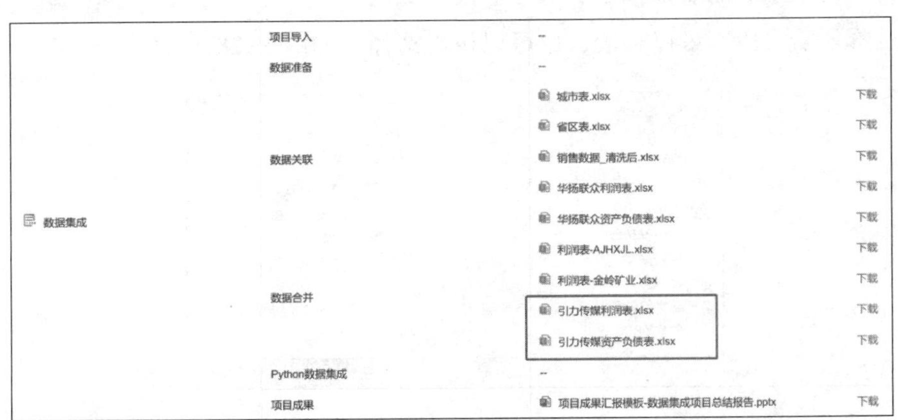

图 6-26　下载数据

（2）分别将利润表和资产负债表上传到分析云。

任务 6　华扬联众与引力传媒利润表合并

任务描述

将华扬联众与引力传媒利润表进行合并。

操作步骤

步骤一：新建数据集。

（1）在分析云的【数据准备】菜单下找到【新建】按钮，点击【新建】。

（2）在弹出窗口中选择【追加数据集】。

（3）填写关联后的数据集名称：华扬联众与引力传媒利润表数据集。

（4）选择数据集所在的文件夹位置：我的数据。

（5）点击【确定】，如图 6-27 所示。

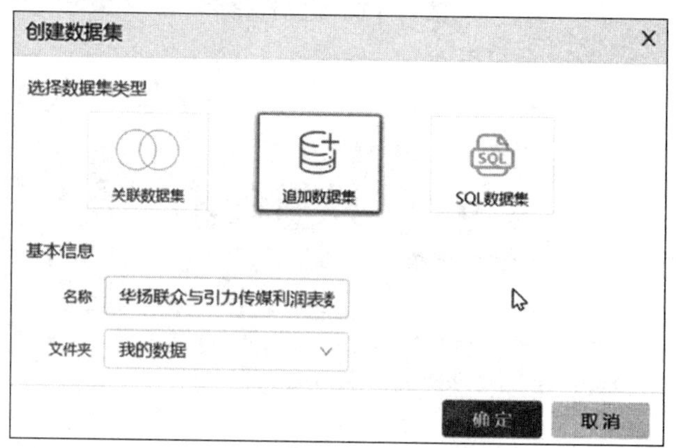

图 6-27　创建数据集

步骤二：创建数据集。

（1）将华扬联众利润表拖拽至右上方空白区域内。

（2）选择所需字段，可以全选，也可以按需选择，如图 6-28 所示。

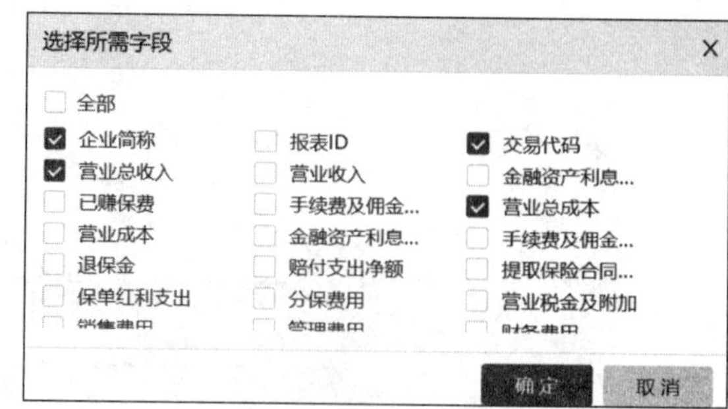

图 6-28　选择字段

(3)将引力传媒利润表拖拽至右上方空白区域内。

(4)选择所需字段，需要匹配华扬联众利润表所选字段进行匹配选择，如图 6-29 所示。

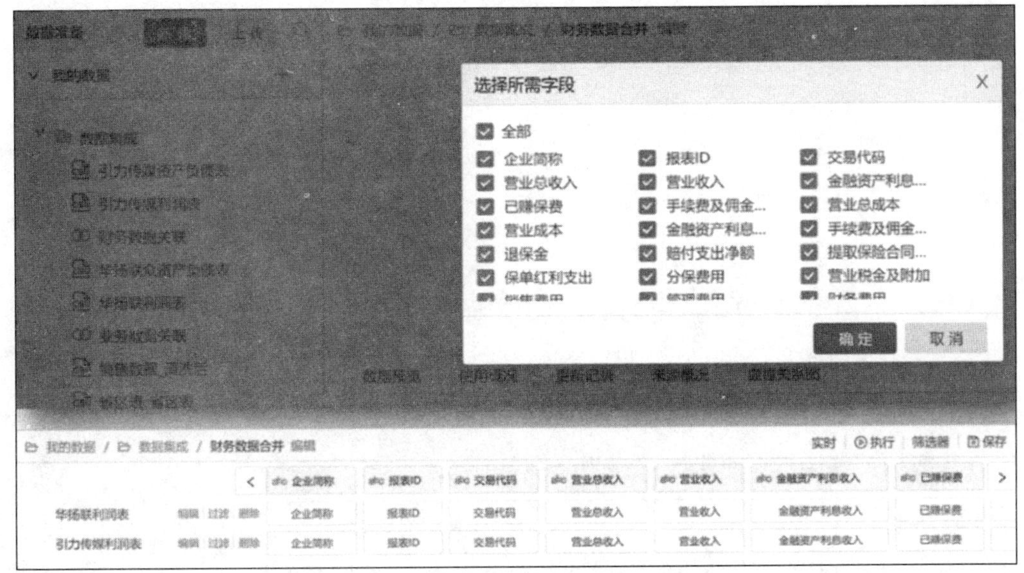

图 6-29 选择字段

华扬联众与引力传媒利润表合并

步骤三：保存数据集。

(1)点击右上角的【执行】。

(2)查看数据结果预览，检查数据是否正确。

(3)点击【实时】，点击【数据物化】，将数据表固定。

(4)点击【保存】，如图 6-30 所示。

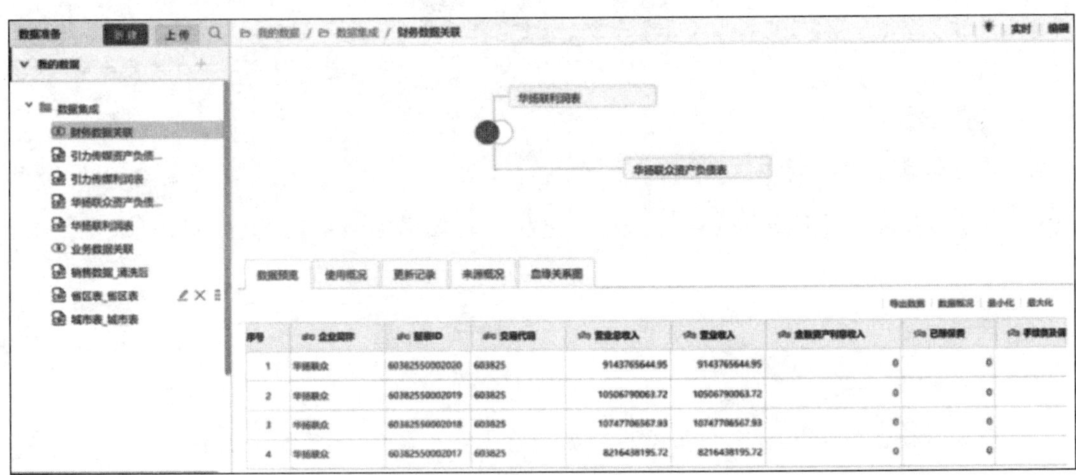

图 6-30 数据物化

6.6 项目成果

经过一段紧张而丰富多彩的学习之旅，我们终于掌握了如何应用大数据技术做数据集成工作，是时候回顾总结一下了。

【要求】

根据本章所学内容，总结以下问题。

(1)数据关联与数据合并的区别是什么？

(2)关联条件的重要性表现在哪些方面？

(3)在数据关联中，4 种连接方式的区别是什么？

【课后作业】

请将华扬联众与引力传媒的利润表与资产负债表建立为数据集。

操作指引：

(1)建立华扬联众与引力传媒利润表数据集。

(2)建立华扬联众与引力传媒资产负债表数据集。

(3)将两个数据集关联起来。

随堂测验

一、单选题

1. 随着信息化应用的不断深入，企业内部、企业与外部信息交互的需求日益强烈，急切需要对已有信息进行整合，共享数据信息，将这些信息数据进行整合的一系列方案称为(　　)。

A. 数据清洗　　B. 数据集成

C. 数据采集　　D. 数据挖掘

2. 将多份数据字段基本完全相同的数据进行上下连接的数据集成方法是(　　)。

A. 数据关联　　B. 数据内连接

C. 数据左连接　　D. 数据追加

3. 将不同数据内容的表格根据条件进行左右连接的方法是(　　)。

A. 数据关联　　B. 数据合并

C. 数据追加　　D. 以上均不正确

4. 进行数据关联时，如果关联条件设置不当时，极有可能出现(　　)。

A. 散列现象　　B. 哈希现象

C. 笛卡儿积现象　　D. 以上均不正确

5. 将满足关联条件的左右表数据相连，但不满足条件的各表数据仍保留，两表之间无对应数据的内容为空值的数据关联方法是(　　)。

A. 数据内连接　　B. 数据全连接

C. 数据左连接　　D. 数据右连接

6. 只显示满足关联条件的左右两表的数据记录，不符合条件的数据不显示的数据关联方法是(　　)。

A. 数据内连接　　B. 数据全连接

C. 数据追加　　D. 数据合并

7. 关联结果会将左表所有的数据条目列出，而右表只列出与左表关联条件满足的部分数据的数据集成方法是(　　)。

A. 数据全连接　　B. 数据内连接

C. 数据左连接　　D. 数据右连接

二、多选题

1. 下列说法错误的有(　　)。

A. 在建立全连接时不需要设置关联条件

B. 左连接全称为左外连接，属于外连接的一种方式

C. 内连接只显示满足关联条件的左右两表的数据记录

D. 全连接即为满足关联条件的上下表数据相连

2. 下列说法正确的有(　　)。

A. 狭义上的数据集成是一个数据整合的过程

B. 用于数据集成的数据源可能包括多个数据库、数据立方体或一般文件

C. 数据集成最常见的两种方法为数据关联与数据合并

D. 左连接是以左表为基础，根据两表的关联条件将两表连接起来

三、判断题

1. 数据关联中的右连接结果会将左表所有的数据条目列出，而右表只列出与右表关联条件满足的部分。 ( )

2. 数据关联必须要有关联条件，一般是指左表的主键或其他唯一约束字段(即没有重复值)与右表的主键或其他唯一约束字段相等。 ( )

3. 从广义上来说，在企业中，由于开发时间或开发部门的不同，往往有多个异构的、运行在不同的软硬件平台上的信息系统同时运行，这些系统的数据源彼此独立、相互封闭，从而形成了“信息孤岛”。 ( )

第 7 章 可视化设计

学习目标

【知识目标】

- 了解数据可视化
- 掌握分析云可视化工具

【技能目标】

- 能够根据指标特点选取合适的图形呈现
- 能够根据企业分析要求设计可视化看板

【素质目标】

- 培养学生将数据进行可视化呈现的能力
- 培养学生的数据思维和用数据说话的能力
- 培养学生具有较强的集体意识和团队合作能力

【思政目标】

- 通过可视化看板设计，培养学生良好的职业操守，保证数据安全
- 通过对企业经营管理可视化看板的设计，使学生能够在理解企业业务财务数据的同时，为企业决策者提供数据支撑

思维导图

本章聚焦可视化设计，主要包括项目导入、数据准备、财务看板、经营看板、故事板设计 6 个学习任务，本章学习思维导图如图 7-1 所示。

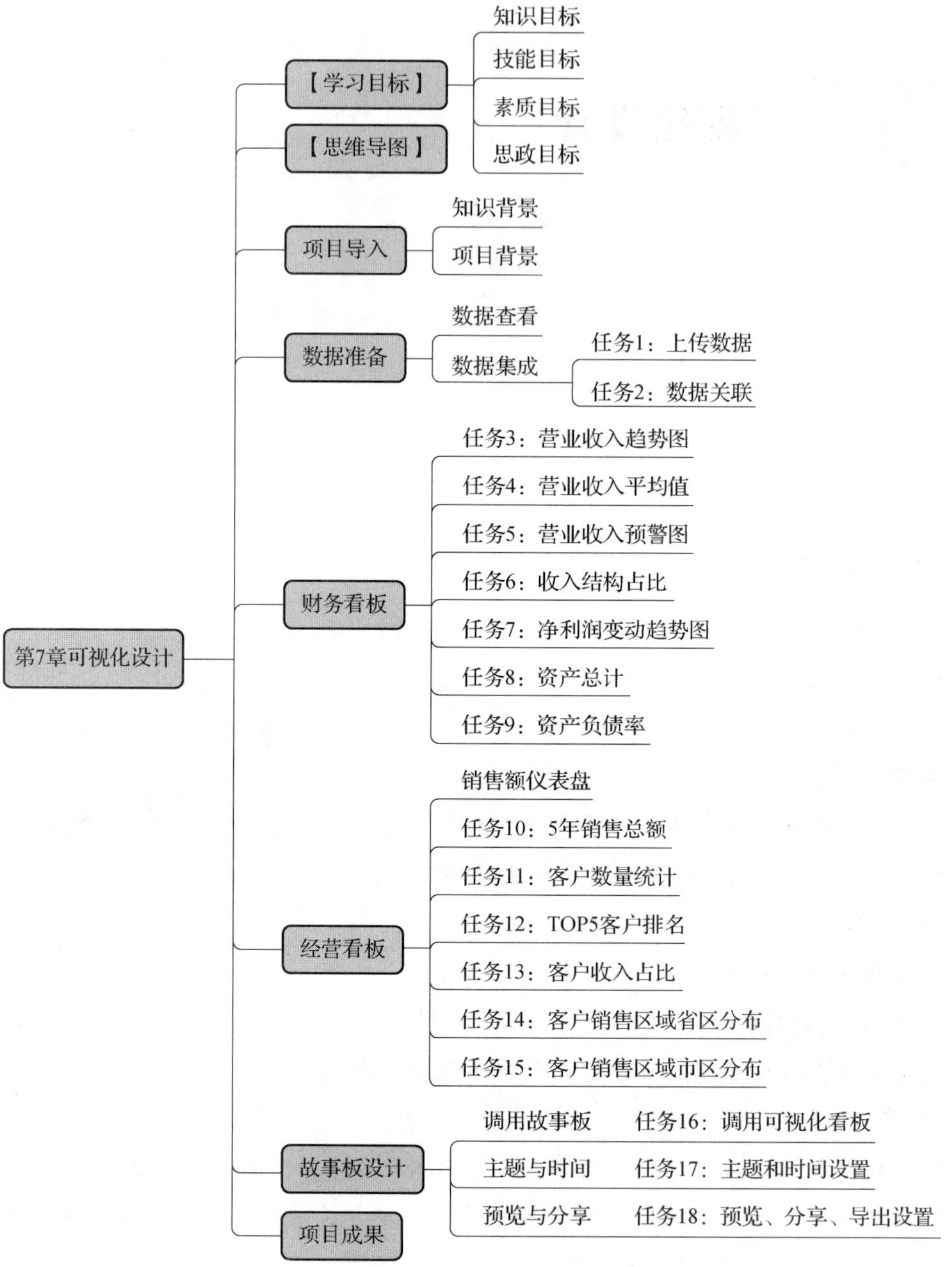

图 7-1　第 7 章学习思维导图

7.1　项目导入

可视化设计

7.1.1　知识背景

1. 数据可视化概述

数据可视化主要是指将数据以图形和图像的形式展示，借助于图形化手段，清晰有效地进行信息的传递与沟通。通过数据表，我们可以直观看到数据，但数据本身并不会说话，如果我们不知道如何观察和分析数据，那么数据就只是一堆冰冷、枯燥且没有意义的数字或符号，如图 7-2 所示。

部门	5月差旅费	6月差旅费
销售部	65 280	102 010
财务部	5 620	5 620
行政部	5 980	1 580
市场部	12 580	8 852
小计	89 460	118 062

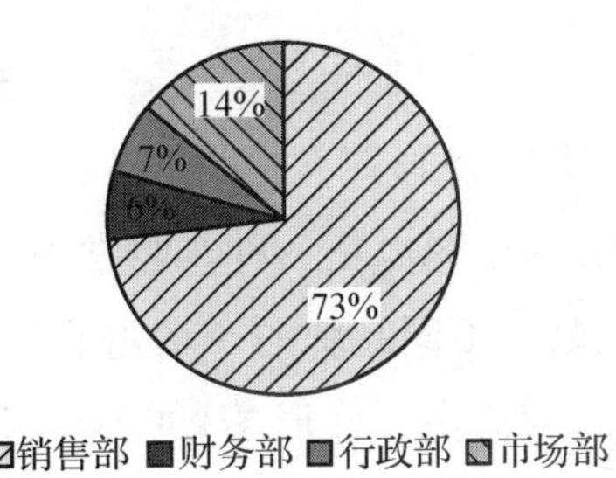

图 7-2　数据可视化

数据可视化是帮助我们观察数据的一种有效手段。借助数据可视化的图形化展示，人们可以清晰有效地传达信息和高效沟通。

2. 数据可视化常用图形

进行数据可视化时，多是由一些具体的图形来进行数据承载和展示，这些具体图形的选择和运用合理与否，会直接影响数据的可读性和可视化界面的整体风格。因此，了解常用图形的特点和适用情境是设计数据可视化看板的前提。下面以分析用友云产品为例，介绍一些常用图形的特征和适用情境。

(1) 折线图。

折线图是一种非常常见的图形，适用于展示数据随着时间推移而变化的趋势，如某网站每天访问人数的变化、某段时间内商品销量或价格的波动、某段时间内气温的变化情况等，如图 7-3 所示。

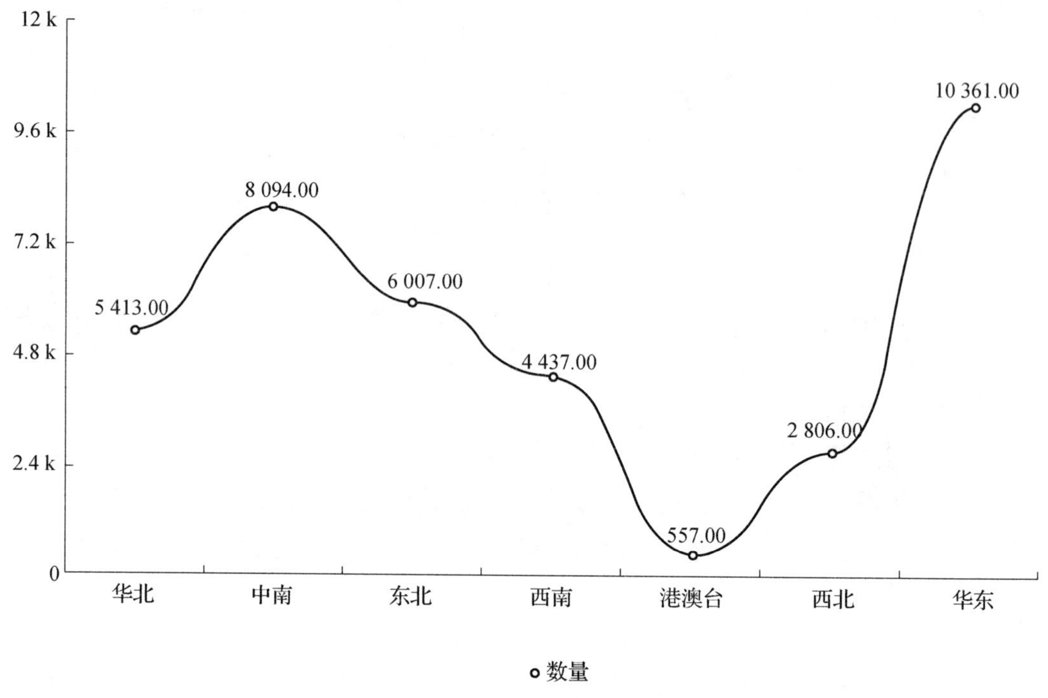

图 7-3 折线图

(2)柱形图/条形图。

柱形图/条形图也是一种非常常见的图形，适用于比较不同类别数据值的大小，如不同性别的人数、不同品牌的市场占有率、不同时期的资产负债率等。柱形图/条形图使用不同高度(垂直方向，柱形图)或不同长度(水平方向，条形图)的矩形条来表示不同大小的数值，如图 7-4 所示。

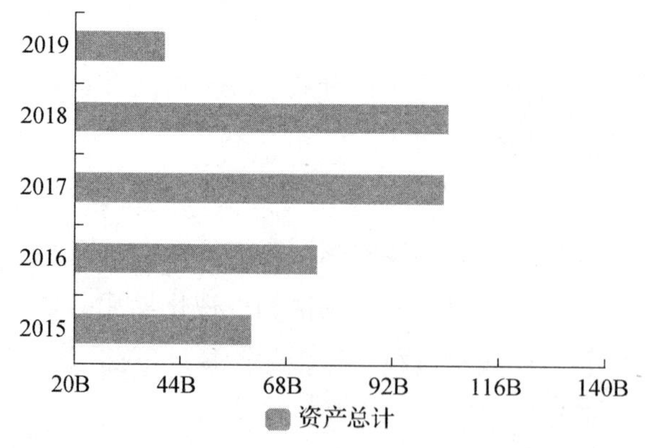

图 7-4 柱形图/条形图

(3)双轴图。

双轴图适用于在一个图中同时分析两类相差较大的数据，如同时查看一组数值和一组百分比的时间趋势、同时查看一年中各月的降雨量和湿度等。双轴图的特点是同一个 X 轴

匹配多个(≥2)Y轴，多呈现为柱形图与折线图的结合，如图 7-5 所示。

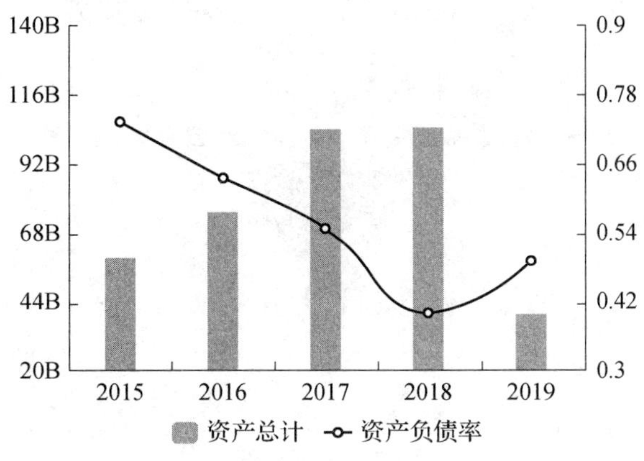

图 7-5　双轴图

(4)饼图/环形图。

饼图/环形图主要适用于展现不同类别的数值相对于总数的占比情况，如各大浏览器的市场份额占比、不同学历的员工人数占比、各大股东持股比例等。饼图/环形图中的每个扇区的弧长表示该类别的占比大小，所有扇区占比的总和为 100%，如图 7-6 所示。

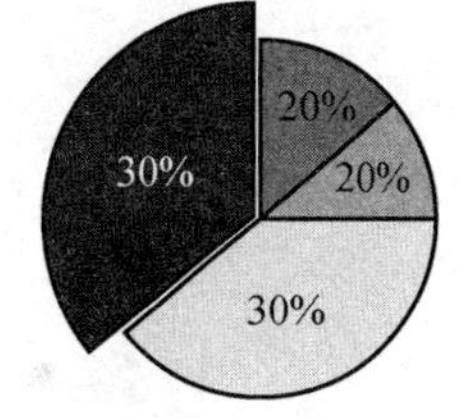

图 7-6　饼图

(5)词云。

词云(也称文字云)适用于突出显示一段文本中出现频率较高的“关键词”，使信息浏览者能清晰领略该段文本的主旨。如提取一段新闻的关键词汇、提取公司年报的关键词汇、提取年度热词等，如图 7-7 所示。

图 7-7　词云

(6)漏斗图。

漏斗图又叫倒三角图，常用于展示某数据相对于总数的占比。图 7-8 所示是访客转化分析漏斗图，从图中可以看出，漏斗图将数据呈现为若干阶段，每个阶段的数据都是整体的一部分，所有阶段的数据总计为 100%，同时，一个阶段到另一个阶段的数据自上而下逐渐减小。

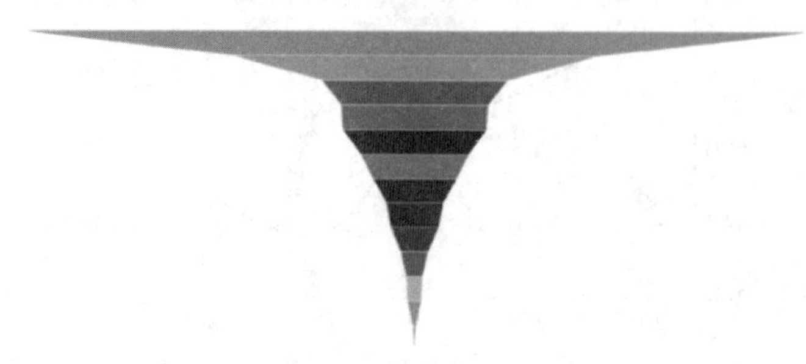

图 7-8　漏斗图

(7) 玫瑰图。

玫瑰图是弗罗伦斯·南丁格尔发明的一种圆形的柱形图，又称南丁格尔玫瑰图、鸡冠花图、坐标区域图、极区图等。玫瑰图将柱形图转化为饼图形式，是极坐标化的圆形柱式图，如图 7-9 所示。

(8) 仪表盘。

仪表盘可以清晰地展示某个指标值所在的范围。由于仪表盘用一个单独的图形界面展现一个指标值，故而可以帮助用户快速理解信息。图 7-10 所示是用仪表盘展示货币资金所在的范围。

图 7-9　玫瑰图

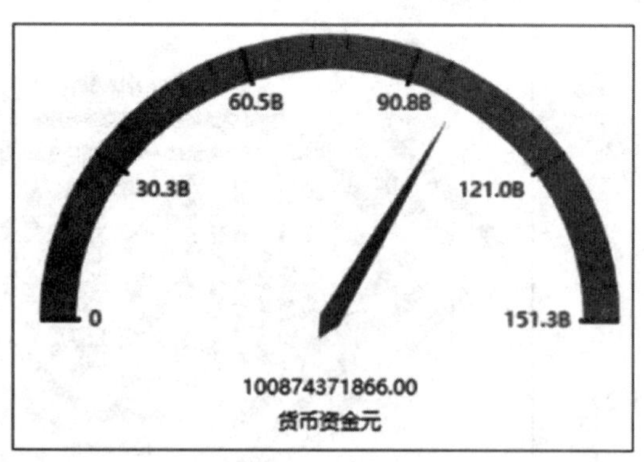

图 7-10　仪表盘

(9) 雷达图。

雷达图是用二维图表的形式展示多变量数据的方法，它用从同一点开始的轴表示三个或更多个变量的数据，如图 7-11 所示。

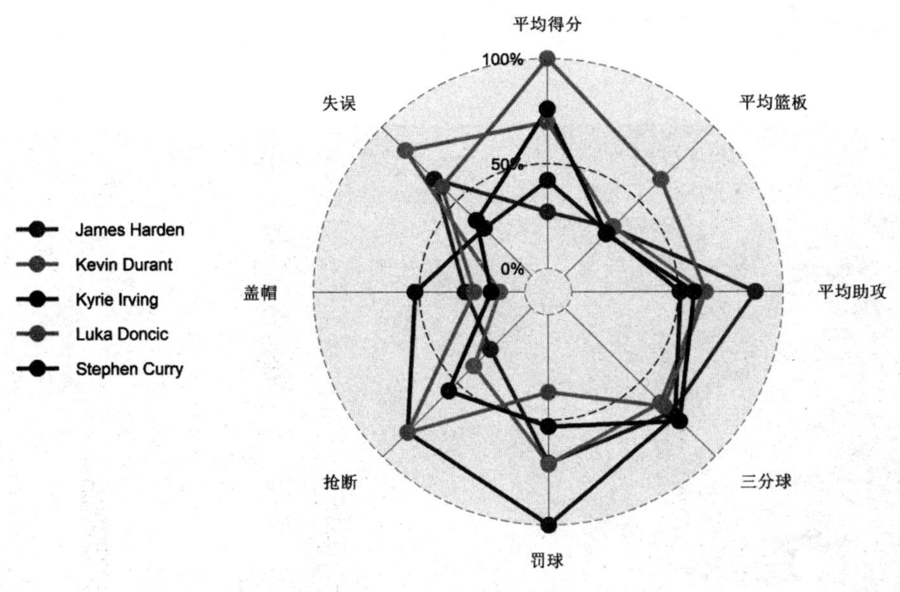

图 7-11　雷达图

7.1.2　项目背景

新新公司管理层计划召开公司月度经营分析会议，要求分析师通过业务数据与财务数据，做出一个可视化看板进行汇报。

任务要求：

(1) 从资源下载处下载本项目数据，上传至分析云。

(2) 通过不同可视化方法，分别做出财务看板与经营看板可视化图表。

(3) 利用分析云，挑选出六张可视化图形，组成一个管理看板。

在财务看板中，需要包含营业收入相关分析内容，如营业收入历年趋势、营业收入平均值、营业收入预警、收入结构比、净利润变动趋势、资产总计趋势、资产总计与资产负债率分析等可视化图形，如图 7-12 所示。

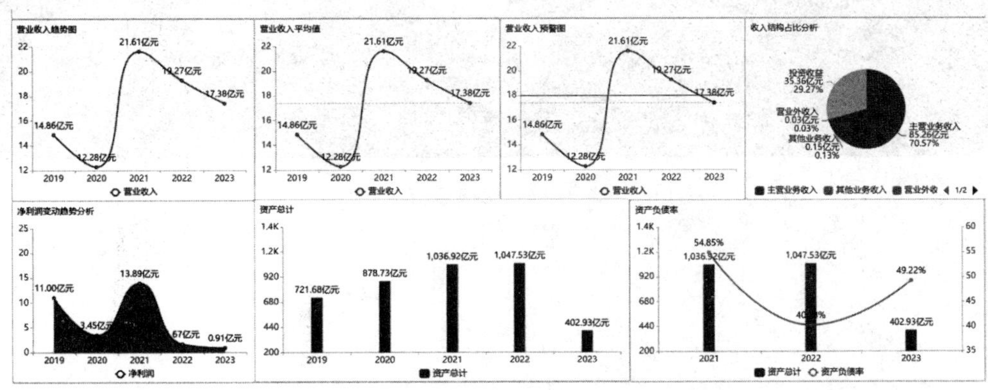

图 7-12　财务看板

在经营看板中，需要包含销售额分析、客户数量分析、客户分布分析等内容，如图 7-13 所示。

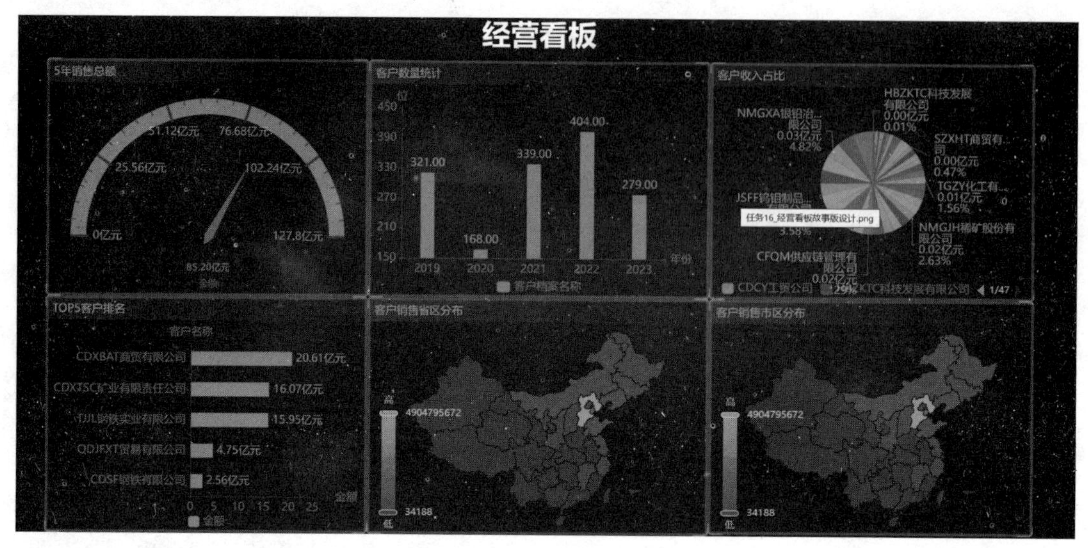

图 7-13　经营看板

从财务看板与经营看板中，挑选出六个可视化图形，组成一个可视化管理看板，用于管理层会议汇报，如图 7-14 所示。

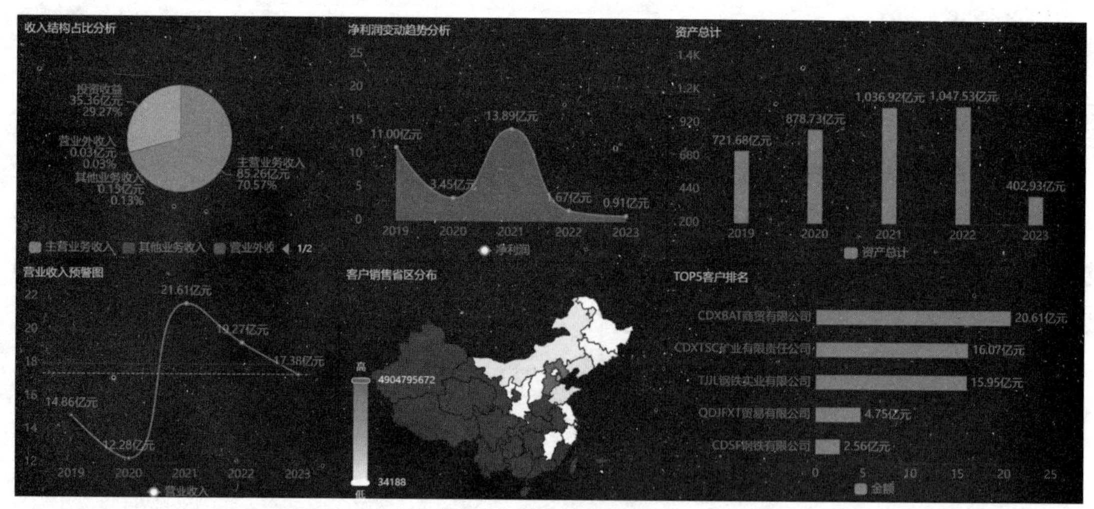

图 7-14　管理看板

7.2　数据准备

7.2.1　数据查看

在资源下载处下载本项目所需数据，如图 7-15 所示。

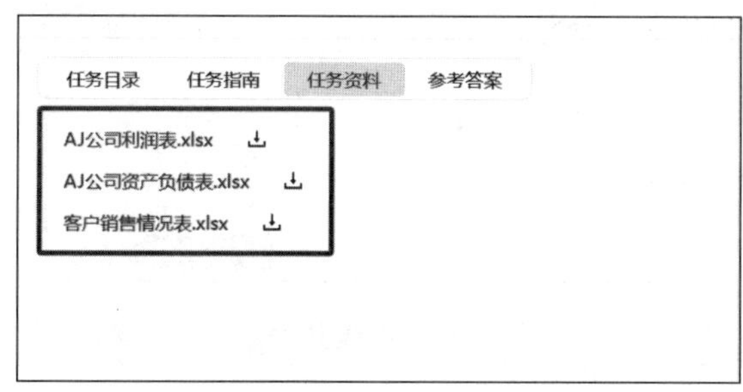

图 7-15　数据下载

7.2.2　数据集成

任务 1　上传数据

任务描述

将 AJ 公司的资产负债表、利润表和客户销售情况表上传到分析云。

操作步骤

步骤一：查找数据源。

从资源下载处将“资产负债表”“利润表”“客户销售情况表”下载到本地。

步骤二：上传数据。

(1) 进入分析云界面，点击【数据准备】—【上传】。

(2) 选择需要上传的文件及文件中的工作表。

(3) 选择要保存的数据集文件夹，点击【确定】。

上传数据表

任务 2　数据关联

任务描述

将 AJ 公司的利润表和资产负债表建立关联。

操作步骤

数据关联

步骤一：新建数据集。

(1)点击【数据准备】。

(2)点击【新建】。

(3)选择数据类型为“关联数据集”。

(4)将数据集名称命名为“AJ 利润表与资产表合集”，如图 7-16 所示。

图 7-16　创建数据集

步骤二：数据关联

(1)分别拖拽资产负债表和利润表到数据预览区域，如图 7-17 所示。

图 7-17　数据关联

(2)点击两个需要关联的表进行连接，连接方式选择“内连接”。

(3)关联条件设置为：年份=年份。

(4)点击【确定】，如图 7-18 所示。

步骤三：数据集保存。

(1)点击【执行】。

(2)点击“实时”中的【数据物化】。

(2)点击【保存】，如图 7-19 所示。

图 7-18　连接

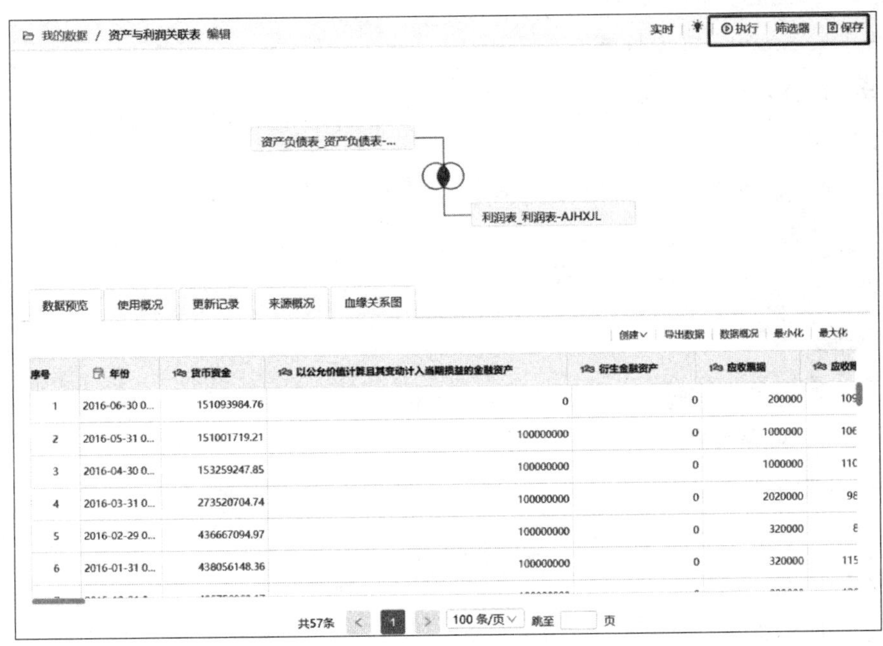

图 7-19　数据集保存

7.3　财务看板

任务 3　营业收入趋势图

任务描述

根据任务要求，针对不同任务指标，做出适合的可视化图形。

操作步骤

步骤一：新建可视化。

(1)进入故事板设计页面，点击【可视化】。

(2)点击【新建】。

(3)将可视化命名为：营业收入趋势图。

步骤二：选择数据源。

可以选择自己在数据集成任务 2 中完成的“AJ 公司利润表与资产表合集”，或选择系统内置数据“AJ 利润表与资产负债表合集”。

步骤三：维度与指标的选择。

(1)维度选择：年_报表日期。

(2)指标选择：营业收入。

步骤四：排序。

将维度“年_报表日期”按升序排列。点击维度“年_报表日期”标签的向下箭头，选择“升序”，选择“年_报表日期”。

步骤五：选择可视化图形。

图形选择：折线图。

步骤六：修改数据格式(启用千分位，小数点保留2位)。

(1)点击指标“营业收入”。

(2)点击【数据格式】。

(3)设置千分位为：启用。

(4)设置小数点：2。

步骤七：显示设置。

(1)维度轴设置：标题为“年份”。

(2)数值轴设置：标题为“金额(元)”。

步骤八：保存可视化。

(1)点击【保存】。

(2)点击【退出】，回到故事板界面。

营业收入趋势图

任务4　营业收入平均值

任务描述

根据任务要求，针对不同任务指标，做出适合的可视化图形。

操作步骤

可以复制任务3的可视化看板，在其基础上进行辅助线的设置，或按照下面步骤操作。

步骤一：新建可视化。

(1)进入故事板设计页面，点击【可视化】。

(2)点击【新建】。

(3)将可视化命名为：营业收入平均值。

步骤二：选择数据源。

可以选择自己在数据集成任务2中完成的“AJ公司利润表与资产表合集”，或选择系统内置数据“AJ利润表与资产负债表合集”。

步骤三：维度与指标的选择。

(1)维度选择：年_报表日期。

(2)指标选择：营业收入。

步骤四：排序。

将维度"年_报表日期"按升序排列。点击维度"年_报表日期"标签的向下箭头，选择"升序"，选择"年_报表日期"。

步骤五：选择可视化图形。

图形选择：折线图。

步骤六：修改数据格式(启用千分位，小数点保留 2 位)。

(1)点击指标"营业收入"。

(2)点击【数据格式】。

(3)设置千分位为：启用。

(4)设置小数点：2。

步骤七：显示设置。

(1)维度轴设置：标题为"年份"。

(2)数值轴设置：标题为"金额(元)"。

步骤八：设置辅助线(将营业收入的平均值作为辅助线显示)。

(1)点击【辅助线】。

(2)将指标"营业收入"拖拽到【辅助线】下面，系统弹出"设置辅助线"窗口。

(3)设置辅助线计算方式为：计算线选择"平均值"。

(4)将辅助线颜色设置为红色(颜色可任意选择)。

步骤九：保存可视化。

(1)点击【保存】。

(2)点击【退出】，回到故事板界面。

营业收入平均值

任务 5 营业收入预警图

任务描述

根据任务要求，针对不同任务指标，做出适合的可视化图形。

操作步骤

可以复制任务 4 的可视化看板，在其基础上进行预警线的设置，或按照下面步骤操作。

步骤一：新建可视化。

(1)进入故事板设计页面，点击【可视化】。

(2)点击【新建】。

(3)将可视化命名为：营业收入预警图。

步骤二：选择数据源。

可以选择自己在数据集成任务 2 中完成的"AJ 公司利润表与资产表合集"，或选择系统内置数据"AJ 利润表与资产负债表合集"。

步骤三：维度与指标的选择。

(1)维度选择：年_报表日期。

(2)指标选择：营业收入。

步骤四：排序。

将维度"年_报表日期"按升序排列。点击维度"年_报表日期"标签的向下箭头，选择"升序"，选择"年_报表日期"。

步骤五：选择可视化图形。

图形选择：折线图。

步骤六：修改数据格式(启用千分位，小数点保留 2 位)。

(1)点击指标"营业收入"。

(2)点击【数据格式】。

(3)设置千分位为：启用。

(4)设置小数点：2。

步骤七：显示设置。

(1)维度轴设置：标题为"年份"。

(2)数值轴设置：标题为"金额(元)"。

步骤八：设置辅助线(将营业收入的平均值作为辅助线显示)。

(1)点击【辅助线】。

(2)将指标"营业收入"拖拽到【辅助线】下面，系统弹出"设置辅助线"窗口。

(3)设置辅助线计算方式为：计算线选择"平均值"；

(4)将辅助线颜色设置为红色(颜色可任意选择)。

步骤九：设置预警线。

【添加预警规则】：

(1)指标聚合方式：求和。

(2)预警指标满足：任一条件。

(3)营业收入：小于 1 800 000 000(18 亿元)。

(4)点击【下一步】。

【添加预警人员】：

(1)可以选择自己的手机号码，或选择 BQ 管理员。

(2)选中后点击“→”箭头。

(3)点击【下一步】。

【添加预警设置】：

(1)预警级别：可根据需求添加(一般、重要、重大)。

(2)添加预警线颜色：黄色(颜色可任意选择)。

(3)点击【确认】。

步骤十：保存可视化。

(1)点击【保存】。

(2)点击【退出】，回到故事板界面。

营业收入预警图

任务 6　收入结构占比

任务描述

根据任务要求，针对不同任务指标，做出适合的可视化图形。

操作步骤

步骤一：新建可视化。

(1)进入故事板设计页面，点击【可视化】。

(2)点击【新建】。

(3)将可视化命名为：收入结构占比图。

步骤二：选择数据源。

可以选择自己在数据集成任务 2 中完成的“AJ 公司利润表与资产表合集”，或选择系统内置数据“AJ 利润表与资产负债表合集”。

步骤三：维度与指标的选择。

(1)维度选择：空(不需要任何维度)。

(2)指标选择：主营业务收入、其他业务收入、营业外收入、投资收益。

步骤四：选择可视化图形。

图形选择：饼图或环形图。

步骤五：保存可视化。

(1)点击【保存】。

(2)点击【退出】，回到故事板界面。

收入结构占比图

任务 7　净利润变动趋势图

任务描述

根据任务要求，针对不同任务指标，做出适合的可视化图形。

操作步骤

步骤一：新建可视化。

(1)进入故事板设计页面，点击【可视化】。

(2)点击【新建】。

(3)将可视化命名为：净利润变动趋势图。

步骤二：选择数据源。

可以选择自己在数据集成任务 2 中完成的“AJ 公司利润表与资产表合集”，或选择系统内置数据“AJ 利润表与资产负债表合集”。

步骤三：维度与指标的选择。

(1)维度选择：年_报表日期。

(2)指标选择：净利润。

步骤四：排序。

将维度“年_报表日期”按升序排列。点击维度“年_报表日期”标签的向下箭头，选择“升序”，选择“年_报表日期”。

步骤五：选择可视化图形。

图形选择：堆叠区域图。

步骤六：修改数据格式(启用千分位，小数点保留 2 位)。

(1)点击指标“净利润”。

(2)点击【数据格式】。

(3)设置千分位为：启用。

(4)设置小数点：2。

步骤七：显示设置。

(1)维度轴设置：标题为“年份”。

(2)数值轴设置：标题为“金额(元)”。

步骤八：保存可视化。

(1)点击【保存】。

(2)点击【退出】，回到故事板界面。

净利润变动趋势图

任务 8　资产总计

任务描述

根据任务要求，针对不同任务指标，做出适合的可视化图形。

操作步骤

步骤一：新建可视化。

(1)进入故事板设计页面，点击【可视化】。

(2)点击【新建】。

(3)将可视化命名为：资产总计。

步骤二：选择数据源。

可以选择自己在数据集成任务 2 中完成的“AJ 公司利润表与资产表合集”，或选择系统内置数据“AJ 利润表与资产负债表合集”。

步骤三：维度与指标的选择。

(1)维度选择：年_报表日期。

(2)指标选择：资产总计。

步骤四：排序。

将维度“年_报表日期”按升序排列。点击维度“年_报表日期”标签的向下箭头，选择“升序”，选择“年_报表日期”。

步骤五：选择可视化图形。

图形选择：柱状图。

步骤六：修改数据格式(启用千分位，小数点保留 2 位)。

(1)点击指标“资产总计”。

(2)点击【数据格式】。

(3)设置千分位为：启用。

(4)设置小数点：2。

步骤七：显示设置。

(1)维度轴设置：标题为“年份”。

(2)数值轴设置：标题为“金额(元)”。

步骤八：保存可视化。

(1)点击【保存】。

(2)点击【退出】，回到故事板界面。

资产总计

任务 9　资产负债率

任务描述

根据任务要求，针对不同任务指标，做出适合的可视化图形。

操作步骤

步骤一：新建可视化。

(1)进入故事板设计页面，点击【可视化】。

(2)点击【新建】。

(3)将可视化命名为：资产负债率。

步骤二：选择数据源。

可以选择自己在数据集成任务 2 中完成的“AJ 公司利润表与资产表合集”，或选择系统内置数据“AJ 利润表与资产负债表合集”。

步骤三：维度与指标的选择。

(1)维度选择：年_报表日期。

(2)指标选择：资产总计。

步骤四：新建指标。

(1)点击指标旁边的【+】按钮。

(2)点击【计算字段】。

(3)添加字段，名称为“资产负债率”。

(4)字段类型选择“数字”。

(5)设置表达式为：avg(负债合计 x)/avg(资产总计 x)，此处需要从“函数”中选择数学函数中的 avg，并从“可选择字段”中选择负债合计与资产总计。

(6)点击【确定】。

(7)将资产负债率拖拽到指标字段。

步骤五：排序。

将维度“年_报表日期”按升序排列。点击维度“年_报表日期”标签的向下箭头，选择“升序”，选择“年_报表日期”。

步骤六：选择可视化图形。

图形选择：双轴图。

步骤七：添加过滤条件。

(1)设置年_报表日期包含 2017、2018、2019。

(2)点击【确定】。

步骤八：设置数据格式。

(1)点击指标“资产负债率”标签的向下箭头。

(2)点击【数据格式】。

(3)设置缩放率为：0.01。

(4)设置后导符:%。

步骤九：保存可视化。

(1)点击【保存】。

(2)点击【退出】，回到故事板界面。

资产负债率

7.4　经营看板

7.4.1　销售额仪表盘

任务 10　5 年销售总额

任务描述

根据任务要求，针对不同任务指标，做出适合的可视化图形。

操作步骤

步骤一：新建可视化。

(1)进入故事板设计页面，点击【可视化】。

(2)点击【新建】。

(3)将故事板命名为：5 年销售总额。

步骤二：选择数据源。

可以选择资源下载处的数据表"客户销售情况表"，或选择系统内置数据"客户销售情况表"。

步骤三：维度与指标的选择。

(1)维度选择：空。

(2)指标选择：金额。

步骤四：选择可视化图形。

图形选择：速度计。

步骤五：修改数据格式(启用千分位，小数点保留 2 位)。

(1)点击指标"金额"向下箭头。

(2)点击【数据格式】。

(3)设置缩放率：100 000 000。

(4)设置后导符：亿元。

(5)设置千分位为：启用。

(6)设置小数点：2。

步骤六：保存可视化。

(1)点击【保存】。

(2)点击【退出】，回到故事板界面。

5年销售总额

7.4.2 客户数量柱状图

任务11 客户数量统计

任务描述

根据任务要求，针对不同任务指标，做出适合的可视化图形。

操作步骤

步骤一：新建可视化。

(1)进入故事板设计页面，点击【可视化】。

(2)点击【新建】。

(3)将故事板命名为：客户数量统计。

步骤二：选择数据源。

可以选择资源下载处的数据表“客户销售情况表”，或选择系统内置数据“客户销售情况表”。

步骤三：维度与指标的选择。

(1)维度选择：年_日期。

(2)指标选择：客户档案名称。

步骤四：选择可视化图形。

图形选择：柱状图。

步骤五：排序。

(1)点击维度“年_日期”向下箭头。

(2)点击“升序”。

(3)选择“年_日期”。

步骤六：显示设置。

(1)维度轴设置：年份。

(2)数值轴设置：位。

步骤七：保存可视化。

(1)点击【保存】。

(2)点击【退出】，回到故事板界面。

客户数量统计

7.4.3　客户排名条形图

任务 12　TOP5 客户排名

任务描述

根据任务要求，针对不同任务指标，做出适合的可视化图形。

操作步骤

步骤：新建可视化。

(1)进入故事板设计页面，点击【可视化】。

(2)点击【新建】。

(3)将故事板命名为：TOP5 客户排名。

步骤二：选择数据源。

可以选择资源下载处的数据表“客户销售情况表”，或选择系统内置数据“客户销售情况表”。

步骤三：维度与指标的选择。

(1)维度选择：客户档案名称。

(2)指标选择：金额。

步骤四：选择可视化图形。

图形选择：条形图。

步骤五：排序。

(1)点击指标“金额”向下箭头。

(2)点击“升序”。

(3)选择“金额”。

步骤六：修改数据格式。

(1)设置缩放率：100 000 000。

(2)设置后导符：亿元。

(3)设置千分位为：启用。

(4)设置小数位：2。

步骤七：显示设置。

(1)维度轴设置：客户名称。

(2)数值轴设置：金额(元)。

(3)设置显示后：5。

TOP5 客户排名

步骤八：保存可视化。

(1)点击【保存】。

(2)点击【退出】，回到故事板界面。

7.4.4 客户收入占比饼图

任务 13 客户收入占比

任务描述

根据任务要求，针对不同任务指标，做出适合的可视化图形。

操作步骤

步骤一：新建可视化。

(1)进入故事板设计页面，点击【可视化】。

(2)点击【新建】。

(3)将故事板命名为：客户收入占比。

步骤二：选择数据源。

可以选择资源下载处的数据表“客户销售情况表”，或选择系统内置数据“客户销售情况表”。

步骤三：维度与指标的选择。

(1)维度选择：客户档案名称。

(2)指标选择：金额。

步骤四：选择可视化图形。

图形选择：饼图。

步骤五：排序。

(1)点击指标“金额”向下箭头。

(2)点击“升序”。

(3)选择“金额”。

步骤六：修改数据格式。

(1)设置缩放率：100 000 000。

(2)设置后导符：亿元。

(3)设置千分位为：启用。

(4)设置小数位：2。

步骤七：保存可视化。

(1)点击【保存】。

(2)点击【退出】，回到故事板界面。

客户收入占比

7.4.5　区域分布地图

任务 14　客户销售区域省区分布

任务描述

根据任务要求，针对不同任务指标，做出适合的可视化图形。

操作步骤

步骤一：新建可视化。

(1)进入故事板设计页面，点击【可视化】。

(2)点击【新建】。

(3)将故事板命名为：客户销售区域省区分布。

步骤二：选择数据源。

可以选择资源下载处的数据表“客户销售情况表”，或选择系统内置数据“客户销售情况表”。

步骤三：维度与指标的选择。

(1)维度选择：省。

(2)指标选择：金额。

步骤四：选择可视化图形。

图形选择：中国地图。

步骤五：颜色设置。

将维度标签“省”拖拽至颜色区域内。

步骤六：保存可视化。

(1)点击【保存】。

(2)点击【退出】，回到故事板界面。

客户销售区域省区分布

7.4.6　经营看板提交

任务 15　客户销售区域市区分布

任务描述

根据任务要求，针对不同任务指标，做出适合的可视化图形。

操作步骤

步骤一：新建可视化。

(1)进入故事板设计页面，点击【可视化】。

(2)点击【新建】。

(3)将故事板命名为：客户销售区域市区分布。

步骤二：选择数据源。

可以选择资源下载处的数据表“客户销售情况表”，或选择系统内置数据“客户销售情况表”。

步骤三：新建维度。

(1)点击维度旁边的【+】按钮。

(2)点击【层级】。

(3)输入层级名称：省-市。

(4)选择钻取路径：省>市，将“省”与“市”勾选，点击“→”箭头。

(5)点击【确定】。

步骤四：维度与指标的选择。

(1)维度选择：省-市。

(2)指标选择：金额。

步骤五：选择可视化图形。

图形选择：中国地图。

步骤六：颜色设置。

将维度标签“省”拖拽至颜色区域内。

步骤七：选择由省到市穿透图(以内蒙古为例)。

(1)点击内蒙古区域。

(2)选择可视化图形：省份矢量地图。

(3)颜色设置：将市拖拽至颜色区域内。

步骤八：保存可视化。

(1)点击【保存】。

(2)点击【退出】，回到故事板界面。

客户销售区域市区分布

7.5　故事板设计

7.5.1　调用故事板

任务 16　调用可视化看板

任务描述

参考“财务看板”和“经营看板”中的可视化图形，任意组合成一个新的故事板。

操作步骤

(1) 点击【可视化】。

(2) 点击【仓库】。

(3) 任意选择六个可视化看板，组成一个新的故事板。

调用可视化看板

7.5.2　主题与时间

任务 17　主题和时间设置

任务描述

将可视化图形在故事板中排序，调整图形大小、颜色、字体和底色等，并设置筛选器，使图表数据能根据年份的不同而变化。

操作步骤

步骤一：设置故事板主题。

(1) 回到故事板界面，将可视化图形按业务逻辑排序。

(2) 选中画布，即不要选中画布中的任一图形，而是用鼠标单击可视化图形之外的空白处，右侧出现【画布】设置面板，可以在此处设置画布的尺寸大小。

(3) 单击【主题】—选择“暗色主题”，将故事板的主题颜色设置为暗色显示。

步骤二：设置筛选器。

(1) 单击【筛选器】—【树形筛选器】—【树下拉】。

(2) 在右侧选择数据源“资产与利润关联表”。

(3) 将“年_年份”拖拽到“筛选字段”下。

(4) 在“树下拉筛选器”中，选择年份为“2016”，则故事板中所有以“资产与利润关联表”为数据源的可视化图表都将显示2016年的数据。

设置故事板主题和按时间筛选

7.5.3 预览与分享

任务18 预览、分享、导出设置

任务描述

故事板设计完成后，预览其设计效果，将其分享给其他同学，或者将其导出。

操作步骤

(1)故事板设计完成后，单击【预览】按钮，可以查看整个故事板的内容。

(2)单击【分享】按钮，系统生成微信二维码，只要用手机扫描二维码，便可在手机上查看该故事板。

预览、分享、导出故事板

(3)单击故事板中的【导出】按钮，将该故事板导出成图片、PDF或Excel。

7.6 项目成果

经过一段紧张而丰富多彩的学习之旅，我们掌握了如何应用大数据技术做可视化设计工作，是时候回顾总结一下了。

【要求】

请提交本章内容的学习总结报告。

【课后作业】

任选一家公司，对其财务指标进行可视化，设计一个财务看板。

操作指引：

参考本项目操作步骤，设计一个可视化看板。

随堂测验

一、单选题

1. 数据可视化主要是指将数据以(   )形式展示。

A. 数字　　B. 图形和图像　　C. 视频　　D. 文字

2. (　　)是数据可视化的根本。

A. 需求准确　B. 图表合适　C. 数据准确　D. 屏幕准确

3. (　　)是数据可视化的战略要素。

A. 数据　B. 布局　C. 颜色　D. 长度

4. 通常在进行数据可视化设计时，尽量选择与客户公司所倡导的颜色(　　)的色彩作为主色。

A. 相近或一致　B. 不同　C. 相反　D. 没有关联

5. (　　)适用于展示数据随着时间推移而变化的趋势。

A. 条形图　B. 折线图　C. 饼图　D. 散点图

6. (　　)适用于比较不同类别数据值的大小。

A. 条形图　B. 折线图　C. 饼图　D. 散点图

7. (　　)适用于在一个图中同时分析两类相差较大的数据。

A. 条形图　B. 折线图　C. 饼图　D. 双轴图

8. (　　)主要适用于展现不同类别的数值相对于总数的占比情况。

A. 条形图　B. 折线图　C. 饼图　D. 散点图

二、多选题

1. 以下属于数据可视化要素的有(　　)。

A. 长度合理　B. 需求准确　C. 图表合适　D. 布局合理

2. 数据准确的内容包括(　　)。

A. 数据正确　B. 逻辑正确　C. 数据位置准确　D. 数据单位正确

3. 常见的显示屏有(　　)。

A. PC 端　B. 移动端　C. PAD 端　D. 数据大屏

4. 很多可视化软件中，通常会形象地将数据可视化看板称作(　　)。

A. 故事板　B. 仪表盘　C. 驾驶员　D. 驾驶舱

5. 数据可视化常用的图形有(　　)。

A. 气泡图　B. 折线图　C. 饼图　D. 词云

6. 玫瑰图又称(　　)。

A. 鸡冠花图　B. 坐标区域图　C. 极区图　D. 南丁格尔玫瑰图

7. 常见的数据可视化工具有(　　)。

A. Excel　B. Google Chart API　C. R 语言　D. Python

E. D3. js

三、判断题

1. 数据可视化首先要明确问题。　(　　)

2. D3. js 是最好的数据可视化工具库。 (   )

3. R 语言有两大绘图系统，即基础绘图系统和 Grid 绘图系统，两者相互关联。 (   )

4. 目前，用友分析云支持 36 种可视化图形，并能根据用户数据特点自动推荐合适的分析图形。 (   )

5. Tableau 是常用的可视化报表工具且不需要付费。 (   )

第 8 章 财报分析

学习目标

【知识目标】

- 掌握投资分析应用的各项指标
- 理解财务报告的分析方法
- 掌握各项能力指标数据可视化工具
- 掌握财务分析报告的写作框架

【技能目标】

- 能确定并计算各项投资分析指标
- 能完成财报分析的可视化看板设计
- 能撰写财务分析报告

【素质目标】

- 通过财报指标计算分析，培养良好职业操守，保证数据安全
- 通过对投资企业进行财报分析，激发创新创业的信心
- 具有较强的集体意识和团队合作能力

【思政目标】

- 培养学生报表分析的专业能力、文献收集能力
- 拓展财会青年视野、更新知识储备
- 通过对上市公司可扩展商业报告语言(XBRL)数据的分析，让学生在理解财报数据的同时，认识到中国民族企业无疑是中国经济实现强大目标的关键

思维导图

本章主要内容为财报分析，主要包括经营者角度财报分析、投资者角度财报分析 2 个学习任务，本章学习思维导图如图 8-1 所示。

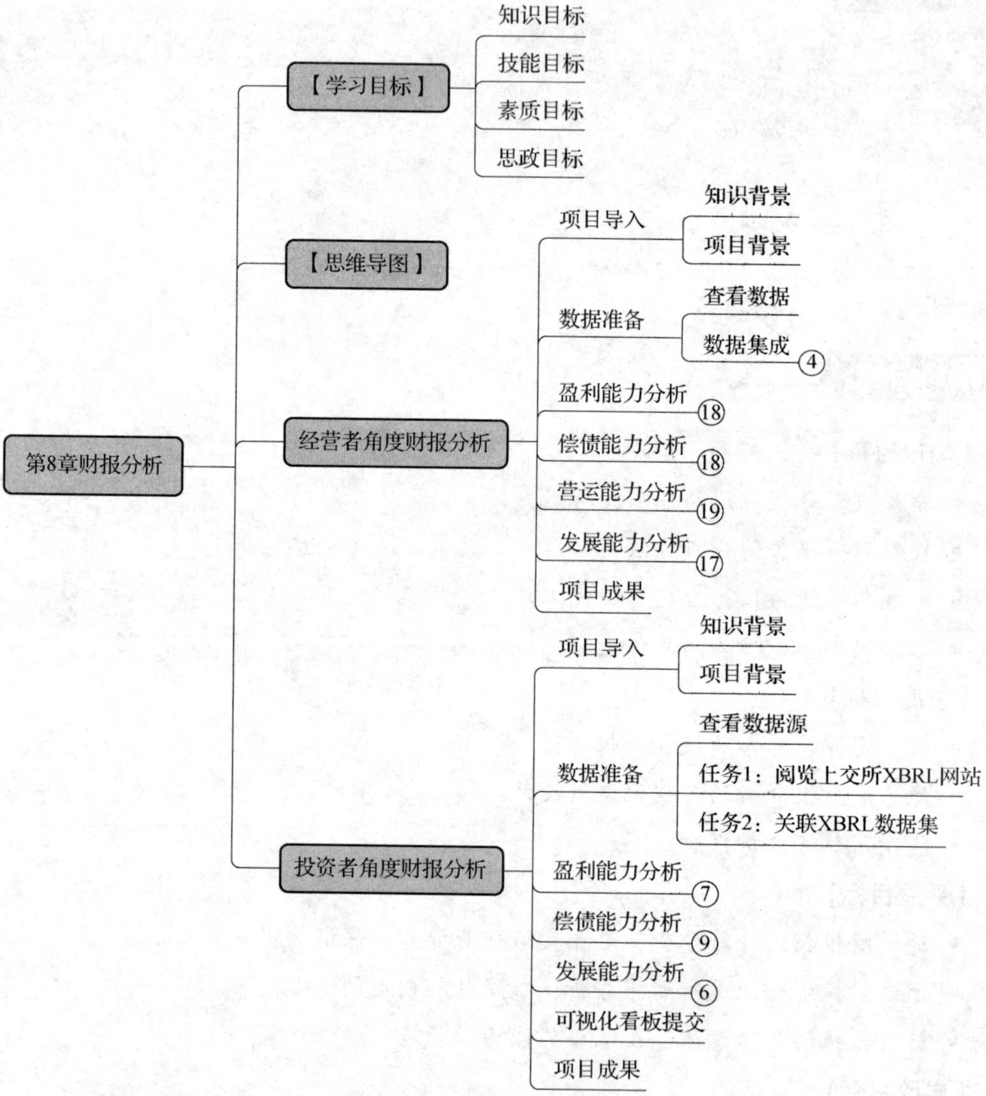

- 第8章财报分析
  - 【学习目标】
    - 知识目标
    - 技能目标
    - 素质目标
    - 思政目标
  - 【思维导图】
  - 经营者角度财报分析
    - 项目导入
      - 知识背景
      - 项目背景
    - 数据准备
      - 查看数据
      - 数据集成 ④
    - 盈利能力分析 ⑱
    - 偿债能力分析 ⑱
    - 营运能力分析 ⑲
    - 发展能力分析 ⑰
    - 项目成果
  - 投资者角度财报分析
    - 项目导入
      - 知识背景
      - 项目背景
    - 数据准备
      - 查看数据源
      - 任务1：阅览上交所XBRL网站
      - 任务2：关联XBRL数据集
    - 盈利能力分析 ⑦
    - 偿债能力分析 ⑨
    - 发展能力分析 ⑥
    - 可视化看板提交
    - 项目成果

图 8-1　第 8 章学习思维导图

8.1　经营者角度财报分析

经营者角度财报分析

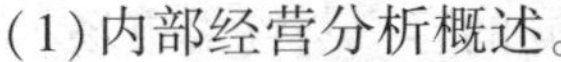

8.1.1　经营者角度财报分析项目导入

1. 知识背景

(1)内部经营分析概述。

根据企业财务分析主体，财务分析可分为外部投资分析和内部经营分析。

对于企业部分财务人员来说，进行对外财务报表分析的机会并不多，我们在网上经常看到的对上市公司财务报表的分析，通常是基于投资人的角度对企业披露的财务及经营信息所做的分析。

内部经营分析主要是企业内部经营者对企业财务状况的分析。内部经营分析的目的是判断和评价企业生产经营是否正常。在实际工作中，内部经营分析应用更多，可以用于检查业绩完成情况，对异常情况进行追踪溯源，为管理者经营决策提供数据支持等。

(2)内部经营分析步骤。

第一步：本期财务指标计算。

根据报表数据进行盈利、偿债、营运、发展四大能力的本期指标计算，展示本期的经营绩效。

第二步：财务指标纵向分析。

通过同比、环比、预算比等，分析出各项目增减变化的趋势，同时对成本、收入等的变化继续深入分析，发现问题，要求相关职能部门做出分析或解释。

第三步：财务指标横向对比。

与同行的竞争对手进行对比分析，或者和行业均值进行对比，通过横向对比分析，可以知己知彼，学习别人的长处、克服自己的短处，才能使企业发展得更好。

1)内部经营分析——纵向分析。

经营者在分析企业内部财务指标时，常用的分析方法是纵向分析，即同比或环比。简单来说，就是本期数据较比去年同期的情况，或本期数据较比上月的情况。通常我们会使用同比与环比的分析方法，看企业财务指标数据的趋势变化，如较比基期数据，本期数据增长还是减少，是什么原因导致的数据变化，具体变化原因还需进一步做数据动因分析。指标仅仅是一个数值，作为一个经营者，找出指标变化背后的真正原因更为重要。

同比分析。同比分析一般是指本期水平与上年同期水平对比分析，也就是与历史同期比较。

同比增长率=(本期数-同期数)/同期数×100%，指与去年同期相比较的增长率。

环比分析。环比分析是指与上一期对比分析。

环比增长率=(本期数-上期数)/上期数×100%，指与上期相比较的增长率。

2)内部经营分析——横向分析。

横向分析是指一个企业与其他企业在同一时点(或时期)进行比较。对比企业的选择需要按照一定的标准进行，可比性与财务可比性两方面进行筛选。

业务可比性。业务可比性是指该公司与对比公司属于同一行业，提供的产品与服务相同或类似，并且累计经营当前业务已经有一定的年限，有着相同的客户与终端市场。

财务可比性。财务可比性主要是指该公司与对比公司在各方面财务能力上具有可比性。

2. 项目背景

(1)项目企业介绍。

项目企业基本信息如图 8-2 所示。

基本信息

企业全称	新奥洁矿业有限公司		
企业简称	新奥洁(AJHXJL)		
注册资本(元)	100 000 000	公司类型	有限责任公司
成立时间	2003年	雇佣人数	3 200人
企业简介	集矿山采选技术研究、矿产资源勘查、矿山设计、矿山投资开发、矿产品加工、销售于一体的集团化企业。		

图 8-2　企业基本信息

企业规模：

总公司下辖 28 家子公司，拥有矿山 31 个，资源占有量 16.61 亿吨。其中，铁矿资源 8.97 亿吨；钼矿资源 4.9 亿吨；原煤资源 1.3 亿吨；方解石资源 463 万吨，远景储量 1 000万吨；铜矿资源 930 万吨。

公司现有员工 3 200 人。其中，博士、硕士学位人才 20 余人，学士学位人才 100 余人，各专业技术人才 1 500 人。

企业资源：

目前已投产的铁矿山 22 个，煤矿 2 个，铂矿 1 个，方解石矿 1 个，铜矿 1 个，年产铁精粉 550 万吨，钼精粉 15 000 吨，铜金属 4 200 吨，锌精粉 3 000 吨，铅精粉 8 000 吨，磷精粉 110 万吨，硫精粉 15 万吨，硫酸 11 万吨，硫酸钾 4 万吨，磷酸氢钙 2 万吨。公司通过自主勘查与合作勘查，在内蒙古、青海、云南、西藏、河北等地拥有铁、铜、煤等资源探矿权。

企业组织结构，如图 8-3 所示。

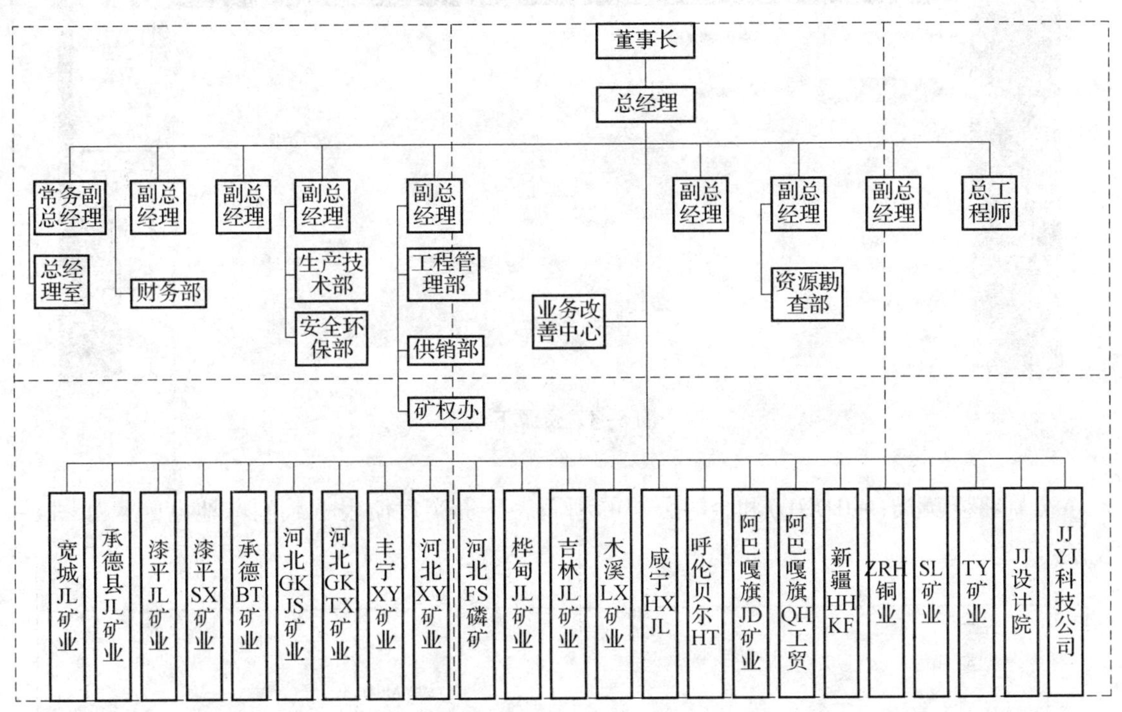

图 8-3　企业组织结构

(2) 企业经营分析需求。

分析需求：

1) 从盈利能力、偿债能力、运营能力、发展能力四大方面评价企业的经营状况。

2) 要求对各项能力进行纵向分析与横向对比。

纵向分析：时间 2015—2019 年。

横向对比：新奥洁(AJHXJL)-金岭矿业。

3) 通过纵向分析与横向对比找出企业经营的问题与差距，为下一期的战略规划与预算调整提供数据支持。

8.1.2 数据准备

1. 查看数据

打开资源下载处，可以查看本项目所需下载的资源，如图 8-4 所示。

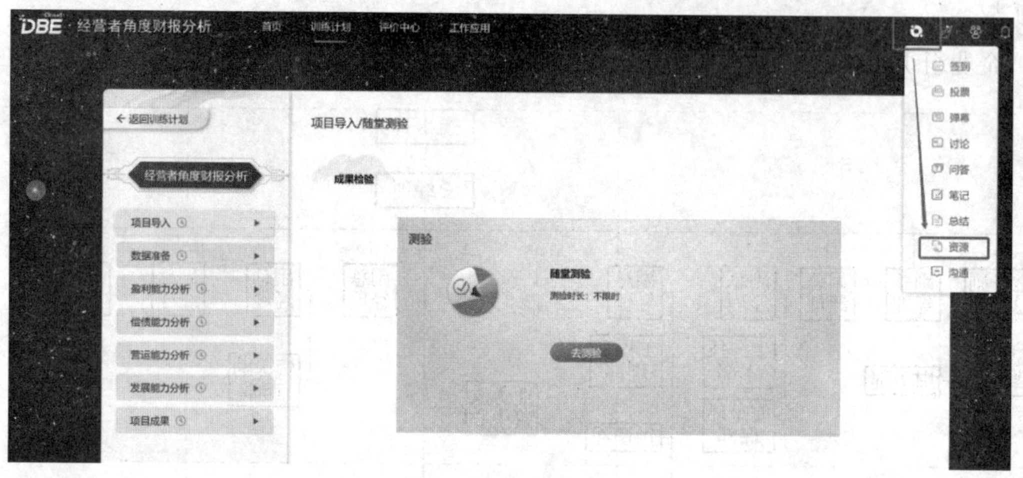

图 8-4 资源下载

分别将新奥洁(AJHXJL)和金岭公司的利润表、资产负债表下载到本地电脑，如图 8-5 所示。

项目	模块	资源	操作
经营者角度财报分析	项目导入	--	
	数据准备	利润表-AJHXJL.xlsx	下载
		资产负债表-AJHXJL.xlsx	下载
		利润表-金岭矿业.xlsx	下载
		资产负债表-金岭矿业.xlsx	下载
	盈利能力分析	--	
	偿债能力分析	--	
	营运能力分析	--	
	发展能力分析	--	
	项目成果	项目成果汇报-经营者角度分析报告.pptx	下载

图 8-5 下载

2. 数据集成

任务 1 上传数据表

任务描述

将新奥洁(AJHXJL)和金岭矿业的财报数据上传到分析云。

操作步骤

(1)将资源下载处 AJ 公司和金岭公司的资产负债表与利润表下载到本地。

(2)将下载的财报数据上传到分析云。

上传数据表

任务 2　利润表数据集

任务描述

将 AJ 公司的利润表与金岭公司的利润表进行数据追加，建立利润表追加数据集。

操作步骤

(1)点击【数据准备】。

(2)点击【新建】，选择“追加数据集”。

(3)编辑数据集名称为“AJ& 金岭利润表合集”。

(4)保存在“我的数据”文件夹内。

(5)选择“我的数据”文件夹中的 AJ 利润表(该数据表为任务 1 上传的数据)，将该数据表拖动至右侧上方空白区域内。

(6)选择 AJ 利润表所需字段(可全选，也可按照需求选择所需字段)，点击【确定】。

(7)选择“我的数据”文件夹中的金岭利润表(该数据表为任务 1 上传的数据)，将该数据表拖动至右侧上方空白区域内。

(8)选择金岭利润表所需字段(与 AJ 利润表选择字段一致)，点击【确定】。

(9)匹配字段，将 AJ 利润表与金岭利润表所选字段，一一对应匹配，若金岭利润表中无 AJ 利润表字段，可选择空白，匹配结束后，点击【保存】。

(10)点击右上角【执行】，可在下方查看数据集。

(11)点击右上角【实时】中的“数据物化”，点击【保存】，将两张利润表固定，点击【保存】。

利润表数据集

任务 3　资产负债表数据集

任务描述

将 AJ 公司的资产负债表与金岭公司的资产负债表进行数据追加，建立资产负债数据表追加数据集。

操作步骤

(1)点击【数据准备】。

(2)点击【新建】，选择“追加数据集”。

(3)编辑数据集名称为“AJ& 金岭资产负债表合集”。

(4)保存在“我的数据”文件夹内。

(5)选择“我的数据”文件夹中的 AJ 资产负债表(该数据表为任务 1 上传的数据)，将该数据表拖动至右侧上方空白区域内。

(6)选择 AJ 资产负债表所需字段(可全选，也可按照需求选择所需字段)，点击【确定】。

(7)选择“我的数据”文件夹中的金岭资产负债表(该数据表为任务 1 上传的数据)，将该数据表拖动至右侧上方空白区域内。

(8)选择金岭资产负债表所需字段(与 AJ 资产负债表选择字段一致)，点击【确定】。

(9)匹配字段，将 AJ 资产负债表与金岭资产负债表所选字段，一一对应匹配，若金岭资产负债表中无 AJ 资产负债表字段，可选择空白，匹配结束后，点击【保存】。

(10)点击右上角【执行】，可在下方查看数据集。

(11)点击右上角【实时】中的“数据物化”，点击【保存】，将两张资产负债表固定，点击【保存】。

资产负债表数据集

任务 4　AJHXJL 与金岭矿业数据集

任务描述

将任务 2 中的利润表数据集与任务 3 中的资产负债表数据集进行数据关联，建立一个利润表与资产负债表的完整数据集。

操作步骤

(1)点击【数据准备】。

(2)点击【新建】，选择“关联数据集”。

(3)编辑数据集名称为“AJ& 金岭数据集”。

(4)保存在“我的数据”文件夹内。

(5)选择“我的数据”文件夹中的 AJ& 金岭利润表合集与 AJ& 金岭资产负债表合集进行数据关联，将两个数据集分别拖动至右侧上方空白区域内。

(6)点击利润表数据集，再点击资产负债表数据集，选择关联方式为“内连接”，关联条件为“报表日期”和“公司名称”，点击【确定】。

(7)点击右上角【执行】，可在下方查看数据集。

(8)点击右上角【实时】中的“数据物化”，点击【保存】，将两个数据集固定，点击【保存】。

下面请同学们分别把 AJ 公司利润表与资产负债表数据集、金岭公司利润表与资产负债表数据集做一做吧。

AJHXJL 与金岭矿业数据集

8.1.3　盈利能力分析

本期指标分析

任务 5　2019 年前三季度的营业收入

任务描述

财务大数据分析师对公司盈利能力进行分析，要求首先对本期指标进行分析，再进行同比与环比、行业对比分析，最后对指标进行异常值监控、数据洞察与溯源。

分析指标涉及：2019 年前三季度营业收入、营业成本、营业利润、息税前利润。

操作步骤

数据表：AJHXJL 利润表。

(1)新建可视化。

可视化命名为：2019 年前三季度的营业收入。

(2)选择维度与指标。

维度：无。

指标：营业收入。

(3)添加过滤

过滤条件：年_报表日期=2019、季度_年份包含 Q1、Q2、Q3。

(4)选择显示图形。

建议图形：指标卡。

(5)点击【保存】。

2019 年前三季度的营业收入

任务 6　2019 年前三季度的营业成本

任务描述

财务大数据分析师对公司盈利能力进行分析，要求首先对本期指标进行分析，再进行同比与环比、行业对比分析，最后对指标进行异常值监控、数据洞察与溯源。

分析指标涉及：2019 年前三季度营业收入、营业成本、营业利润、息税前利润。

操作步骤

数据表：AJHXJL 利润表。

(1)新建可视化。

可视化命名为：2019 年前三季度的营业成本。

(2)选择维度与指标。

维度：无。

指标：营业成本。

(3)添加过滤。

过滤条件：年_报表日期=2019、季度_年份包含 Q1、Q2、Q3。

(4)选择显示图形。

建议图形：指标卡。

(5)点击【保存】。

2019 年前三季度的营业成本

任务 7　2019 年前三季度的营业利润

任务描述

财务大数据分析师对公司盈利能力进行分析，要求首先对本期指标进行分析，再进行同比与环比、行业对比分析，最后对指标进行异常值监控、数据洞察与溯源。

分析指标涉及：2019 年前三季度营业收入、营业成本、营业利润、息税前利润。

操作步骤

数据表：AJHXJL 利润表。

(1)新建可视化。

可视化命名为：2019 年前三季度的营业利润。

(2)选择维度与指标。

维度：无。

指标：营业利润。

(3)添加过滤。

过滤条件：年_报表日期=2019、季度_年份包含 Q1、Q2、Q3。

(4)选择显示图形。

建议图形：指标卡。

(5)点击【保存】。

2019 年前三季度的营业利润

任务 8　2019 年前三季度息税前利润

任务描述

财务大数据分析师对公司盈利能力进行分析，要求首先对本期指标进行分析，再进行同比与环比、行业对比分析，最后对指标进行异常值监控、数据洞察与溯源。

分析指标涉及：2019 年前三季度营业收入、营业成本、营业利润、息税前利润。

操作步骤

数据表：AJHXJL 利润表。

(1)新建可视化。

可视化命名为：2019 年前三季度息税前利润。

(2)新建指标。

点击指标旁边的【+】按钮，点击【计算字段】，进行以下设置：

名称：息税前利润。

字段类型：数字。

表达式：息税前利润=sum(利润总额)+sum(利息支出)。

【备注】若无利息支出，可用财务费用替代。

(3)选择维度与指标。

维度：无。

指标：息税前利润。

(4)添加过滤。

过滤条件：年_报表日期=2019、季度_年份包含 Q1、Q2、Q3。

(5)选择显示图形。

建议图形：指标卡。

(6)点击【保存】。

2019 年前三季度息税前利润

任务 9　2019 年 9 月营业收入

任务描述

财务大数据分析师对公司盈利能力进行分析，要求首先对本期指标进行分析，再进行同比与环比、行业对比分析，最后对指标进行异常值监控、数据洞察与溯源。

操作步骤

数据表：AJHXJL 利润表。

(1)新建可视化。

可视化命名为：2019 年 9 月营业收入。

(2)选择维度与指标。

维度：无。

指标：营业收入。

(3)添加过滤。

过滤条件：年_报表日期=2019、月_报表日期=09。

(4)选择显示图形。

建议图形：指标卡。

(5)点击【保存】。

2019 年 9 月营业收入

任务 10　2019 年 9 月营业成本

任务描述

财务大数据分析师对公司盈利能力进行分析，要求首先对本期指标进行分析，再进行

同比与环比、行业对比分析，最后对指标进行异常值监控、数据洞察与溯源。

操作步骤

数据表：AJHXJL 利润表。

(1)新建可视化。

可视化命名为：2019 年 9 月营业成本。

(2)选择维度与指标。

维度：无。

指标：营业成本。

(3)添加过滤。

过滤条件：年_报表日期=2019、月_报表日期=09。

(4)选择显示图形。

建议图形：指标卡。

(5)点击【保存】。

2019 年 9 月
营业成本

任务 11　2019 年 9 月营业利润

任务描述

财务大数据分析师对公司盈利能力进行分析，要求首先对本期指标进行分析，再进行同比与环比、行业对比分析，最后对指标进行异常值监控、数据洞察与溯源。

操作步骤

数据表：AJHXJL 利润表。

(1)新建可视化。

可视化命名为：2019 年 9 月营业利润。

(2)选择维度与指标。

维度：无。

指标：营业利润。

(3)添加过滤。

过滤条件：年_报表日期=2019、月_报表日期=09。

(4)选择显示图形。

建议图形：指标卡。

(5)点击【保存】。

2019 年 9 月
营业利润

任务 12　2019 年 9 月息税前利润

任务描述

财务大数据分析师对公司盈利能力进行分析，要求首先对本期指标进行分析，再进行

同比与环比、行业对比分析，最后对指标进行异常值监控、数据洞察与溯源。

操作步骤

数据表：AJHXJL 利润表。

(1)新建可视化。

可视化命名为：2019 年 9 月息税前利润。

(2)新建指标。

点击指标旁边的【+】按钮，点击【计算字段】，进行以下设置：

名称：息税前利润。

字段类型：数字。

表达式：息税前利润=sum(利润总额)+sum(利息支出)。

【备注】若无利息支出，可用财务费用替代。

(3)选择维度与指标。

维度：无。

指标：息税前利润。

(4)添加过滤。

过滤条件：年_报表日期=2019、月_报表日期=09。

(5)选择显示图形。

建议图形：指标卡。

(6)点击【保存】。

2019 年 9 月息税前利润

同比与环比分析

任务 13　环比分析

任务描述

财务大数据分析师对公司盈利能力进行分析，要求首先对本期指标进行分析，再进行同比与环比、行业对比分析，最后对指标进行异常值监控、数据洞察与溯源。

分析指标涉及：2019 年 9 月营业收入、营业成本、营业利润、息税前利润。

操作步骤

数据表：AJHXJL 利润表。

(1)新建可视化。

可视化命名为：环比分析。

(2)新建指标。

点击指标旁边的【+】按钮，点击【计算字段】，进行以下设置：

名称：息税前利润。

字段类型：数字。

表达式：息税前利润=sum(利润总额)+sum(利息支出)。

【备注】若无利息支出，可用财务费用替代。

(3)选择维度与指标。

维度：无。

指标：营业收入、营业成本、营业利润、息税前利润。

(4)选择显示图形。

建议图形：表格。

(5)设置"高级计算"-同比/环比。

分别点击指标"营业收入""营业成本""营业利润"息税前利润"中的下拉菜单箭头，选择"高级计算"-同比/环比，进行以下设置：

日期字段：报表日期-月。

对比类型：环比。

所选日期：需要对应2019年9月自行设置(比如当前是2020年11月份，所选日期应是14)。

计算：增长率。

(6)点击【保存】。

环比分析

任务14 营业利润环比值下降原因洞察

任务描述

财务大数据分析师对公司盈利能力进行分析，要求首先对本期指标进行分析，再进行同比与环比、行业对比分析，最后对指标进行异常值监控、数据洞察与溯源。

分析指标涉及：2019年9月营业利润。

操作步骤

数据表：AJHXJL利润表。

(1)新建可视化。

可视化命名为：环比值下降原因洞察。

(2)选择维度与指标。

维度：年、月。

指标：营业利润。

(3)添加过滤。

过滤条件：年_报表日期=2019、月_报表日期=9。

(4) 选择显示图形。

建议图形：折线图。

(5) 指标排序。

将指标“月”按升序排序。

(6) 环比值下降原因洞察。

在指标中依次添加影响营业利润的指标，直至发现某个指标的变动趋势与营业利润的变动趋势基本吻合。

(7) 操作完毕后，点击【保存】。

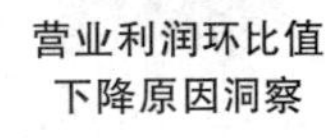
营业利润环比值下降原因洞察

任务 15　同比分析

任务描述

财务大数据分析师对公司盈利能力进行分析，要求首先对本期指标进行分析，再进行同比与环比、行业对比分析，最后对指标进行异常值监控、数据洞察与溯源。

分析指标涉及：2019 年 9 月营业收入、营业成本、营业利润、息税前利润。

操作步骤

数据表：AJHXJL 利润表。

(1) 新建可视化。

可视化命名为：同比分析。

(2) 选择维度与指标。

维度：无。

指标：营业收入、营业成本、营业利润、息税前利润。

(3) 设置“高级计算”-同比/环比。

日期字段：年份-月。

对比类型：同比。

所选日期：需要对应 2019 年 9 月自行设置。

计算：增长率。

间隔：1 年。

(4) 选择图形。

建议图形：表格。

(5) 点击【保存】。

同比分析

任务 16　营业利润同比值下降原因洞察

任务描述

财务大数据分析师对公司盈利能力进行分析，要求首先对本期指标进行分析，再进行

同比与环比、行业对比分析，最后对指标进行异常值监控、数据洞察与溯源。

分析指标涉及：2019 年 9 月营业利润。

操作步骤

数据表：AJHXJL 利润表。

(1)新建可视化。

可视化命名为：同比值下降原因洞察。

(2)选择维度与指标。

维度：年、月。

指标：营业利润。

(3)添加过滤。

过滤条件：年_报表日期包含 2018、2019，月_报表日期包含 08、09、10、11、12。

(4)选择显示图形。

建议图形：折线图。

(5)指标排序。

将指标“年”和“月”按升序排序。

(6)同比值下降原因洞察。

在指标中依次添加影响营业利润的指标，直至发现某个指标的变动趋势与营业利润的变动趋势基本吻合

(7)操作完毕后，点击【保存】。

营业利润同比值下降原因洞察

横向对比分析

任务 17　横向对比

任务描述

财务大数据分析师对公司盈利能力进行分析，要求首先对本期指标进行分析，再进行同比与环比、行业对比分析，最后对指标进行异常值监控、数据洞察与溯源。

分析指标涉及：2019 年 9 月营业收入、营业成本、营业利润、投资收益。

操作步骤

数据表：AJ 与金岭矿业数据集。

提示：若找不到该数据表，需要先创建数据集，通过追加数据的方式将 AJ 公司的利润表和金岭矿业的利润表合并成一张表。

(1)新建可视化。

可视化命名为：营业收入横向对比。

(2)选择维度与指标。

维度：公司名称、年。

指标：营业收入。

(3)选择显示图形。

建议图形：柱状图。

(4)颜色设置。

为图标设定不同的颜色。

(5)维度排序。

将维度“公司名称”和“年”按升序排序。

(6)点击【保存】。

【思考】观察两个公司营业收入的变动趋势，思考其原因。

下面同学们可以参考营业收入横向对比的操作视频，依次对营业成本、营业利润、投资收益做可视化分析。

横向对比

看板设计

任务 18　盈利能力看板设计

任务描述

财务大数据分析师对公司盈利能力进行分析，要求首先对本期指标进行分析，再进行同比与环比、行业对比分析，最后对指标进行异常值监控、数据洞察与溯源。

盈利能力看板设计

操作步骤

可参照视频完成看板设计。

8.1.4　偿债能力分析

本期指标分析

任务 19　资产负债率

任务描述

财务大数据分析师对公司偿债能力进行分析，要求首先对本期指标进行分析，再进行行业均值比较分析，最后对指标进行异常值监控、数据洞察与溯源。

分析指标涉及：资产负债率、流动比率、速动比率、现金比率、有息负债、无息负债。

操作步骤

数据表：AJHXJL 资产负债表。

(1)新建可视化。

可视化命名为：资产负债率。

(2)新建计算字段。

名称：资产负债率。

类型：数字。

表达式：资产负债率=avg(负债合计)×100/avg(资产总计)。

(3)选择维度与指标。

维度：无。

指标：资产负债率。

(4)添加过滤。

过滤条件：年_报表日期=2019。

(5)选择显示图形。

建议图形：指标卡。

(6)点击【保存】。

资产负债率

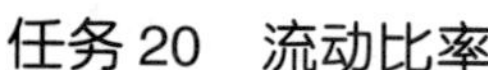

任务20　流动比率

任务描述

财务大数据分析师对公司偿债能力进行分析，要求首先对本期指标进行分析，再进行行业均值比较分析，最后对指标进行异常值监控、数据洞察与溯源。

分析指标涉及：资产负债率、流动比率、速动比率、现金比率、有息负债、无息负债。

操作步骤

数据表：AJHXJL资产负债表。

(1)新建可视化。

可视化命名为：流动比率。

(2)新建计算字段。

名称：流动比率。

类型：数字。

表达式：流动比率=avg(流动资产合计(元))/avg(流动负债合计(元))。

(3)选择维度与指标。

维度：无。

指标：流动比率。

(4)添加过滤。

过滤条件：年_报表日期=2019。

(5)选择显示图形。

建议图形：指标卡。

(6)点击【保存】。

流动比率

任务 21　速动比率

任务描述

财务大数据分析师对公司偿债能力进行分析，要求首先对本期指标进行分析，再进行行业均值比较分析，最后对指标进行异常值监控、数据洞察与溯源。

分析指标涉及：资产负债率、流动比率、速动比率、现金比率、有息负债、无息负债。

操作步骤

数据表：AJHXJL 资产负债表。

(1)新建可视化。

可视化命名为：速动比率。

(2)新建计算字段。

名称：速动比率。

类型：数字。

表达式：速动比率=(avg(流动资产合计(元))-avg(存货(元)))/avg(流动负债合计(元))。

(3)选择维度与指标。

维度：无。

指标：速动比率。

(4)添加过滤。

过滤条件：年_报表日期=2019。

(5)选择显示图形。

建议图形：指标卡。

(6)点击【保存】。

速动比率

任务 22　现金比率

任务描述

财务大数据分析师对公司偿债能力进行分析，要求首先对本期指标进行分析，再进行行业均值比较分析，最后对指标进行异常值监控、数据洞察与溯源。

分析指标涉及：资产负债率、流动比率、速动比率、现金比率、有息负债、无息负债。

操作步骤

数据表：AJHXJL 资产负债表。

(1)新建可视化。

可视化命名为：现金比率。

(2)新建计算字段。

名称：现金比率。

类型：数字。

表达式：现金比率=(avg(货币资金(元))+avg(交易性金融资产(元)))/avg(流动负债合计(元))。

(3)选择维度与指标。

维度：无。

指标：现金比率。

(4)添加过滤。

过滤条件：年_报表日期=2019。

(5)选择显示图形。

建议图形：指标卡。

(6)点击【保存】。

现金比率

行业平均值分析

任务 23　资产负债率行业均值分析

任务描述

财务大数据分析师对公司偿债能力进行分析，要求首先对本期指标进行分析，再进行行业均值比较分析，最后对指标进行异常值监控、数据洞察与溯源。

分析指标涉及：资产负债率、流动比率、速动比率、现金比率、有息负债、无息负债。

操作步骤

数据表：xbrl。

(1)新建可视化。

可视化命名为：资产负债率行业指标分析。

(2)新建计算字段。

名称：资产负债率。

类型：数字。

表达式：资产负债率=avg(负债合计(元))×100/avg(资产总计(元))。

(3)选择维度与指标。

维度：无。

指标：资产负债率。

(4)添加过滤。

过滤条件：报表类型=5000、报表年份=2019、行业=采矿业(可手工输入“采矿业”三个字)。

(5)选择显示图形。

建议图形：指标卡。

(6)点击【保存】。

资产负债率行业均值分析

任务 24　流动比率行业均值分析

任务描述

财务大数据分析师对公司偿债能力进行分析，要求首先对本期指标进行分析，再进行行业均值比较分析，最后对指标进行异常值监控、数据洞察与溯源。

分析指标涉及：资产负债率、流动比率、速动比率、现金比率、有息负债、无息负债。

操作步骤

数据表：xbrl。

复制任务 23 的可视化结果，在其基础上修改指标，或按照以下操作步骤进行操作。

(1)新建可视化。

可视化命名为：流动比率行业指标分析。

(2)新建计算字段。

名称：流动比率。

类型：数字。

表达式：流动比率=avg(流动资产合计(元))/avg(流动负债合计(元))。

(3)选择维度与指标。

维度：无。

指标：流动比率。

(4)添加过滤。

过滤条件：行业=采矿业、报表类型=5000、报表年份=2019。

(5)选择显示图形。

建议图形：指标卡。

(6)点击【保存】。

流动比率行业均值分析

任务 25　速动比率行业均值分析

任务描述

财务大数据分析师对公司偿债能力进行分析，要求首先对本期指标进行分析，再进行行业均值比较分析，最后对指标进行异常值监控、数据洞察与溯源。

分析指标涉及：资产负债率、流动比率、速动比率、现金比率、有息负债、无息负债。

操作步骤

数据表：xbrl。

复制任务 24 的可视化结果，在其基础上修改指标，或按照以下操作步骤进行操作。

(1)新建可视化。

可视化命名为：速动比率行业指标分析。

(2)新建计算字段。

名称：速动比率。

类型：数字。

表达式：速动比率=(avg(流动资产合计(元))-avg(存货(元)))/avg(流动负债合计(元))。

(3)选择维度与指标。

维度：无。

指标：速动比率。

(4)添加过滤。

过滤条件：行业=采矿业、报表类型=5000、年份=2019。

(5)选择显示图形。

建议图形：指标卡。

(6)点击【保存】。

速动比率行业均值分析

任务 26　现金比率行业均值分析

任务描述

财务大数据分析师对公司偿债能力进行分析，要求首先对本期指标进行分析，再进行行业均值比较分析，最后对指标进行异常值监控、数据洞察与溯源。

分析指标涉及：资产负债率、流动比率、速动比率、现金比率、有息负债、无息负债。

操作步骤

数据表：xbrl。

复制任务 25 的可视化结果，在其基础上修改指标，或按照以下操作步骤进行操作。

(1)新建可视化。

可视化命名为：现金比率行业指标分析。

(2)新建计算字段。

名称：现金比率。

类型：数字。

表达式：现金比率=(avg(货币资金(元))+avg(交易性金融资产(元)))/avg(流动负债合计(元))。

(3)选择维度与指标。

维度：无。

指标：现金比率。

(4)添加过滤。

过滤条件：行业=采矿业、报表类型=5000、年份=2019。

(5)选择显示图形。

建议图形：指标卡。

(6)点击【保存】。

现金比率行业均值分析

数据洞察与溯源

任务 27　现金比率纵向分析

任务描述

财务大数据分析师对公司偿债能力进行分析，要求首先对本期指标进行分析，再进行行业均值比较分析，最后对指标进行异常值监控、数据洞察与溯源。

分析指标涉及：资产负债率、流动比率、速动比率、现金比率、有息负债、无息负债。

操作步骤

(1)复制现金比率可视化看板。

(2)新建可视化。

可视化命名为：现金比率纵向分析。

(3)选择维度与指标。

维度：年。

指标：现金比率。

(4)删除过滤条件。

(5)指标排序。

将维度“年”按升序排列。

(6)选择显示图形。

建议图形：折线图或表格。

现金比率纵向分析

(7)点击【保存】。

任务 28　现金比率影响因素分析

任务描述

财务大数据分析师对公司偿债能力进行分析，要求首先对本期指标进行分析，再进行行业均值比较分析，最后对指标进行异常值监控、数据洞察与溯源。

分析指标涉及：资产负债率、流动比率、速动比率、现金比率、有息负债、无息负债。

操作步骤

数据表：AJHXJL 资产负债表。

(1)新建可视化。

可视化命名为：现金比率影响因素分析。

(2)选择维度与指标。

维度：年(可以将“年”进行升序排序)。

指标：货币资金、负债合计。

(3)选择显示图形。

建议图形：表格。

(4)点击【保存】。

【思考】公司的现金比率较低，原因是什么，如此低的现金比率能否保证公司每月的必须支付项目能按期支付，比如公司每月的工资能否正常发放，税款能否及时缴纳？

现金比率影响因素分析

任务 29　本期负债结构分析

任务描述

财务大数据分析师对公司偿债能力进行分析，要求首先对本期指标进行分析，再进行行业均值比较分析，最后对指标进行异常值监控、数据洞察与溯源。

分析指标涉及：资产负债率、流动比率、速动比率、现金比率、有息负债、无息负债。

操作步骤

数据表：AJHXJL 资产负债表。

(1)新建可视化。

可视化命名为：本期负债结构。

(2)新建计算字段。

1)名称：有息负债。

类型：数字。

表达式：有息负债=sum(短期借款+应付票据+长期借款)。

2)名称：无息负债。

类型：数字。

表达式：无息负债=sum(应付账款+预收款项+应付职工薪酬+应交税费+应付利息+应付股利+其他应付款)。

(3)选择维度与指标。

维度：无。

指标：有息负债、无息负债。

(4)添加过滤。

过滤条件：年_报表日期=2019。

(5)选择显示图形。

建议图形：饼图或环形图。

(6)点击【保存】。

本期负债结构分析

任务 30　有息负债结构分析

任务描述

财务大数据分析师对公司偿债能力进行分析，要求首先对本期指标进行分析，再进行行业均值比较分析，最后对指标进行异常值监控、数据洞察与溯源。

分析指标涉及：资产负债率、流动比率、速动比率、现金比率、有息负债、无息负债。

操作步骤

数据表：AJHXJL 资产负债表。

(1)新建可视化。

可视化命名为：有息负债结构。

(2)选择维度与指标。

维度：无。

指标：短期借款、应付票据、长期借款。

(3)添加过滤。

过滤条件：年_报表日期=2019。

(4)选择显示图形。

建议图形：饼图或环形图。

(5)点击【保存】。

有息负债结构分析

任务 31　无息负债结构分析

任务描述

财务大数据分析师对公司偿债能力进行分析，要求首先对本期指标进行分析，再进行行业均值比较分析，最后对指标进行异常值监控、数据洞察与溯源。

分析指标涉及：资产负债率、流动比率、速动比率、现金比率、有息负债、无息负债。

操作步骤

数据表：AJHXJL 资产负债表。

(1)新建可视化。

可视化命名为：无息负债结构。

(2)选择维度与指标。

维度：无。

指标：应付账款、预收款项、应付职工薪酬、应交税费、应付利息、应付股利、其他应付款。

(3)添加过滤。

过滤条件：年_报表日期=2019。

(4)选择显示图形。

建议图形：饼图或环形图。

(5)点击【保存】。

无息负债结构分析

看板设计

任务 32　偿债能力看板设计

任务描述

财务大数据分析师对公司偿债能力进行分析，要求首先对本期指标进行分析，再进行行业均值比较分析，最后对指标进行异常值监控、数据洞察与溯源。

偿债能力看板设计

操作步骤

可参照视频完成看板设计。

8.1.5　营运能力分析

本期指标分析

任务 33　应收账款周转天数

任务描述

财务大数据分析师对公司营运能力进行分析，要求首先对本期指标进行分析，再进行行业均值比较分析，最后对指标进行异常值监控、数据洞察与溯源。

分析指标涉及：应收账款周转天数、存货周转天数、流动资产周转天数、总资产周转天数。

操作步骤

数据表：AJ 资产负债+利润合集。

注意：若无此数据集，需新建数据集，将 AJ 公司的资产负债表和利润表建立关联。

(1)新建可视化。

可视化命名为：应收账款周转天数。

(2)新建计算字段。

点击指标旁边【+】按钮，点击【计算字段】，进行以下设置：

名称：应收账款周转天数。

字段类型：数字。

表达式：应收账款周转天数=365×avg(应收账款)/sum(营业收入)。

(3)选择维度与指标。

维度：无。

指标：应收账款周转天数。

(4)添加过滤。

过滤条件：年_报表日期等于 2019。

(5)选择显示图形。

建议图形：指标卡。

(6)点击【保存】。

应收账款周转天数

任务 34　存货周转天数

任务描述

财务大数据分析师对公司营运能力进行分析，要求首先对本期指标进行分析，再进行行业均值比较分析，最后对指标进行异常值监控、数据洞察与溯源。

分析指标涉及：应收账款周转天数、存货周转天数、流动资产周转天数、总资产周转天数。

操作步骤

数据表：AJ资产负债+利润合集。

(1)新建可视化。

可视化命名为：存货周转天数。

(2)新建字段。

点击指标旁边【+】按钮，点击【计算字段】，进行以下设置：

字段名称：存货周转天数。

字段类型：数字。

表达式：货周转天数=365×avg(存货)/sum(营业成本)。

(3)选择维度与指标。

维度：无。

指标：存货周转天数。

(4)添加过滤。

过滤条件：年_报表日期=2019。

(5)选择显示图形。

建议图形：指标卡。

(6)点击【保存】。

存货周转天数

任务35　流动资产周转天数

任务描述

财务大数据分析师对公司营运能力进行分析，要求首先对本期指标进行分析，再进行行业均值比较分析，最后对指标进行异常值监控、数据洞察与溯源。

分析指标涉及：应收账款周转天数、存货周转天数、流动资产周转天数、总资产周转天数。

操作步骤

数据表：AJ资产负债+利润合集。

(1)新建可视化。

可视化命名为：流动资产周转天数。

(2)新建指标。

点击指标旁边【+】按钮，点击【计算字段】，进行以下设置：

字段名称：流动资产周转天数。

字段类型：数字。

表达式：流动资产周转天数=365×avg(流动资产总计)/sum(营业收入)。

(3)选择维度与指标。

维度：无。

指标：流动资产周转天数。

(4)添加过滤。

过滤条件：年_报表日期=2019。

(5)选择显示图形。

建议图形：指标卡。

(6)点击【保存】。

流动资产周转天数

任务 36　总资产周转天数

任务描述

财务大数据分析师对公司营运能力进行分析，要求首先对本期指标进行分析，再进行行业均值比较分析，最后对指标进行异常值监控、数据洞察与溯源。

分析指标涉及：应收账款周转天数、存货周转天数、流动资产周转天数、总资产周转天数。

操作步骤

数据表：AJ 资产负债+利润合集。

(1)新建可视化。

可视化命名为：总资产周转天数。

(2)新建指标。

点击指标旁边【+】按钮，点击【计算字段】，进行以下设置：

字段名称：总资产周转天数。

字段类型：数字。

表达式：总资产周转天数=365×avg(资产总计)/sum(营业收入)。

(3)选择维度与指标。

维度：无。

指标：总资产周转天数。

(4)添加过滤。

过滤条件：年_报表日期=2019。

(5)选择显示图形。

建议图形：指标卡。

(6)点击【保存】。

总资产周转天数

横向对比分析

任务 37　应收账款周转天数横向对比分析

任务描述

财务大数据分析师对公司营运能力进行分析，要求首先对本期指标进行分析，再进行行业均值比较分析，最后对指标进行异常值监控、数据洞察与溯源。

分析指标涉及：应收账款周转天数、存货周转天数、流动资产周转天数、总资产周转天数。

操作步骤

数据表：金岭资产负债+利润合集（需要将金岭矿业的资产负债表和利润表进行关联）。

（1）新建可视化。

可视化命名为：应收账款周转天数横向对比分析。

（2）新建指标。

点击指标旁边【+】按钮，点击【计算字段】，进行以下设置：

名称：应收账款周转天数。

字段类型：数字。

表达式：应收账款周转天数＝365×avg（应收账款）/sum（营业收入）。

（3）选择维度与指标。

维度：无。

指标：应收账款周转天数。

（4）添加过滤。

过滤条件：年_报表日期＝2019。

（5）选择显示图形。

建议图形：指标卡。

（6）点击【保存】。

应收账款周转天数横向对比分析

任务 38　存货周转天数横向对比分析

任务描述

财务大数据分析师对公司营运能力进行分析，要求首先对本期指标进行分析，再进行行业均值比较分析，最后对指标进行异常值监控、数据洞察与溯源。

分析指标涉及：应收账款周转天数、存货周转天数、流动资产周转天数、总资产周转天数。

操作步骤

数据表：金岭资产负债+利润合集(需要将金岭矿业的资产负债表和利润表进行关联)。

(1)新建可视化。

可视化命名为：存货周转天数横向对比分析。

(2)新建指标。

点击指标旁边【+】按钮，点击【计算字段】，进行以下设置：

名称：存货周转天数。

字段类型：数字。

表达式：存货周转天数=365×avg(存货)/sum(营业成本)。

(3)选择维度与指标。

维度：无。

指标：存货周转天数。

(4)添加过滤。

过滤条件：年_报表日期=2019。

(5)选择显示图形。

建议图形：指标卡。

(6)点击【保存】。

存货周转天数横向对比分析

任务 39　流动资产周转天数横向对比分析

任务描述

财务大数据分析师对公司营运能力进行分析，要求首先对本期指标进行分析，再进行行业均值比较分析，最后对指标进行异常值监控、数据洞察与溯源。

分析指标涉及：应收账款周转天数、存货周转天数、流动资产周转天数、总资产周转天数。

操作步骤

数据表：金岭资产负债+利润合集(需要将金岭矿业的资产负债表和利润表进行关联)。

(1)新建可视化。

可视化命名为：流动资产周转天数横向对比分析。

(2)新建指标。

点击指标旁边【+】按钮，点击【计算字段】，进行以下设置：

名称：流动资产周转天数。

字段类型：数字。

表达式：流动资产周转天数=365×avg(流动资产总计)/sum(营业收入)。

(3)选择维度与指标。

维度：无。

指标：流动资产周转天数。

(4)添加过滤。

过滤条件：年_报表日期=2019。

(5)选择显示图形。

建议图形：指标卡。

(6)点击【保存】。

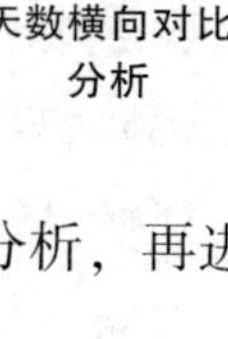
流动资产周转天数横向对比分析

任务40　总资产周转天数横向对比分析

任务描述

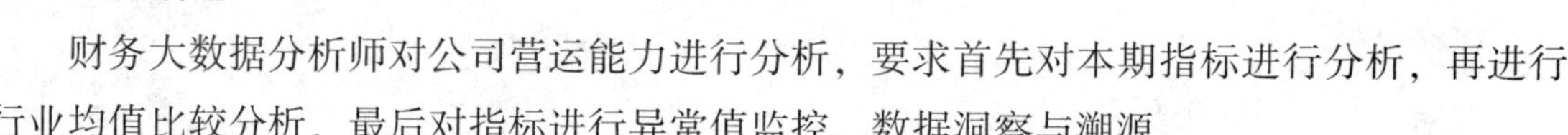

财务大数据分析师对公司营运能力进行分析，要求首先对本期指标进行分析，再进行行业均值比较分析，最后对指标进行异常值监控、数据洞察与溯源。

分析指标涉及：应收账款周转天数、存货周转天数、流动资产周转天数、总资产周转天数。

操作步骤

数据表：金岭资产负债+利润合集(需要将金岭矿业的资产负债表和利润表进行关联)。

(1)新建可视化。

可视化命名为：总资产周转天数横向对比分析。

(2)新建指标。

点击指标旁边【+】按钮，点击【计算字段】，进行以下设置：

名称：总资产周转天数。

字段类型：数字。

表达式：总资产周转天数=365×avg(资产总计)/sum(营业收入)。

(3)选择维度与指标。

维度：无。

指标：总资产周转天数。

(4)添加过滤。

过滤条件：年_报表日期=2019。

(5)选择显示图形。

建议图形：指标卡。

(6)点击【保存】。

总资产周转天数横向对比分析

数据洞察与溯源

任务 41　应收账款周转天数历年趋势

任务描述

财务大数据分析师对公司营运能力进行分析，要求首先对本期指标进行分析，再进行行业均值比较分析，最后对指标进行异常值监控、数据洞察与溯源。

分析指标涉及：应收账款周转天数、存货周转天数、流动资产周转天数、总资产周转天数。

操作步骤

数据表：AJ 资产负债+利润合集。

(1)新建可视化。

可视化命名为：应收账款周转天数历年趋势分析。

(2)新建指标。

点击指标旁边【+】按钮，点击【计算字段】，进行以下设置：

名称：应收账款周转天数。

字段类型：数字。

表达式：应收账款周转天数=365×avg(应收账款)/sum(营业收入)。

点击【确定】。

(3)选择维度与指标。

维度：年。

指标：应收账款周转天数。

(4)指标排序。

将维度“年”按升序排列。

(5)选择显示图形。

建议图形：折线图。

(6)点击【保存】。

应收账款周转天数历年趋势

任务 42　存货周转天数历年趋势

任务描述

财务大数据分析师对公司营运能力进行分析，要求首先对本期指标进行分析，再进行行业均值比较分析，最后对指标进行异常值监控、数据洞察与溯源。

分析指标涉及：应收账款周转天数、存货周转天数、流动资产周转天数、总资产周转天数。

操作步骤

数据表：AJ 资产负债+利润合集。

(1)新建可视化。

可视化命名为：存货周转天数历年趋势分析。

(2)新建指标。

点击指标旁边【+】按钮，点击【计算字段】，进行以下设置：

名称：存货周转天数。

字段类型：数字。

表达式：存货周转天数=365×avg(存货)/sum(营业成本)。

点击【确定】。

(3)选择维度与指标。

维度：年。

指标：存货周转天数。

(4)指标排序。

将维度“年”按升序排列。

(5)选择显示图形。

建议图形：折线图。

(6)点击【保存】。

存货周转天数历年趋势

任务 43　流动资产周转天数历年趋势

任务描述

财务大数据分析师对公司营运能力进行分析，要求首先对本期指标进行分析，再进行行业均值比较分析，最后对指标进行异常值监控、数据洞察与溯源。

分析指标涉及：应收账款周转天数、存货周转天数、流动资产周转天数、总资产周转天数。

操作步骤

数据表：AJ 资产负债+利润合集。

(1)新建可视化。

可视化命名为：流动资产周转天数历年趋势分析。

(2)新建指标。

点击指标旁边【+】按钮，点击【计算字段】，进行以下设置：

名称：流动资产周转天数。

字段类型：数字。

表达式：流动资产周转天数=365×avg(流动资产合计)/sum(营业收入)。

点击【确定】。

(3)选择维度与指标。

维度：年。

指标：流动资产周转天数。

(4)指标排序。

将维度“年”按升序排列。

(5)选择显示图形。

建议图形：折线图。

(6)点击【保存】。

流动资产周转天数历年趋势

任务 44　总资产周转天数历年趋势

任务描述

财务大数据分析师对公司营运能力进行分析，要求首先对本期指标进行分析，再进行行业均值比较分析，最后对指标进行异常值监控、数据洞察与溯源。

分析指标涉及：应收账款周转天数、存货周转天数、流动资产周转天数、总资产周转天数。

操作步骤

数据表：AJ 资产负债+利润合集。

(1)新建可视化。

可视化命名为：总资产周转天数历年趋势分析。

(2)新建指标。

点击指标旁边【+】按钮，点击【计算字段】，进行以下设置：

名称：总资产周转天数。

字段类型：数字。

表达式：总资产周转天数=365×avg(资产总计)/sum(营业收入)。

点击【确定】。

(3)选择维度与指标。

维度：年。

指标：总资产周转天数。

(4)指标排序。

将维度“年”按升序排列。

(5)选择显示图形。

建议图形：折线图。

(6)点击【保存】。

总资产周转天数历年趋势

任务 45 周转天数下降原因洞察

任务描述

财务大数据分析师对公司营运能力进行分析，要求首先对本期指标进行分析，再进行行业均值比较分析，最后对指标进行异常值监控、数据洞察与溯源。

分析指标涉及：应收账款周转天数、存货周转天数、流动资产周转天数、总资产周转天数。

操作步骤

数据表：AJ 资产负债+利润合集。

(1)新建可视化。

可视化命名为：周转天数历年趋势分析。

(2)选择维度与指标。

维度：无。

指标：应收账款、资产总计、流动资产合计、非流动资产合计、营业收入。

(3)设置“高级计算”-同比/环比。

依次将以上指标做 2019 年与 2018 年的同比分析。

日期字段：报表日期年。

对比类型：同比。

所选日期：2019 年(对应 2019 年填写相应的数字)。

计算：增长率。

间隔：1 年(2018 年)。

(4)选择显示图形。

建议图形：表格。

(5)点击【保存】。

周转天数下降原因洞察

任务 46 非流动资产大幅下降原因洞察

任务描述

财务大数据分析师对公司营运能力进行分析，要求首先对本期指标进行分析，再进行行业均值比较分析，最后对指标进行异常值监控、数据洞察与溯源。

分析指标涉及：应收账款周转天数、存货周转天数、流动资产周转天数、总资产周转天数。

操作步骤

数据表：AJ 资产负债+利润合集。

(1)新建可视化。

可视化命名为：非流动资产大幅下降原因洞察。

(2)选择维度与指标。

维度：年。

指标：非流动资产合计。

(3)指标排序。

将维度“年”按升序排列。

(4)选择显示图形。

建议图形：折线图。

(5)原因洞察。

将影响因素依次放入指标，找到与非流动资产变动契合的因素指标。

(6)汇总方式。

点击指标下拉菜单箭头，选择汇总方式。

选择：平均值(考虑到 AJ 资产负债表的数据源为月度数据，此处将所有指标的汇总方式设置为平均值进行分析)

(7)操作完毕，点击【保存】。

非流动资产大幅下降原因洞察

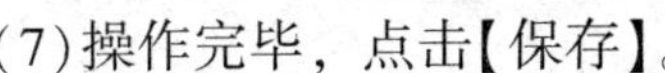

【思考】哪些因素会影响非流动资产?

看板设计

任务 47　营运能力看板设计

财务大数据分析师对公司营运能力进行分析，要求首先对本期指标进行分析，再进行行业均值比较分析，最后对指标进行异常值监控、数据洞察与溯源。

营运能力看板设计

操作步骤

可参照视频完成看板设计。

8.1.6　发展能力分析

本期指标分析

任务 48　营业收入增长率与增长额

任务描述

财务大数据分析师对公司发展能力进行分析，要求首先对本期指标进行分析，再进行行业均值比较分析，最后对指标进行异常值监控、数据洞察与溯源。

分析指标涉及：反映营业收入、营业利润、利润总额、资产、所有者权益的本期增长情况。

操作步骤

数据集：AJ 资产负债+利润合集。

(1)新建可视化。

可视化命名为：营业收入增长率与增长额。

(2)设置维度与指标。

维度：无。

指标：营业收入、营业收入。

(3)设置"高级计算"-同比/环比。

日期字段：报表日期年。

对比类型：同比。

所选日期：2019 年(填写 2019 年对应的数字)。

计算：增长率。

间隔：1 年(2018 年)。

(4)设置"高级计算"-同比/环比。

日期字段：报表日期年。

对比类型：同比。

所选日期：2019 年(填写 2019 年对应的数字)

计算：增长值。

间隔：1 年(2018 年)。

(5)选择显示图形。

建议图形：表格。

(6)点击【保存】。

营业收入增长率与增长额

任务 49　营业利润增长率与增长额

任务描述

财务大数据分析师对公司发展能力进行分析，要求首先对本期指标进行分析，再进行行业均值比较分析，最后对指标进行异常值监控、数据洞察与溯源。

分析指标涉及：反映营业收入、营业利润、利润总额、资产、所有者权益的本期增长情况。

操作步骤

数据集：AJ 资产负债+利润合集。

(1)新建可视化。

可视化命名为：营业利润增长率与增长额。

(2)设置维度与指标。

维度：无。

指标：营业利润、营业利润。

(3)设置“高级计算”-同比/环比。

日期字段：报表日期年。

对比类型：同比。

所选日期：2019 年(填写 2019 年对应的数字)。

计算：增长率。

间隔：1 年(2018 年)。

(4)设置“高级计算”-同比/环比。

日期字段：报表日期年。

对比类型：同比。

所选日期：2019 年(填写 2019 年对应的数字)。

计算：增长值。

间隔：1 年(2018 年)。

(5)选择显示图形。

建议图形：表格。

(6)点击【保存】。

营业利润增长率与增长额

任务 50　利润总额增长率与增长额

任务描述

财务大数据分析师对公司发展能力进行分析，要求首先对本期指标进行分析，再进行行业均值比较分析，最后对指标进行异常值监控、数据洞察与溯源。

分析指标涉及：反映营业收入、营业利润、利润总额、资产、所有者权益的本期增长情况。

操作步骤

数据集：AJ 资产负债+利润合集。

(1)新建可视化。

可视化命名为：利润总额增长率与增长额。

(2)设置维度与指标。

维度：无。

指标：利润总额、利润总额。

(3)设置“高级计算”-同比/环比。

日期字段：报表日期年。

对比类型：同比。

所选日期：2019年(填写2019年对应的数字)。

计算：增长率。

间隔：1年(2018年)。

(4)设置“高级计算”-同比/环比。

日期字段：报表日期年。

对比类型：同比。

所选日期：2019年(填写2019年对应的数字)。

计算：增长值。

间隔：1年(2018年)。

(5)选择显示图形。

建议图形：表格。

(6)点击【保存】。

利润总额增长率与增长额

任务51　总资产增长率与增长额

任务描述

财务大数据分析师对公司发展能力进行分析，要求首先对本期指标进行分析，再进行行业均值比较分析，最后对指标进行异常值监控、数据洞察与溯源。

分析指标涉及：反映营业收入、营业利润、利润总额、资产、所有者权益的本期增长情况。

操作步骤

数据集：AJ资产负债+利润合集。

(1)新建可视化。

可视化命名为：总资产增长率与增长额。

(2)设置维度与指标。

维度：无。

指标：资产总计、资产总计。

(3)指标汇总方式。

汇总方式：平均值。

(4)设置“高级计算”-同比/环比。

日期字段：报表日期年。

对比类型：同比。

所选日期：2019 年(填写 2019 年对应的数字)。

计算：增长率。

间隔：1 年(2018 年)。

(5)设置“高级计算”-同比/环比。

日期字段：报表日期年。

对比类型：同比。

所选日期：2019 年(填写 2019 年对应的数字)。

计算：增长值。

间隔：1 年(2018 年)。

(6)选择显示图形。

建议图形：表格。

(7)点击【保存】。

总资产增长率与增长额

任务 52　所有者权益增长率与增长额

任务描述

财务大数据分析师对公司发展能力进行分析，要求首先对本期指标进行分析，再进行行业均值比较分析，最后对指标进行异常值监控、数据洞察与溯源。

分析指标涉及：反映营业收入、营业利润、利润总额、资产、所有者权益的本期增长情况。

操作步骤

数据集：AJ 资产负债+利润合集。

(1)新建可视化。

可视化命名为：所有者权益增长率与增长额。

(2)设置维度与指标。

维度：无。

指标：所有者权益、所有者权益。

(3)指标汇总方式。

汇总方式：平均值

(4)设置“高级计算”-同比/环比。

日期字段：报表日期年。

对比类型：同比。

所选日期：2019 年(填写 2019 年对应的数字)。

计算：增长率。

间隔：1 年(2018 年)。

(5)设置“高级计算”-同比/环比。

日期字段：报表日期年。

对比类型：同比。

所选日期：2019 年(填写 2019 年对应的数字)。

计算：增长值。

间隔：1 年(2018 年)。

(6)选择显示图形。

建议图形：表格。

(7)点击【保存】。

所有者权益增长率与增长额

横向对比分析

任务 53　营业收入增长率与增长额横向对比

任务描述

财务大数据分析师对公司发展能力进行分析，要求首先对本期指标进行分析，再进行行业均值比较分析，最后对指标进行异常值监控、数据洞察与溯源。

对标企业(金岭矿业)的分析指标涉及：反映营业收入、营业利润、利润总额、资产、所有者权益的本期增长情况。

操作步骤

数据集：金岭资产负债+利润合集。

(1)新建可视化。

可视化命名为：营业收入增长率与增长额。

(2)设置维度与指标。

维度：无。

指标：营业收入、营业收入。

(3)设置“高级计算”-同比/环比。

日期字段：报表日期年。

对比类型：同比。

所选日期：2019 年(填写 2019 年对应的数字)。

计算：增长率。

间隔：1 年(2018 年)。

(4)设置“高级计算”-同比/环比。

日期字段：报表日期年。

对比类型：同比。

所选日期：2019 年(填写 2019 年对应的数字)。

计算：增长值。

间隔：1 年(2018 年)。

(5)选择显示图形。

建议图形：表格。

(6)点击【保存】。

营业收入增长率与增长额横向对比

任务 54　营业利润增长率与增长额横向对比

任务描述

财务大数据分析师对公司发展能力进行分析，要求首先对本期指标进行分析，再进行行业均值比较分析，最后对指标进行异常值监控、数据洞察与溯源。

对标企业(金岭矿业)的分析指标涉及：反映营业收入、营业利润、利润总额、资产、所有者权益的本期增长情况。

操作步骤

数据集：金岭资产负债+利润合集。

(1)新建可视化。

可视化命名为：营业利润增长率与增长额。

(2)设置维度与指标。

维度：无。

指标：营业利润、营业利润。

(3)设置“高级计算”-同比/环比。

日期字段：报表日期年。

对比类型：同比。

所选日期：2019 年(填写 2019 年对应的数字)。

计算：增长率。

间隔：1 年(2018 年)。

(4)设置“高级计算”-同比/环比。

日期字段：报表日期年。

对比类型：同比。

所选日期：2019 年（填写 2019 年对应的数字）。

计算：增长值。

间隔：1 年（2018 年）。

（5）选择显示图形。

建议图形：表格。

（6）点击【保存】。

营业利润增长率与增长额横向对比

任务 55　利润总额增长率与增长额横向对比

任务描述

财务大数据分析师对公司发展能力进行分析，要求首先对本期指标进行分析，再进行行业均值比较分析，最后对指标进行异常值监控、数据洞察与溯源。

对标企业（金岭矿业）的分析指标涉及：反映营业收入、营业利润、利润总额、资产、所有者权益的本期增长情况。

操作步骤

数据集：金岭资产负债+利润合集。

（1）新建可视化。

可视化命名为：利润总额增长率与增长额。

（2）设置维度与指标。

维度：无。

指标：利润总额、利润总额。

（3）设置“高级计算”-同比/环比。

日期字段：报表日期年。

对比类型：同比。

所选日期：2019 年（填写 2019 年对应的数字）。

计算：增长率。

间隔：1 年（2018 年）。

（4）设置“高级计算”-同比/环比。

日期字段：报表日期年。

对比类型：同比。

所选日期：2019 年（填写 2019 年对应的数字）。

计算：增长值。

间隔：1 年（2018 年）。

(5)选择显示图形。

建议图形：表格。

(6)点击【保存】。

利润总额增长率与增长额横向对比

任务 56　总资产增长率与增长额横向对比

任务描述

财务大数据分析师对公司发展能力进行分析，要求首先对本期指标进行分析，再进行行业均值比较分析，最后对指标进行异常值监控、数据洞察与溯源。

对标企业(金岭矿业)的分析指标涉及：反映营业收入、营业利润、利润总额、资产、所有者权益的本期增长情况。

操作步骤

数据集：金岭资产负债+利润合集。

(1)新建可视化。

可视化命名为：总资产增长率与增长额。

(2)设置维度与指标。

维度：无。

指标：资产总计、资产总计。

(3)指标汇总方式。

汇总方式：平均值。

(4)设置“高级计算”-同比/环比。

日期字段：报表日期年。

对比类型：同比。

所选日期：2019 年(填写 2019 年对应的数字)。

计算：增长率。

间隔：1 年(2018 年)。

(5)设置“高级计算”-同比/环比。

日期字段：报表日期年。

对比类型：同比。

所选日期：2019 年(填写 2019 年对应的数字)。

计算：增长值。

间隔：1 年(2018 年)。

(6)选择显示图形。

建议图形：表格。

(7)点击【保存】。

总资产增长率与增长额横向对比

任务57　所有者权益增长率与增长额横向对比

任务描述

财务大数据分析师对公司发展能力进行分析，要求首先对本期指标进行分析，再进行行业均值比较分析，最后对指标进行异常值监控、数据洞察与溯源。

对标企业(金岭矿业)的分析指标涉及：反映营业收入、营业利润、利润总额、资产、所有者权益的本期增长情况。

操作步骤

数据集：金岭资产负债+利润合集。

(1)新建可视化。

可视化命名为：所有者权益增长率与增长额。

(2)设置维度与指标。

维度：无。

指标：所有者权益总计、所有者权益总计。

(3)指标汇总方式。

汇总方式：平均值。

(4)设置“高级计算”-同比/环比。

日期字段：报表日期年。

对比类型：同比。

所选日期：2019年(填写2019年对应的数字)。

计算：增长率。

间隔：1年(2018年)。

(5)设置“高级计算”-同比/环比。

日期字段：报表日期年。

对比类型：同比。

所选日期：2019年(填写2019年对应的数字)。

计算：增长值。

间隔：1年(2018年)。

(6)选择显示图形。

建议图形：表格。

(7)点击【保存】。

所有者权益
增长率与增长额
横向对比

数据洞察与溯源

任务 58　营业利润下降原因洞察

任务描述

财务大数据分析师对公司发展能力进行分析，要求首先对本期指标进行分析，再进行行业均值比较分析，最后对指标进行异常值监控、数据洞察与溯源。

分析目标：洞察营业利润下降原因。

操作步骤

数据表：AJ 资产负债+利润合集。

(1)新建可视化。

可视化命名为：营业利润下降原因洞察。

(2)选择维度与指标。

维度：年。

指标：营业利润。

(3)设置显示图形。

建议图形：折线图。

(4)维度排序。

将维度"年"按升序排列。

(5)原因洞察。

将影响营业利润的指标放入指标区域，观察哪些因素的变化和营业利润的变化契合。

营业利润下降原因洞察

(6)操作完毕，点击【保存】。

【思考】影响营业利润的因素有哪些？

任务 59　所有者权益下降原因洞察

任务描述

财务大数据分析师对公司发展能力进行分析，要求首先对本期指标进行分析，再进行行业均值比较分析，最后对指标进行异常值监控、数据洞察与溯源。

分析目标：洞察所有者权益下降原因。

操作步骤

数据表：AJ 资产负债+利润合集。

(1)新建可视化。

可视化命名为：所有者权益下降原因洞察。

(2)选择维度与指标。

维度：年。

指标：所有者权益。

(3)指标汇总方式。

汇总方式：平均值。

【备注】考虑到AJ资产负债表数据为月度数据，此处将所有指标的汇总方式设置为平均值进行分析。

(4)设置显示图形。

建议图形：折线图。

(5)维度排序。

将维度“年”按升序排序。

(6)原因洞察。

将影响所有者权益的指标放入指标区域，观察哪些因素的变化和所有者权益的变化契合。

所有者权益下降原因洞察

(7)操作完毕，点击【保存】。

【思考】影响所有者权益的因素有哪些？

看板设计

任务60　发展能力看板设计

任务描述

财务大数据分析师对公司发展能力进行分析，要求首先对本期指标进行分析，再进行行业均值比较分析，最后对指标进行异常值监控、数据洞察与溯源。

发展能力看板设计

操作步骤

可参照视频完成看板设计。

8.1.7　项目成果

参照教学平台经营者角度财报分析模板完成分析报告。

8.2　投资者角度财报分析

投资者角度
财报分析

8.2.1　项目导入

1. 知识背景

(1)财务分析概述。

财务分析是以企业的财务报告等会计资料为基础，对企业的财务状况、经营成果和现金流量进行分析和评价的一种方法。

财务分析的作用：

1)评价企业在一定时期内的各种财务能力，从而分析企业经营活动中存在的问题，总结财务管理工作中的经验教训，促进企业经营活动，提高管理水平。

2)为企业外部投资者、债权人和其他有关部门以及人员提供更加系统完整的会计信息，为其投资决策、信贷决策和其他经济决策提供依据。

3)检查企业内部各职能部门和单位完成经营计划的情况，考核企业和单位的经营业绩，有利于企业建立和完善业绩评价体系，协调各种财务关系，保证企业财务目标的实现。

财务分析的主体：

财务分析根据分析主体的不同，可以分为内部分析和外部分析，如图 8-6 所示。

财务分析根据分析主体的不同，可以分为内部分析和外部分析

主体种类	含义	分析目的
内部分析	内部分析主要是指企业内部经营者对企业财务状况的分析	• 内部分析目的是判断和评价企业生产经营是否正常。 • 例如，通过对企业经营目标完成情况的分析，可考核与评价企业经营业绩，及时准确地发现企业的成绩与不足，为企业未来生产经营的顺利进行和提高经济效益指明方向
外部分析	外部分析主要是指企业外部的投资者、债权人及政府部门等，根据各自的需要对企业相关情况进行的分析	• 投资者分析关注的主要是企业的盈利能力与发展后劲，以及资本的保值与增值状况。 • 债权人分析主要看企业的偿债能力和信用情况，判断其本金和利息是否能及时、足额收回。 • 政府相关部门对企业的财务分析主要看企业的经营行为是否规范、合法，以及对社会的贡献状况

图 8-6　财务分析主体

(2)财务报表的分析方法。

财务报表是利用会计数据进行决策的一个基本工具，传统的财务报表都是以绝对的数值来列示各个项目的信息，但决策者想要进行更深入的分析时，比如分析构成总资产的各项资产的比重，或经营费用的变化趋势等，财务报表的绝对值就无法提供有效的信息了。此时，决策者需要将一系列的相关数据简化成根据一个既定基础计算得出的一系列百分比，再用这些百分比作为深入分析和决策的数据依据，这种方法就是财务报表分析。

财务报表安排分析常用方法：

1)比较分析法是指通过对比主要项目或指标值的变化，确定其差异，从而分析和判断财务状况和经营状况的一种方法。比较分析的标准有历史标准、行业标准、预算标准、经验标准等。按照比较形式的不同，比较分析法可以分为绝对数比较和相对数比较。

2)比率分析法是利用企业同一时期的会计报表中两个或两个以上指标之间的某种关联关系，计算出一系列财务比率，据以考察、分析和评价企业财务状况和经营业绩的分析方法。

3)趋势分析法是将连续数期的财务报表中的某些项目或指标进行比较，计算前后期的增减方向和幅度，并形成一系列具有可比性的百分比，以预测企业财务状况或经营成果的变动趋势的一种分析方法。这种分析方法不仅能够为财务报表阅读者提供财务报表中某些项目或指标的变动趋势，而且还可以通过对过去财务报表中某些项目或指标的发展变动规律的研究，揭示未来财务状况与经营成果的发展趋势。

4)因素分析法是依据分析指标与其影响因素之间的关系，按照一定的程序和方法，确定各因素对分析指标差异影响程度的一种方法。因素分析法根据其分析特点可分为连环替代法和差额计算法两种。

(3)财务报表分析的侧重点。

1)确定财务分析的范围，搜集有关的经济资料。

财务分析的范围取决于财务分析的目的，它可以是企业经营活动的某一方面，也可以是企业经营活动的全过程。如债权人可能只关心企业偿还债务的能力，不必对个业经营活动的全过程进行分析，而企业的经营管理者则需进行全面的财务分析。财务分析的范围决定了所要收集的经济资料的数量，分析范围小，所需资料也少，全面的财务分析，则需要收集企业各方面的经济资料。

2)选择适当的分析方法进行对比，作出评价。

财务分析的目的和范围不同，所选用的分析方法和指标也不同。常用的财务分析方法有比率分析法、比较分析法等，这些方法各有特点，在进行财务分析时可以单独使用，也可以结合使用。局部的财务分析可以只选择其中的某一种方法，全面的财务分析则应该综合运用各种方法，以便进行对比，做出客观和全面的财务评价。选择分析方法之后，就要确定分析指标。分析指标是根据财务分析的目的确定的，不同的分析目的所使用的分析指标也不同，如分析偿债能力应当采用流动比率、资产负债率等指标。

3) 进行因素分析，抓住主要矛盾。

通过财务分析，可以找出影响企业经营活动和财务状况的各种因素。在诸多因素中，有的是有利因素，有的是不利因素；有的是外部因素，有的是内部因素。在进行因素分析时，必须抓住主要矛盾，即影响企业生产经营活动和财务状况的主要因素，然后才能有的放矢，提出相应的办法，做出正确的决策。

4) 为作出经济决策，提供各种建议。

财务分析的最终目的是为经济决策提供依据。通过上述的比较与分析，就可以提出各种方案，然后权衡各种方案的利弊与得失，从中选出最佳方案，做出经济决策。这个过程也是一个信息反馈过程，决策者可以通过财务分析总结经验，吸取教训，以改进工作。

(4) 财务报表的分析内容。

1) 资产负债表。

资产负债表提供了企业的资产结构、资产流动性、资金来源状况、负债水平以及负债结构等财务信息。通过对资产负债表进行分析，可以了解企业的偿债能力、营运能力等方面的信息，为债权人、投资者以及企业管理者提供决策依据。

2) 利润表。

利润表也称损益表，是反映企业在一定期间生产经营成果的财务报表。通过利润表可以考核企业利润计划的完成情况，分析企业的盈利能力以及利润增减变化的原因，预测企业利润的发展趋势，为投资者及企业管理者等提供对决策有用的财务信息。

3) 现金流量表。

现金流量表是以现金及现金等价物为基础编制的财务状况变动表。它为财务报表使用者提供企业一定会计期间内现金和现金等价物流入和流出的信息，以便报表使用者了解和评价企业获取现金和现金等价物的能力，并以此预测企业未来的现金流量。

4) 盈利能力分析。

获取利润是企业的主要经营目标之一，企业的盈利能力反映了企业的综合素质。企业要生存和发展，必须争取获得较高的利润，这样才能在竞争中立于不败之地。投资者和债权人都十分关心企业的盈利能力，盈利能力强可以提高企业偿还债务的能力，提升企业的信誉。对企业盈利能力的分析不能仅看其获取利润的绝对数，还应分析其相对指标，这些都可以通过财务分析来实现。

5) 偿债能力分析。

偿债能力是指企业偿还到期债务的能力。通过对企业的财务报告等会计资料进行分析，可以了解企业资产的流动性、负债水平以及偿还债务的能力，从而评价企业的财务状况和财务风险，为管理者、投资者和债权人提供企业偿债能力的财务信息。

6) 营运能力分析。

营运能力反映了企业对资产的利用和管理能力。企业的生产经营过程就是利用资产取得收益的过程。资产是企业生产经营活动的经济资源，对资产的利用和管理能力直接影响企业的收益，它体现了企业的经营能力。对营运能力进行分析，可以了解企业资产的保值和增值情况，分析企业资产的利用效率、管理水平、资金周转状况、现金流量状况等，能够为评价企业的经营管理水平提供依据。

7)发展能力分析。

无论是企业的管理者还是投资者、债权人，都十分关注企业的发展能力，因为这关系他们的切身利益。通过对企业发展能力进行分析，可以判断企业的发展潜力，预测企业的经营前景，从而为企业管理者和投资者进行经营决策和投资决策提供重要依据，避免决策失误带来的重大经济损失。

(5)大数据对财务报表分析的影响。

1)数据来源的影响。

传统的财务分析数据主要来源于内部财务账表以货币计量的结构化数据。大数据时代，财务分析数据的来源除了内部财务账表以及货币计量的结构化数据外，还有各类非结构化数据、业务数据等，并且可用的外部数据也越来越多。

2)分析方法的影响。

财务分析方法有很多种，主要包括趋势分析法、比率分析法、因素分析法。传统财务分析以企业内部数据对比分析(纵向对比分析)为主，横向对比分析由于可取的外部数据受限而较少采用。大数据时代，由于大数据处理方法的应用，尤其是数据挖掘技术、爬虫技术的应用，使得获取外部数据变得容易，因而横向对比分析也变得更为容易。

3)分析思路的影响。

传统财务分析偏重于因果分析，遵循从结果到原因的分析思路。大数据时代的财务分析偏重于相关分析，即从某一相关事物的变化去分析另一相关事物是否发生变化，如没有变化或者变化不合常规，再分析其影响因素，以解释没有变化或者变化不合常规是否合理。

2. 项目背景

(1)项目企业介绍。

项目企业信息如图 8-7 所示。

基本信息

企业全称	新奥洁矿业有限公司		
企业简称	新奥洁(AJHXJL)		
注册资本(元)	100 000 000	公司类型	有限责任公司
成立时间	2003年	雇佣人数	3 200人
企业简介	集矿山采选技术研究、矿产资源勘查、矿山设计、矿山投资开发、矿产品加工、销售于一体的集团化企业。		

图 8-7　企业基本信息

企业规模：

总公司下辖 28 家子公司，拥有矿山 31 个，资源占有量 16.61 亿吨。其中，铁矿资源 8.97 亿吨，钼矿资源 4.9 亿吨，原煤资源 1.3 亿吨，方解石资源 463 万吨，远景储量 1 000 万吨，铜矿资源 930 万吨。

公司现有员工 3 200 人。其中，博士、硕士学位人才 20 余人，学士学位人才 100 余人，各专业技术人才 1 500 人。

企业资源：

目前已投产的铁矿山 22 个，煤矿 2 个，钼矿 1 个，方解石矿 1 个，铜矿 1 个。年产铁精粉 550 万吨，钼精粉 15 000 吨，铜金属 4 200 吨，锌精粉 3 000 吨，铅精粉 8 000 吨，磷精粉 110 万吨，硫精粉 15 万吨，硫酸 11 万吨，硫酸钾 4 万吨，磷酸氢钙 2 万吨。公司通过自主勘查与合作勘查，在内蒙古、青海、云南、西藏、河北等地拥有铁、铜、煤等资源探矿权。

企业组织结构，如图 8-8 所示。

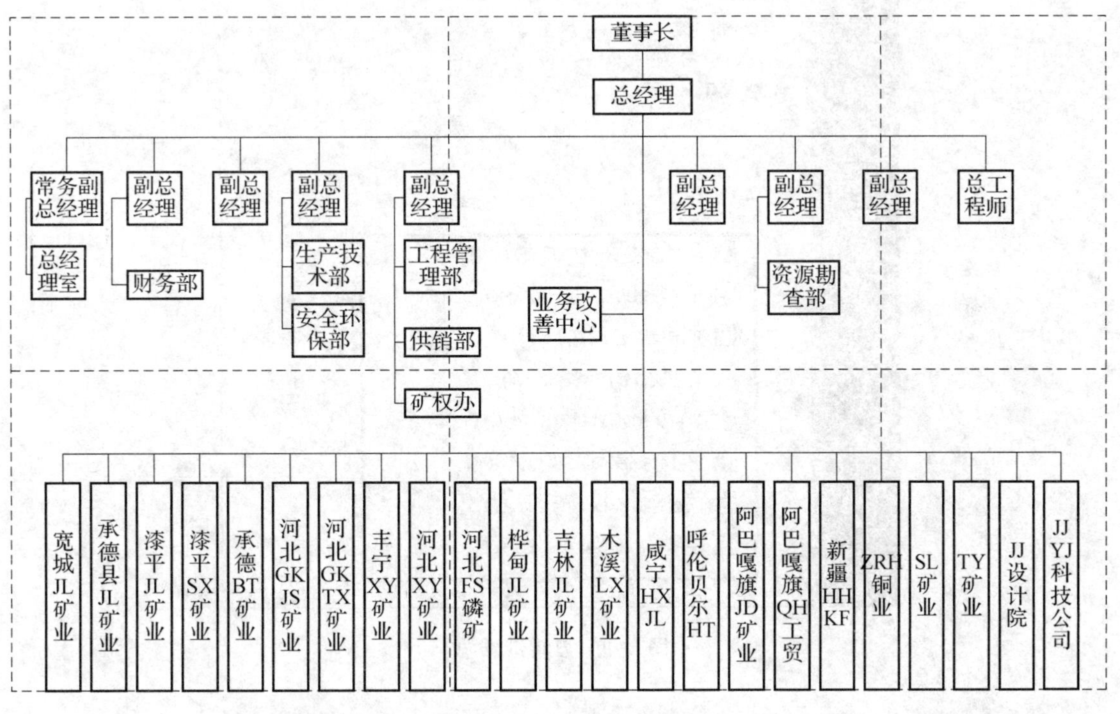

图 8-8　企业组织结构

企业投资需求：

公司投资部在物色新的投资对象，因为“有色金属冶炼及压延加工业”是该公司的下游行业，公司想从该行业中筛选出一个综合能力表现优秀的企业进行投资。

【思考】

1. 应该从哪些方面去分析一家企业?

2. 可以使用哪些指标?

8.2.2 数据准备

1. 查看数据源

数据源为上交所上市公司 2014—2021 年的财报数据，该数据已经采集清洗完毕，内置在分析云中，如图 8-9 所示。

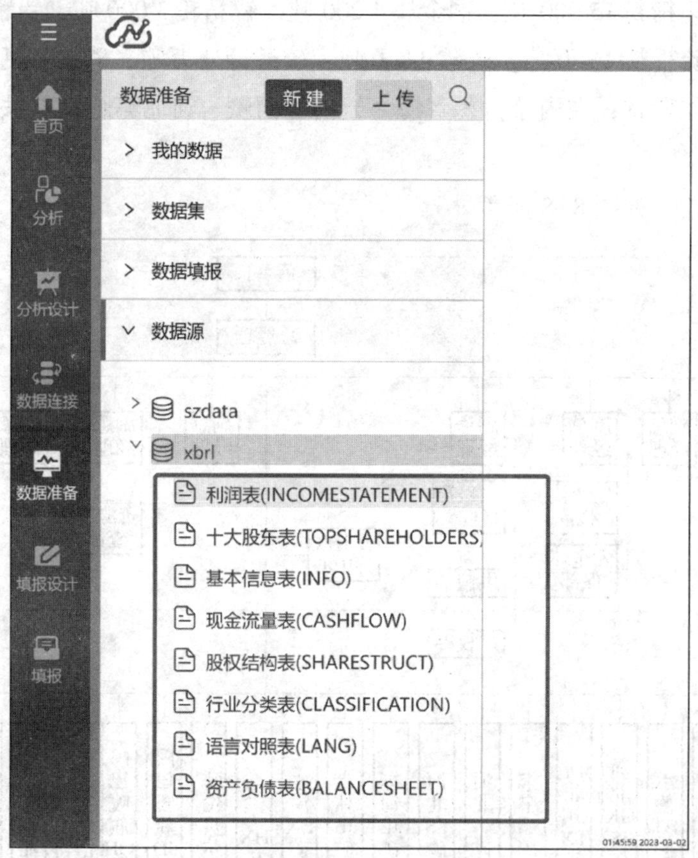

图 8-9　查看数据源

该数据源的 5 张表之间已经建立好关联关系，关联后的表名为“xbrl”，在“数据集”目录下，如图 8-10 标注处所示。投资者角度财报分析的数据源表均为“xbrl”，可以直接引用。

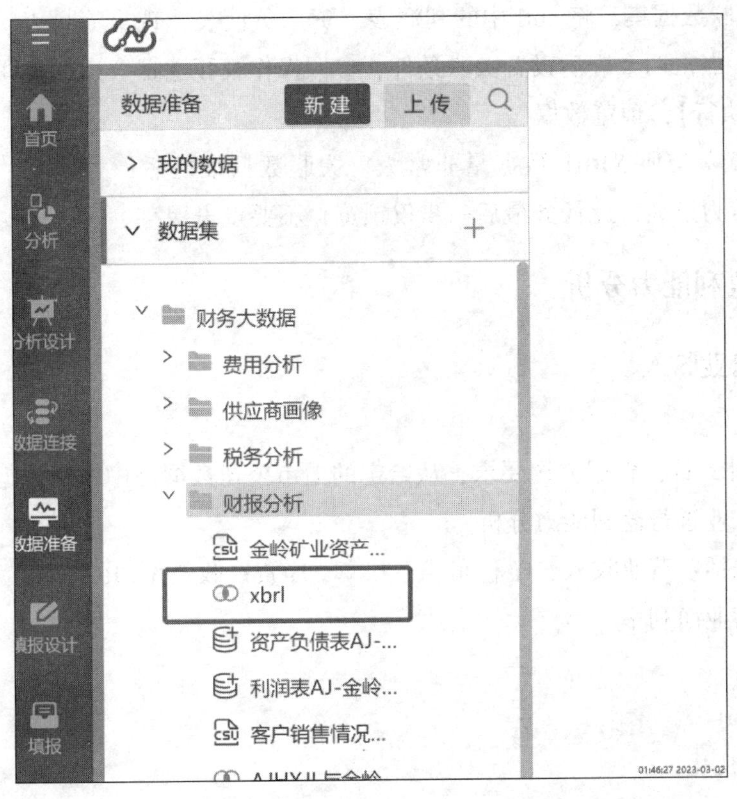

图 8-10 xbrl 数据集

任务 1 阅览上交所 XBRL 网站

任务描述

阅览教学专用上交所 XBRL 网站。

操作步骤

(1)查看列表页面。

(2)点击任意财报，进入财报详情页面。

(3)点击上方的财报类型筛选框，选择对应的财报季度和年份后确定。

(4)点击切换基本信息表、利润表等表格。

阅览上交所 XBRL 网站

任务 2 关联 XBRL 数据集

任务描述

在对上交所上市公司进行分析之前，需要将已采集完成的数据表：利润表、资产负债表、现金流量表和行业分类表进行数据关联。

操作步骤

(1)在数据源中找到 xbrl。

(2)新建关联数据集，将 xbrl 中的利润表、资产负债表、现金流量表、行业分类表拖放到数据集中，点击两个表后设置关联条件，参照操作视频选择合适的关联条件字段。

(3)点击【执行】，预览数据。

【备注】由于上交所 XBRL 数据量非常大，关联数据集之后，为避免电脑系统计算压力过大，此任务最后一步仅预览，不要点击保存。

关联 XBRL 数据集

8.2.3 盈利能力分析

任务 3 营业收入

任务描述

2019 年 1 月 5 日，根据公司要求，从给定的上市公司数据源中提取数据，对有色金属冶炼及压延加工业进行盈利能力分析。

分析指标包括：营业收入、净利润、毛利率、净资产收益率(ROE)、营业利润率、总资产报酬率、营业净利率。

操作步骤

数据表：xbrl。

(1)新建可视化。

可视化命名为：营业收入。

(2)选择维度与指标。

维度：企业简称。

指标：营业收入。

(3)添加过滤。

过滤条件：报表类型 = 5000(5000 为上交所年报类型)、报表年份 = 2018、行业 = 有色金属冶炼及压延加工业。

(4)指标排序。

将指标“营业收入”按升序排序。

(5)选择显示图形。

建议图形：条形图。

(6)显示设置。

设置显示格式为：显示后 20。

(7)点击【保存】。

营业收入

任务 4　净利润

任务描述

2019 年 1 月 5 日，根据公司要求，从给定的上市公司数据源中提取数据，对有色金属冶炼及压延加工业进行盈利能力分析。

分析指标包括：营业收入、净利润、毛利率、净资产收益率(ROE)、营业利润率、总资产报酬率、营业净利率。

操作步骤

数据表：xbrl。

(1)新建可视化。

可视化命名为：净利润。

(2)选择维度与指标。

维度：企业简称。

指标：净利润。

(3)添加过滤。

过滤条件：报表类型=5000、报表年份=2018、行业=有色金属冶炼及压延加工业。

(4)指标排序。

将指标“净利润”按升序排序。

(5)选择显示图形。

建议图形：条形图。

(6)显示设置。

设置显示格式为：显示后 20。

(7)点击【保存】。

净利润

任务 5　毛利率

任务描述

2019 年 1 月 5 日，根据公司要求，从给定的上市公司数据源中提取数据，对有色金属冶炼及压延加工业进行盈利能力分析。

分析指标包括：营业收入、净利润、毛利率、净资产收益率(ROE)、营业利润率、总资产报酬率、营业净利率。

操作步骤

数据表：xbrl。

(1)新建可视化。

可视化命名为：毛利率。

(2)新建字段。

字段名：毛利率。

字段类型：数字型。

计算公式：(sum(营业收入(元))-sum(营业成本(元)))×100/sum(营业收入(元))。

(3)选择维度与指标。

维度：企业简称。

指标：毛利率。

(4)添加过滤。

过滤条件：报表类型=5000、报表年份=2018、行业=有色金属冶炼及压延加工业。

(5)指标排序。

将指标“毛利率”按升序排序。

(6)选择显示图形。

建议图形：条形图。

(7)显示设置。

设置显示格式为：显示后20。

(8)点击【保存】。

毛利率

任务6　净资产收益率

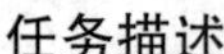

任务描述

2019年1月5日，根据公司要求，从给定的上市公司数据源中提取数据，对有色金属冶炼及压延加工业进行盈利能力分析。

分析指标包括：营业收入、净利润、毛利率、净资产收益率(ROE)、营业利润率、总资产报酬率、营业净利率。

操作步骤

数据表：xbrl。

(1)新建可视化。

可视化命名为：净资产收益率。

(2)新建字段。

字段名：净资产收益率。

字段类型：数字型。

计算公式：sum(净利润(元))×100/avg(所有者权益(或股东权益)(元))。

(3)选择维度与指标。

维度：企业简称。

指标：净资产收益率。

(4)添加过滤。

过滤条件：报表类型=5000、报表年份=2018、行业=有色金属冶炼及压延加工业。

(5)指标排序。

将指标"净资产收益率"按升序排序。

(6)选择显示图形。

建议图形：条形图。

(7)显示设置。

设置显示格式为：显示后 20。

(8)点击【保存】。

净资产收益率(ROE)

任务 7　营业利润率

任务描述

2019 年 1 月 5 日，根据公司要求，从给定的上市公司数据源中提取数据，对有色金属冶炼及压延加工业进行盈利能力分析。

分析指标包括：营业收入、净利润、毛利率、净资产收益率(ROE)、营业利润率、总资产报酬率、营业净利率。

操作步骤

数据表：xbrl。

(1)新建可视化。

可视化命名为：营业利润率。

(2)新建字段。

字段名：营业利润率。

字段类型：数字型。

计算公式：sum(营业利润(元))×100/sum(营业收入(元))。

(3)选择维度与指标。

维度：企业简称。

指标：营业利润率。

(4)添加过滤。

过滤条件：报表类型=5000、报表年份=2018、行业=有色金属冶炼及压延加工业。

(5)指标排序。

将指标"营业利润率"按升序排序。

(6)选择显示图形。

建议图形：条形图。

(7)显示设置。

设置显示格式为：显示后 20。

(8)点击【保存】。

营业利润率

任务 8　总资产报酬率

任务描述

2019 年 1 月 5 日，根据公司要求，从给定的上市公司数据源中提取数据，对有色金属冶炼及压延加工业进行盈利能力分析。

分析指标包括：营业收入、净利润、毛利率、净资产收益率(ROE)、营业利润率、总资产报酬率、营业净利率。

操作步骤

数据表：xbrl。

(1)新建可视化。

可视化命名为：总资产报酬率

(2)新建字段。

字段名：总资产报酬率。

字段类型：数字型。

计算公式：(sum(财务费用(元))+sum(利润总额(元)))×100/avg(资产总计(元))。

(3)选择维度与指标。

维度：企业简称。

指标：总资产报酬率。

(4)添加过滤。

过滤条件：报表类型=5000、报表年份=2018、行业=有色金属冶炼及压延加工业。

(5)指标排序。

将指标“总资产报酬率”按升序排序。

(6)选择显示图形。

建议图形：条形图。

(7)显示设置。

设置显示格式为：显示后 20。

(8)点击【保存】。

总资产报酬率

任务 9　营业净利率

任务描述

2019 年 1 月 5 日，根据公司要求，从给定的上市公司数据源中提取数据，对有色金属冶炼及压延加工业进行盈利能力分析。

分析指标包括：营业收入、净利润、毛利率、净资产收益率（ROE）、营业利润率、总资产报酬率、营业净利率。

操作步骤

数据表：xbrl。

（1）新建可视化。

可视化命名为：营业净利率。

（2）新建字段。

字段名：营业净利率。

字段类型：数字型。

计算公式：sum（净利润（元））×100/sum（营业收入（元））。

（3）选择维度与指标。

维度：企业简称。

指标：营业净利率。

（4）添加过滤。

过滤条件：报表类型＝5000、报表年份＝2018、行业＝有色金属冶炼及压延加工业。

（5）指标排序。

将指标“营业净利率”按升序排序。

（6）选择显示图形。

建议图形：条形图或柱状图

（7）显示设置。

设置显示格式为：显示后 20。

（8）点击【保存】。

营业净利率

8.2.4　偿债能力分析

任务 10　流动比率

任务描述

2019 年 1 月 5 日，根据公司要求，从给定的上市公司数据源中提取数据，对有色金属冶炼及压延加工业进行偿债能力分析。

分析指标包括：流动比率、速动比率、现金比率、资产负债率。

操作步骤

数据表：xbrl。

(1)新建可视化。

可视化命名为：流动比率。

(2)新建字段：

字段名：流动比率。

字段类型：数字型。

计算公式：avg(流动资产合计(元))/avg(流动负债合计(元))。

【备注】流动比率指标通常采用小数形式表示，因此公式中不用乘以 100 转化为百分数形式。

(3)选择维度与指标。

维度：企业简称。

指标：流动比率。

(4)添加过滤。

过滤条件：报表类型=5000、报表年份=2018、行业=有色金属冶炼及压延加工业。

(5)指标排序。

将指标"流动比率"按升序排序。

(6)选择图形。

建议图形：条形图。

(7)显示设置。

设置显示格式为：显示后 20。

(8)添加辅助线。

设置流动比率固定值 1.5。

(9)点击【保存】。

流动比率

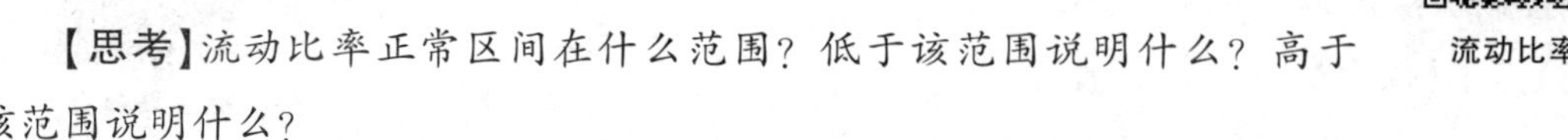

【思考】流动比率正常区间在什么范围？低于该范围说明什么？高于该范围说明什么？

任务 11　速动比率

任务描述

2019 年 1 月 5 日，根据公司要求，从给定的上市公司数据源中提取数据，对有色金属冶炼及压延加工业进行偿债能力分析。

分析指标包括：流动比率、速动比率、现金比率、资产负债率。

操作步骤

数据表：xbrl。

(1)新建可视化。

可视化命名为：速动比率。

(2)新建字段。

字段名：速动比率。

字段类型：数字型。

计算公式：(avg(流动资产合计(元))-avg(存货(元)))/avg(流动负债合计(元))。

【备注】速动比率指标通常采用小数形式表示，因此公式中不用乘以 100 转化为百分数形式。

(3)选择维度与指标。

维度：企业简称。

指标：速动比率。

(4)添加过滤。

过滤条件：报表类型=5000、报表年份=2018、行业=有色金属冶炼及压延加工业。

(5)指标排序。

将指标“速动比率”按升序排序。

(6)选择显示图形。

建议图形：条形图。

(7)显示设置。

设置显示格式为：显示后 20。

(8)添加辅助线。

设置速动比率固定值 1。

(9)点击【保存】。

速动比率

【思考】速动比率正常区间在什么范围？低于该范围说明什么？高于该范围说明什么？

任务 12　现金比率

任务描述

2019 年 1 月 5 日，根据公司要求，从给定的上市公司数据源中提取数据，对有色金属冶炼及压延加工业进行偿债能力分析。

分析指标包括：流动比率、速动比率、现金比率、资产负债率。

操作步骤

数据表：xbrl。

(1)新建可视化。

可视化命名为：现金比率。

(2)新建字段。

字段名：现金比率。

字段类型：数字型。

计算公式：(avg(货币资金(元))+avg(交易性金融资产(元)))/avg(流动负债合计(元))。

【备注】现金比率指标通常采用小数形式表示，因此公式中不用乘以100转化为百分数形式。

(3)选择维度与指标。

维度：企业简称。

指标：现金比率。

(4)添加过滤。

过滤条件：报表类型=5000、报表年份=2018、行业=有色金属冶炼及压延加工业。

(5)指标排序。

将指标"现金比率"按升序排序。

(6)选择显示图形。

建议图形：条形图。

(7)显示设置。

设置显示格式为：显示后20。

(8)添加辅助线。

设置现金比率固定值0.2。

(9)点击【保存】。

现金比率

任务13　资产负债率

任务描述

2019年1月5日，根据公司要求，从给定的上市公司数据源中提取数据，对有色金属冶炼及压延加工业进行偿债能力分析。

分析指标包括：流动比率、速动比率、现金比率、资产负债率。

操作步骤

数据表：xbrl。

(1)新建可视化。

可视化命名为：资产负债率。

(2)新建字段。

字段名：资产负债率。

字段类型：数字型。

计算公式：avg(负债合计(元))×100/avg(资产总计(元))。

(3)选择维度与指标。

维度：企业简称。

指标：资产负债率。

(4)添加过滤。

过滤条件：报表类型=5000、报表年份=2018、行业=有色金属冶炼及压延加工业。

(5)指标排序。

将指标“资产负债率”按升序排序。

(6)选择图形。

建议图形：条形图。

(7)显示设置。

设置显示格式为：显示后 20。

(8)添加预警线。

设置预警指标满足“任一条件”。

条件：资产负债率>70。

添加预警人员：

预警设置：预警级别及预警线颜色。

(9)点击【保存】。

资产负债率

8.2.5　营运能力分析

任务 14　总资产周转天数

任务描述

2019 年 1 月 5 日，根据公司要求，从给定的上市公司数据源中提取数据，对有色金属冶炼及压延加工业进行营运能力分析。

分析指标包括：总资产周转天数、固定资产周转天数、流动资产周转天数、应收账款周转天数。

操作步骤

数据表：xbrl。

(1)新建可视化。

可视化命名为：总资产周转天数。

(2)新建计算字段。

字段名：总资产周转天数。

数据类型：数字型。

计算公式：365×avg(资产总计(元))/sum(营业收入(元))。

(3)选择维度与指标。

维度：企业简称。

指标：总资产周转天数。

(4)设置过滤条件。

过滤条件：报表类型=5000、报表年份=2018、行业=有色金属冶炼及压延加工业。

(5)选择显示图形。

建议图形：条形图。

(6)指标排序。

将指标"总资产周转天数"按降序排列。

(7)显示设置。

设置显示格式为：显示后 20。

(8)点击【保存】。

总资产周转天数

任务 15　固定资产周转天数

任务描述

2019 年 1 月 5 日，根据公司要求，从给定的上市公司数据源中提取数据，对有色金属冶炼及压延加工业进行营运能力分析。

分析指标包括：总资产周转天数、固定资产周转天数、流动资产周转天数、应收账款周转天数。

操作步骤

数据集：xbrl。

(1)新建可视化。

可视化命名为：固定资产周转天数。

(2)新建计算字段。

字段名：固定资产周转天数。

数据类型：数字型。

计算公式：365×avg(固定资产净额(元))/sum(营业收入(元))。

(3)选择维度与指标。

维度：企业简称。

指标：固定资产周转天数。

(4)设置过滤条件。

过滤条件：报表类型＝5000、报表年份＝2018、行业＝有色金属冶炼及压延加工业。

(5)选择显示图形。

建议图形：条形图。

(6)指标排序。

将指标“固定资产周转天数”按降序排列。

(7)显示设置。

设置显示格式为：显示后 20。

(8)点击【保存】。

固定资产周转天数

任务 16　流动资产周转天数

任务描述

2019 年 1 月 5 日，根据公司要求，从给定的上市公司数据源中提取数据，对有色金属冶炼及压延加工业进行营运能力分析。

分析指标包括：总资产周转天数、固定资产周转天数、流动资产周转天数、应收账款周转天数。

操作步骤

数据表：xbrl。

(1)新建可视化。

可视化命名为：流动资产周转天数。

(2)新建字段。

字段名：流动资产周转天数。

字段类型：数字型。

计算公式：365×avg(流动资产合计(元))/sum(营业收入(元))。

(3)选择维度与指标。

维度：企业简称。

指标：流动资产周转天数。

(4)添加过滤。

过滤条件：报表类型＝5000、报表年份＝2018、行业＝有色金属冶炼及压延加工业。

(5)指标排序。

将指标“流动资产周转天数”按降序排列。

(6)选择显示图形。

建议图形：条形图。

(7)显示设置。

设置显示格式为：显示后20。

(8)点击【保存】。

流动资产周转天数

任务17 应收账款周转天数

任务描述

2019年1月5日，根据公司要求，从给定的上市公司数据源中提取数据，对有色金属冶炼及压延加工业进行营运能力分析。

分析指标包括：总资产周转天数、固定资产周转天数、流动资产周转天数、应收账款周转天数。

操作步骤

数据表：xbrl。

(1)新建可视化。

可视化命名：应收账款周转天数。

(2)新建字段。

字段名：应收账款周转天数。

字段类型：数字型。

计算公式：365×avg(应收账款(元))/sum(营业收入(元))。

(3)选择维度与指标。

维度：企业简称。

指标：应收账款周转天数。

(4)添加过滤。

过滤条件：报表类型=5000、报表年份=2018、行业=有色金属冶炼及压延加工业。

(5)指标排序。

将指标“应收账款周转天数”按降序排列。

(6)选择显示图形。

建议图形：条形图。

(7)显示设置。

设置显示格式为：显示后20。

(8)点击【保存】。

应收账款周转天数

8.2.6　发展能力分析

任务18　总资产增长率

任务描述

根据公司要求，从给定的上市公司数据源中提取数据，对有色金属冶炼及压延加工业进行发展能力分析。

分析指标包括：总资产增长率、销售收入增长率、净利润增长率、总资产增长量、销售收入增长量、净利润增长量。

操作步骤

数据集：xbrl。

(1)新建可视化。

可视化命名为：总资产增长率。

(2)设置维度与指标。

维度：企业简称。

指标：资产总计。

(3)设置过滤条件。

过滤条件：报表类型=5000、行业=有色金属冶炼及压延加工业。

(4)设置“高级计算”-同比/环比。

日期字段：报表日期年。

对比类型：同比。

所选日期：2018年(此处根据当前年份与2018年之差，填写具体数字，如当前年份为2021年，此处应填写4，对应年份就是2018年)。

计算：增长率。

间隔：1年(系统自动带出2017年)。

(5)选择显示图形。

建议图形：条形图。

(6)指标排序。

将指标“总资产增长率”按升序排列。

(7)显示设置。

设置显示格式为：显示后20。

(8)点击【保存】。

总资产增长率

任务 19　销售收入增长率

任务描述

根据公司要求，从给定的上市公司数据源中提取数据，对有色金属冶炼及压延加工业进行发展能力分析。

分析指标包括：总资产增长率、销售收入增长率、净利润增长率、总资产增长量、销售收入增长量、净利润增长量。

操作步骤

数据集：xbrl。

(1)新建可视化。

可视化命名为：销售收入增长率。

(2)设置维度与指标。

维度：企业简称。

指标：营业收入。

(3)设置过滤条件。

过滤条件：报表类型=5000、行业=有色金属冶炼及压延加工业。

(4)设置“高级计算”-同比/环比。

日期字段：报表日期年。

对比类型：同比。

所选日期：2018 年(此处根据当前年份与 2018 年之差，填写具体数字，如当前年份为 2021 年，此处应填写 4，对应年份就是 2018 年)。

计算：增长率。

间隔：1 年(系统自动带出 2017 年)。

(5)选择显示图形。

建议图形：条形图。

(6)指标排序。

将指标“销售收入增长率”按升序排列。

(7)显示设置。

设置显示格式为：显示后 20。

(8)点击【保存】。

销售收入增长率

任务 20　净利润增长率

任务描述

根据公司要求，从给定的上市公司数据源中提取数据，对有色金属冶炼及压延加工业

进行发展能力分析。

分析指标包括：总资产增长率、销售收入增长率、净利润增长率、总资产增长量、销售收入增长量、净利润增长量。

操作步骤

数据集：xbrl。

(1)新建可视化。

可视化命名为：净利润增长率。

(2)设置维度与指标。

维度：企业简称。

指标：净利润。

(3)设置过滤条件

过滤条件：报表类型=5000、行业=有色金属冶炼及压延加工业。

(4)设置"高级计算"-同比/环比。

日期字段：报表日期年。

对比类型：同比。

所选日期：2018 年(此处根据当前年份与 2018 年之差，填写具体数字，如当前年份为 2021 年，此处应填写 4，对应年份就是 2018 年)。

计算：增长率。

间隔：1 年(系统自动带出 2017 年)。

(5)选择显示图形。

建议图形：条形图。

(6)指标排序。

将指标"净利润增长率"按升序排列。

(7)显示设置。

设置显示格式为：显示后 20。

(8)点击【保存】。

净利润增长率

任务 21 总资产增长量

任务描述

根据公司要求，从给定的上市公司数据源中提取数据，对有色金属冶炼及压延加工业进行发展能力分析。

分析指标包括：总资产增长率、销售收入增长率、净利润增长率、总资产增长量、销售收入增长量、净利润增长量。

操作步骤

数据集：xbrl。

可复制任务19总资产增长率可视化看板，重新设置“高级计算”-同比/环比，或按照下面步骤操作。

(1)新建可视化。

可视化命名为：总资产增长量。

(2)设置维度与指标。

维度：企业简称。

指标：资产总计。

(3)设置过滤条件。

过滤条件：报表类型=5000、行业=有色金属冶炼及压延加工业。

(4)设置“高级计算”-同比/环比。

日期字段：报表日期年。

对比类型：同比。

所选日期：2018年(此处根据当前年份与2018年之差，填写具体数字，如当前年份为2021年，此处应填写4，对应年份就是2018年)。

计算：增长值。

间隔：1年(系统自动带出2017年)。

(5)选择显示图形。

建议图形：条形图。

(6)指标排序。

将指标“总资产增长量”按升序排列。

(7)显示设置。

设置显示格式为：显示后20。

(8)数据格式设置。

缩放率：100 000 000。

千分位：启用。

小数位：2。

(9)设置显示名。

别名更改为：资产总计增长量(亿元)。

(10)点击【保存】。

总资产增长量

任务 22　销售收入增长量

任务描述

根据公司要求，从给定的上市公司数据源中提取数据，对有色金属冶炼及压延加工业进行发展能力分析。

分析指标包括：总资产增长率、销售收入增长率、净利润增长率、总资产增长量、销售收入增长量、净利润增长量。

操作步骤

数据集：xbrl。

可复制任务 20 销售收入增长率可视化看板，重新设置“高级计算”-同比/环比，或按照下面步骤操作。

(1)新建可视化。

可视化命名为：销售收入增长量。

(2)设置维度与指标。

维度：企业简称。

指标：营业收入。

(3)设置过滤条件。

过滤条件：报表类型=5000、行业=有色金属冶炼及压延加工业。

(4)设置“高级计算”-同比/环比。

日期字段：报表日期年。

对比类型：同比。

所选日期：2018 年(此处根据当前年份与 2018 年之差，填写具体数字，如当前年份为 2021 年，此处应填写 4，对应年份就是 2018 年)。

计算：增长值。

间隔：1 年(系统自动带出 2017 年)。

(5)选择显示图形。

建议图形：条形图。

(6)指标排序。

将指标“销售收入增长量”按升序排列。

(7)显示设置。

设置显示格式为：显示后 20。

(8)数据格式设置。

缩放率：100 000 000。

千分位：启用。

小数位：2。

(9)设置显示名。

别名更改为：营业收入增长量(亿元)。

(10)点击【保存】。

销售收入增长量

任务23　净利润增长量

任务描述

根据公司要求，从给定的上市公司数据源中提取数据，对有色金属冶炼及压延加工业进行发展能力分析。

分析指标包括：总资产增长率、销售收入增长率、净利润增长率、总资产增长量、销售收入增长量、净利润增长量。

操作步骤

数据集：xbrl。

可复制任务21净利润增长率可视化看板，重新设置“高级计算”-同比/环比，或按照下面步骤操作。

(1)新建可视化。

可视化命名为：净利润增长量。

(2)设置维度与指标。

维度：企业简称。

指标：净利润。

(3)设置过滤条件。

过滤条件：报表类型=5000、行业=有色金属冶炼及压延加工业。

(4)设置“高级计算”-同比/环比。

日期字段：报表日期年。

对比类型：同比。

所选日期：2018年(此处根据当前年份与2018年之差，填写具体数字，如当前年份为2021年，此处应填写4，对应年份就是2018年)。

计算：增长值。

间隔：1年(系统自动带出2017年)。

(5)选择显示图形。

建议图形：条形图。

(6)指标排序。

将指标“净利润增长量”按升序排列。

(7)显示设置。

设置显示格式为：显示后 20。

(8)数据格式设置。

缩放率：100 000 000。

千分位：启用。

小数位：2。

(9)设置显示名。

别名更改为：净利润增长量(亿元)。

(10)点击【保存】。

净利润增长量

8.2.7　可视化看板提交

结合四大能力分析，调用可视化看板，组合成一个可视化看板，并将此看板提交。

8.2.8　项目成果

参照教学平台投资者角度财报分析模板完成分析报告。

随堂测验

一、单选题

1. 流动比率和现金流量比率都是用来反映企业短期偿债能力的主要指标，但是财务界通常认为后者更加科学，这是因为后者契合了(　　)的会计假设。

A. 货币计量假设　　B. 持续经营假设

C. 主体假设　　D. 分期假设

2. 从企业债权人角度看，财务分析的最直接目的是(　　)。

A. 企业的盈利能力　　B. 企业的营运能力

C. 企业的偿债能力　　D. 企业的发展能力

3. 可以提供企业变现能力信息的会计报表是(　　)。

A. 现金流量表　　B. 所有者权益明细表

C. 资产负债表　　D. 利润分配表

4. 企业的经营者为了寻求经营管理情报而进行的分析属于(　　)。

A. 内部分析　　B. 外部分析

C. 流动性分析　　D. 收益性分析

5. 在进行财务分析工作时，分析工作的开始点和关键点是(　　)。

A. 搜集分析资料　　B. 进行具体分析

C. 明确分析目标　　D. 编写分析报告

6. 减少企业流动资产变现能力的因素是(　　)。

A. 取得商业承兑汇　　B. 未决诉讼形成的或有负债

C. 有可动用的银行贷款指标　　D. 长期投资到期收回

7. 要想取得财务杠杆效应，应当使全部资本利润率(　　)借款利息率。

A. 大于　　B. 小于　　C. 等于　　D. 无关系

8. 速动比率的计算公式是(　　)。

A. 流动资产÷流动负债

B. (货币资金+交易性金融资产+应收账款+应收票据+其他应收款)÷流动负债

C. (货币资金+交易性金融资产)÷流动负债

D. (货币资金+交易性金融资产+应收账款)/资产总额

9. 存货周转率的计算公式为(　　)。

A. 销货成本/平均存货余额　　B. 利润总额/平均存货余额

C. 赊销净额/应收账款期末数　　D. 销货成本/存货期末余额

10. 总资产增长率的计算公式为(　　)。

A. 年末资产总额/年初资产总额×100%

B. (年末资产总额-年初资产总额)/年初资产总额×100%

C. 年末所有者权益总额/年初资产总额×100%

D. (年末所有者权益总额-年初所有者权益总额)/年初所有者权益总额×100%

11. 某企业年度营业收入为 3 000 万元，年初应收账款余额 258 万元，年末应收账款余额 342 万元，则应收账款周转天数为(　　)。

A. 10 天　　B. 36 天　　C. 5 天　　D. 73 天

12. 在财务分析中，最关心全额资本保值增值情况和盈利能力的利益主体是(　　)。

A. 企业经营者　　B. 企业所有者　　C. 企业债权人　　D. 政府经济管理机构

13. 在流动比率为 1.2 时，赊购原材料 5 000 元(不考虑增值税)，将会(　　)。

A. 增大流动比率　　　　B. 降低流动比率

C. 不影响流动比率　　　　D. 增大流动比率或降低流动比率

14. 某企业 2020 年初与年末股东权益分别为 3 000 万元和 3 300 万元，则资本保值增值率为(　　)。

A. 0.1　　　　B. 1.1000000000000001

C. 0.9　　　　D. 1.5

15. 某企业 2020 年实现税后利润 135 万元，利息费用 80 万元，所得税为 65 万元，则利息保障倍数为(　　)。

A. 1.69　　B. 3.5　　C. 2.5　　D. 2.69

二、多选题

1. 发展能力指标分析有哪些？(　　)

A. 反映营业收入　　　　B. 营业利润

C. 利润总额　　　　D. 所有者权益的本期增长情况

2. 财务分析中的横向比较法，比较的对象一般是(　　)。

A. 行业平均水平　　　　B. 行业中的标杆企业

C. 竞争对手　　　　D. 上游企业

3. 偿债能力分析指标有哪些？(　　)

A. 资产负债率　　B. 流动比率　　C. 速动比率　　D. 现金比率

4. 以下关于同比、环比分析说法正确的是(　　)。

A. 同比和环比侧重点不同，环比突出显示数据的短期趋势，会受到季节等因素的影响

B. 同比更加侧重反映长期的大趋势，也就规避了季节的因素

C. 同比是指本期数据和上月数据进行比较

D. 环比指的是本期数据和上年同期数据进行比较

5. 营运能力指标分析有哪些？(　　)

A. 本期的应收账款周转天数　　　　B. 存货周转天数

C. 流动资产周转天数　　　　D. 总资产周转天数

6. 根据企业财务分析主体，可以将财务分析方法划分为(　　)。

A. 内部经营者分析　　　　B. 内部债权人分析

C. 外部投资者分析　　　　D. 外部宏观分析

7. 下列属于盈利能力指标的是(　　)。

A. 营业利润率　　B. 总资产增长率　　C. 净资产收益率　　D. 总资产净利率

8. 下列属于短期偿债能力指标的是(　　)。

A. 现金比率　　B. 流动比率　　C. 速动比率　　D. 流动资产周转率

9. 下列属于流动资产营运能力指标的是(　　)。

A. 应收账款周转率　　B. 存货周转率

C. 流动资产周转率　　D. 存货周转天数

10. 衡量企业发展能力的指标包括(　　)。

A. 营业收入增长率　　B. 总资产增长率

C. 营业利润增长率　　D. 资本保值增值率

11. 财务分析的方法有(　　)。

A. 本量利分析法　　B. 比较分析法

C. 因素分析法　　D. 贡献毛益分析法

12. 能够反映企业长期偿债能力的指标有(　　)。

A. 资产负债率　　B. 产权比率　　C. 资本积累率　　D. 利息保障倍数

三、判断题

1. 内部经营分析的主要步骤包括：本期财务指标计算、财务指标纵向分析和财务指标横向对比。(　　)

2. 环比分析一般是指本期水平与上年同期水平对比分析。(　　)

3. 业务可比性是指该公司与可比公司属于同一行业，提供的产品与服务相同或类似，并且累计经营当前业务已经有一定的年限，有着相同的客户与终端市场。(　　)

4. 实际工作当中，外部投资分析的应用非常广泛，可以用于检查业绩完成情况，对异常情况进行追踪溯源，为经营决策提供数据支持等。(　　)

5. 通常情况下，速动比率保持在 1 左右比较好。(　　)

6. 纵向分析是指一个企业与其他企业在同一时点(或时期)进行比较。(　　)

7. 企业放宽信用政策可能会导致应收账款增加，从而增大发生坏账损失的可能性。(　　)

8. 总资产净利率越高，表明企业资产的利用效果越好。企业可以通过提高营业净利率、加速资产周转来提高总资产净利率。(　　)

9. 一般来说，固定资产周转率高，固定资产周转天数长，说明固定资产周转快，利

用充分。　　　　　　　　　　　　　　　　　　　　　　　　　　　　　　　　(　　)

10. 短期偿债能力是指企业偿还流动负债的能力，也称为企业流动性分析。　(　　)

11. 财务报表分析主要是为投资人服务。　　　　　　　　　　　　　　　　(　　)

12. 企业负债比率越高，财务杠杆系数越大，财务风险越小。　　　　　　　(　　)

13. 每股收益是评价上市公司获利能力的基本和核心指标。　　　　　　　　(　　)

第 9 章 费用分析

学习目标

【知识目标】

- 了解费用的构成
- 了解企业费用管理的重要性
- 掌握费用分析与数据洞察的过程与方法

【技能目标】

- 会创建费用整体分析管理驾驶舱
- 会创建可视化图表进行数据的同比分析
- 能够分析异常费用项目发生的部门和人员，给出费用发生的解释，并通过收集财务信息验证解释的真实性
- 能够对数据进行指标分析并形成分析报告

【素质目标】

- 培养学生具备基本的费用分析素养，为企业运营提供可视化的费用数据操作、分析和讨论的基本素质支撑
- 拓宽智能化费用管理在实际业务中的应用，提高青年知行合一的能力
- 培养学生具有较强的集体意识和团队合作能力

【思政目标】

- 培养学生的职业素养、社会责任感、创新能力以及道德品质，以适应大数据时代财经领域的发展趋势
- 培养学生的跨学科思维、批判性思维和创新思维
- 强化学生的诚信、责任感和对社会主义核心价值观的认同

思维导图

本章主要内容为费用分析，主要包括项目导入、数据准备、费用整体分析、费用比率分析、财务费用分析、管理费用分析、销售费用分析 7 个学习任务，本章学习思维导图如图 9-1 所示。

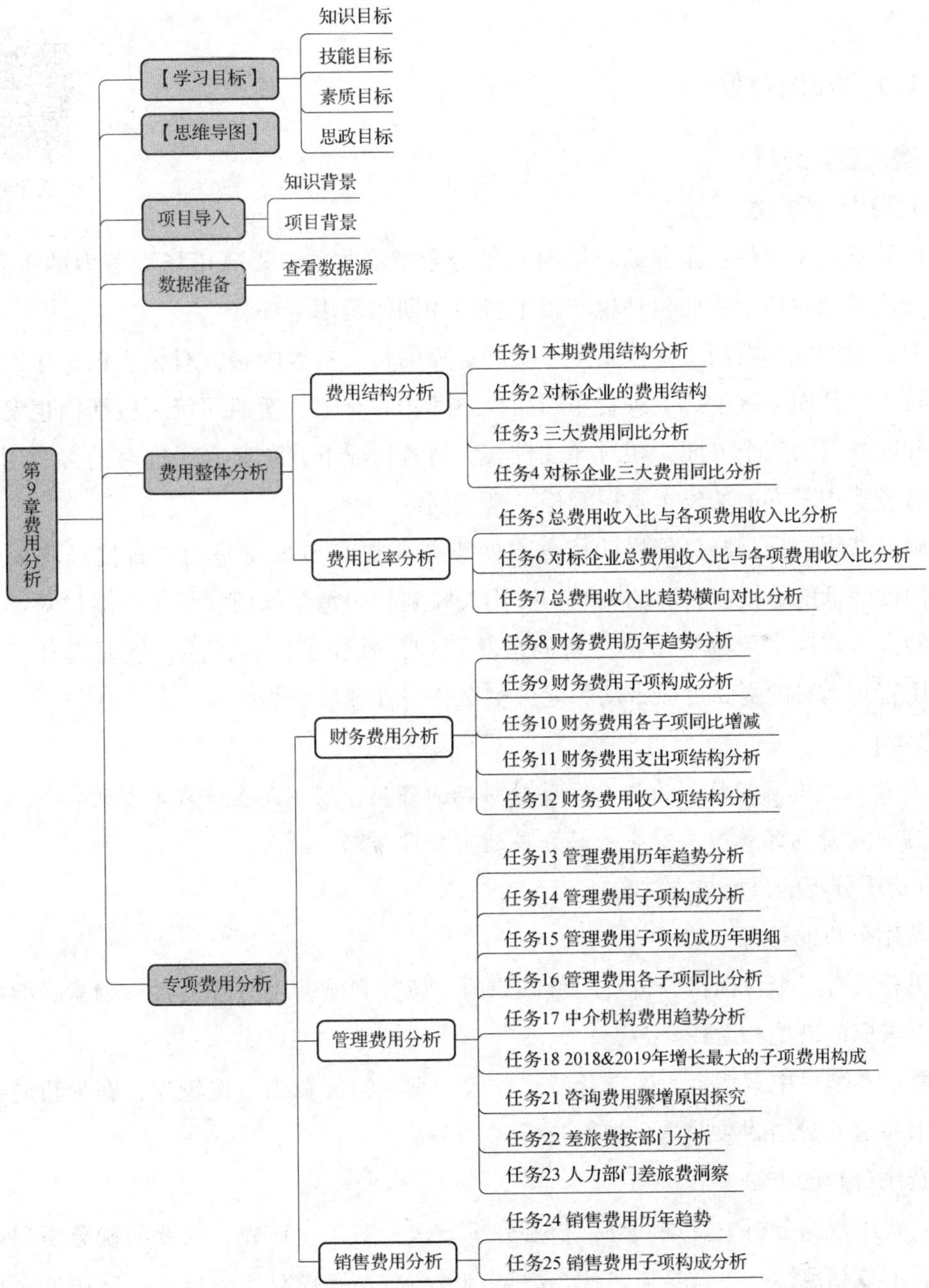

- 第9章费用分析
  - 【学习目标】
    - 知识目标
    - 技能目标
    - 素质目标
    - 思政目标
  - 【思维导图】
  - 项目导入
    - 知识背景
    - 项目背景
  - 数据准备
    - 查看数据源
  - 费用整体分析
    - 费用结构分析
      - 任务1 本期费用结构分析
      - 任务2 对标企业的费用结构
      - 任务3 三大费用同比分析
      - 任务4 对标企业三大费用同比分析
    - 费用比率分析
      - 任务5 总费用收入比与各项费用收入比分析
      - 任务6 对标企业总费用收入比与各项费用收入比分析
      - 任务7 总费用收入比趋势横向对比分析
  - 专项费用分析
    - 财务费用分析
      - 任务8 财务费用历年趋势分析
      - 任务9 财务费用子项构成分析
      - 任务10 财务费用各子项同比增减
      - 任务11 财务费用支出项结构分析
      - 任务12 财务费用收入项结构分析
    - 管理费用分析
      - 任务13 管理费用历年趋势分析
      - 任务14 管理费用子项构成分析
      - 任务15 管理费用子项构成历年明细
      - 任务16 管理费用各子项同比分析
      - 任务17 中介机构费用趋势分析
      - 任务18 2018&2019年增长最大的子项费用构成
      - 任务21 咨询费用骤增原因探究
      - 任务22 差旅费按部门分析
      - 任务23 人力部门差旅费洞察
    - 销售费用分析
      - 任务24 销售费用历年趋势
      - 任务25 销售费用子项构成分析

图 9-1　第 9 章学习思维导图

9.1 项目导入

9.1.1 知识背景

费用分析

1. 费用整体分析

(1)费用分析概述。

费用管理的重要性：企业的费用控制是企业增加收益、提高市场竞争力的重要手段。生产企业的费用总体上主要包括生产成本费用和期间费用两部分。

其中，生产成本费用主要涉及企业生产过程的料工费等内容，对企业正常生产过程的影响比较大，从而导致生产成本费用的压缩空间相对有限。而期间费用包括销售费用、管理费用和财务费用三个方面，相对弹性较大。通常情况下，企业会通过对销售费用、管理费用和财务费用三方面的成本费用管控，来实现以下价值：

准确的费用数据是制订价格的依据，便于企业提高市场竞争力；直接经济效益的体现，费用的降低能够提高企业的利润；费用关联到公司每个部门、员工，通过对不必要浪费现象的有效监控，规范了库存材料的核算管理，减少了资金占用，进而提升了经济效益；费用管理水平的提高可以带动和促进整个公司管理水平的提高。

【思考】

1. 企业的成本费用控制为什么主要针对期间费用，而不是生产成本费用？
2. 通过对费用的管控，对企业的发展还有哪些帮助？

(2)费用分析的目标与方法。

1)费用分析的目标。

费用分析有三个目标：分析费用形成原因、研究影响费用升降的各种因素、寻找降低费用可以采取的措施和途径。

注意：本项目中案例企业的行业特征比较特别，销售费用占比较少，在分析时我们以管理费用和财务费用的数据为主进行分析。

2)费用分析的方法。

要从费用数据分析中发现问题，核心分析方法是对比。首先，需要明确分析目标，其次，要确定数据范围，也就是对比什么数据，最后，是选择对比的方法。常用的对比方法如下：历史对比、横向对比、结构百分比、多维度分析。

历史对比：即同比与环比，也就是分析要素相同，但分析时间不同。例如：将本月费用合计数与上月费用合计数做比较，或将本月费用合计数与去年同期费用合计数做比较。该分析方法可以判断出费用浮动的合理性。当然，为了给出准确的分析结果，还需要进一步了解数据背后的实际意义，做深入的数据洞察溯源分析。

横向对比：将本企业费用数据指标与同行业均值数据指标做比对，或将本企业费用数据指标与行业内对标企业数据指标做对比，这样可以更好地了解本企业费用指标在行业内的排名，及时优化低于行业均值的费用指标，从而进一步提高企业的利润。

结构百分比：由于所属行业不同，每家公司产生的管理费用、销售费用、财务费用也有所不同。判断企业相关费用的合理性时，可以参考结构百分比分析法，找到利润表中较为重要的一项，如将营业收入数据作为 100%，然后分别找到销售费用、管理费用以及财务费用与营业收入的比重关系。结构百分比法排除了规模的影响，在不同比较对象间建立起可比性。

多维度分析：需要分析的数据项越多，可以发现的问题及洞察的机会也就越多。比如，将本月与上月销售费用总量对比没有太大异常，但对比各部门费用就会发现异常，在总量不变的情况下，各部门的费用是不同的；或者各部门费用分析没有异常，但单一的报销科目有异常，如发生大额异常业务招待费等。多维度的分析，要求使用的分析指标也是不同的。例如，平均数、中位数、最大值、最小值以及各比率。

【思考】不同的费用分析方法各有优点，以本项目中的案例企业为例，要想知道该企业的费用管控在整个相同行业环境中所处的地位，应采用哪种分析方法?

(3) 费用整体分析思路与指标。

费用整体分析思路，如图 9-2 所示。

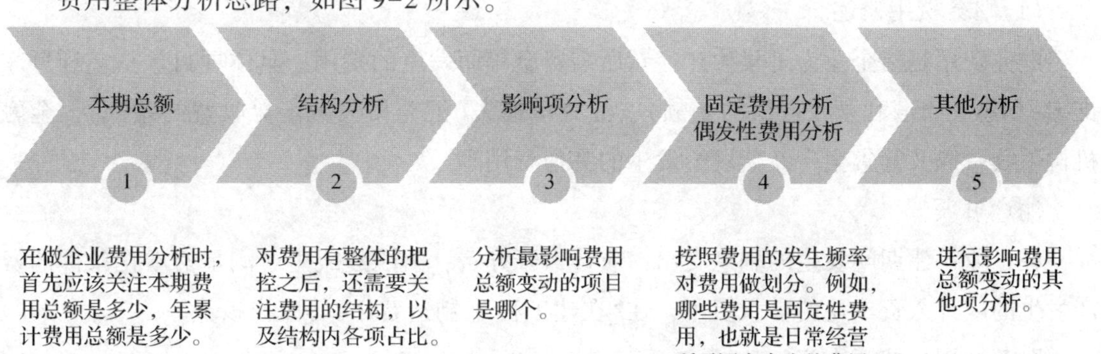

图 9-2　费用整体分析思路

要做到了解费用背后的意义，除了需要对企业的业务有一定了解以外，还需要对企业费用做整体分析，以及找出费用高低的合理性，并及时对费用做支出管控，也就是费控，从而提高企业费效比及毛利率。

综上，对一个企业的费用做整体分析时，主要关注本期公司费用、全年累计费用、固定费用与变动费用，见表 9-1。

表 9-1　费用整体分析指标

常见分析指标	含义	数据来源
本期费用总额	反映费用整体情况	内部数据
全年累计总额	反映费用整体情况	内部数据
费用占本季度费用比例	反映费用在本季度中的情况	内部数据
费用占全年费用比例	反映费用在全年中的情况	内部数据
全年累计中各月费用占比	反映费用的浮动情况	内部数据
费用环比上月数值	反映本期费用的变化趋势	内部数据
费用同比去年同期数值	反映本期费用与去年情况	内部数据
费用构成及占比	反映费用结构情况	内部数据
费用历史趋势	反映费用历史变动情况	内部数据
费用收入比	反映费用与收入的配比	内部数据
本期管理费用率、销售费用率、财务费用率	分解三大费用与收入的关系	内部数据
与行业均值对比	反映企业与行业均值的高低	外部数据
与对标企业对比	反映企业与对标企业的高低	外部数据

2. 财务费用分析

(1)财务费用概述。

财务费用是指企业为筹集生产经营所需资金等而发生的费用。具体项目包括：利息净支出(利息支出减利息收入后的差额)、汇兑净损失(汇兑损失减汇兑收益的差额)、金融机构手续费以及筹集生产经营资金发生的其他费用等。

注意事项：

在企业筹建期间发生的利息支出，应计入开办费；为购建或生产满足资本化条件的资产发生的应计入资本化的借款费用，在“在建工程”“制造费用”等账户核算。

财务费用的核算内容：

利息收支：指企业短期借款利息、长期借款利息、应付票据利息、票据贴现利息、应付债券利息、长期应付引进国外设备款利息等利息支出(除资本化利息外)减去银行存款等的利息收入后的净额。

汇兑损失：指企业因向银行结售或购入外汇而产生的银行买入、卖出价与记账所采用

的汇率之间的差额以及月度(季度、年度)终了，各种外币账户的外币期末余额按照期末规定汇率折合的记账人民币金额与原账面人民币金额之间的差额等。

相关手续费：指发行债券所需支付的手续费(需资本化的手续费除外)、开出汇票的银行手续费、调剂外汇手续费等，但不包括发行股票所支付的手续费等。

其他财务费用：如融资租入固定资产发生的融资租赁费用等。

财务费用分析的意义：

通过财务费用分析能够评价资金管理成效。针对公司业务的特殊性，对 pos 手续费、汇兑损益和利息支出等进行明细分析，能够实现对企业财务和资金规范、科学、合理的管理。

(2)财务费用的降低途径。

1)充分利用商业汇票的优点，灵活安排资金。

在采购定价时，企业应通过比较商业汇票价与现款价的差异确定理财方式。如果采用现款价的折扣大于贴现利率，则将商业汇票贴现取得的现款来支付货款。反之，则支付商业汇票。如果投资理财收益率大于贴现利率，企业可以将商业汇票贴现取得的款项用于短期理财。在现金紧张的情况下，企业可以向银行申请开具商业汇票用于支付货款，也可将企业取得的商业汇票用于背书转让或质押等。

2)加速收款，减少资金占用。

由于应收款项会增加资金占用，企业要妥善制定收账政策，尽可能缩短应收款项的收回时间，及时补充流动资金。同时，要重视陈年老账的催讨工作，把损失降到最低，一旦形成坏账损失，企业应及时办理核销手续。

3)力争现金流量同步，减少资金沉淀。

在资金调度过程中，企业应尽量做到现金流入与流出发生的时间趋于一致，尽可能将库存现金量降到最低。例如，公司在支付大额资金时，在合同约定付款日当天通过票据贴现获得现款予以支付，达到了现金流量同步的目的，减少了资金沉淀，这样既保证了公司的信誉，又降低了财务费用。

4)合理利用现金浮游量，减少财务费用。

企业在开出支票后，从收款人收到支票送交银行，到银行将款项划出企业账户需要一段时间，这期间资金仍在企业的存款账户上。企业应当与收款人保持联系，控制好这部分资金的使用时间，避免出现透支。

(3)财务费用分析指标。

财务费用率：目前，我国企业财务费用负担往往较重，是企业的一个沉重包袱。企业可以通过财务费用率这个指标，分析企业的财务负担，调整筹资渠道，改善资金结构，提高盈利水平。其表达式为：财务费用率=财务费用/主营业务收入×100%

【思考】很多企业表示，现在的经营都是在给银行打工，这句话恰恰说明了财务费用的支出在企业利润中占比太多，应该如何界定企业的财务费用在合理的区间，不造成过多的费用负担呢？

（4）案例分析与讨论。

【案例背景】2017年，房地产公司A和房地产公司B的财务费用率分别为0.85%和1.63%，而房地产公司C的财务费用率为44.73%，2018年更是增长到50%以上。从融资结构来看，公司债务主要是长期债务，每年需要承担高昂的资金成本，却无法实现足够的营业收入来分摊财务费用。

【思考】有的房地产公司有大额的长期贷款，而财务费用却很低，为什么？

【解析】《企业所得税实施条例》第三十七条规定，企业因购置、建造固定资产、无形资产和经过12个月以上建造才能达到可销售状态的存货发生借款的，在有关资产购置、建造期间发生的合理的借款费用，应当作为资本性支出计入有关资产的成本，并依照本条例的规定扣除。由此可见，房地产开发企业完工前的绝大部分利息支出应当资本化。

3. 管理费用分析

（1）管理费用概述。

1）管理费用的概念：管理费用是指企业的行政管理部门为管理和组织经营而发生的各项费用。包括管理人员工资和福利费、公司一级折旧费、修理费、技术转让费、无形资产和递延资产摊销费及其他管理费用（办公费、差旅费、劳保费、土地使用税等）。

2）管理费用的核算范围。管理费用的核算范围包括：

①企业管理人员基本工资性补贴、职工福利费。

②企业办公费：企业办公用文具纸张、账表、印刷、邮电、书报会议、水、电燃煤（气）等费用。

③固定资产使用费：指企业管理用的属于固定资产的房屋、设备、仪器等折旧费和维修费等。

④差旅交通费：指企业管理人员差旅费、探亲路费、劳动力招募费、离退休职工一次性路费及交通工具油料费、燃料费、牌照费和养路费等。

⑤其他费用：如职工教育经费、业务招待费、税金、技术转让费、无形资产摊销费、咨询费、诉讼费、开办费摊销、上缴上级管理费、劳动保险费、待业保险费、董事会会费、财务报告审计费、筹建期间发生的开办费等。

3）管理费用的核算科目：企业应通过“管理费用”科目，核算管理费用的发生和结转情况。该科目由借方登记企业发生的各项管理费用，贷方登记期末转入“本年利润”科目的管理费用，结转后该科目应无余额。该科目按管理费用的费用项目进行明细核算。

4）管理费用分析目的与途径：找出管理费用的合理性以及费用在管理中有待优化的地

方。分析管理费用明细表是进行管理费用分析的一个途径，明细表记录了企业一定时期内发生的管理费用及其构成情况，是管理费用分析的基础表。通常管理费用分析为按月进行或按季度进行，定期出具管理费用报告是对管理费用管控的有效手段。

(2)管理费用分析指标。

管理费用率：管理费用是影响企业盈利能力的重要因素，反映了企业经营管理的水平。管理费用率是管理费用分析常见指标之一，管理费用率指标高，说明企业的利润被组织管理性的费用消耗得太多，必须加强管理费用的控制才能提高盈利水平。

管理费用率表达式为：管理费用率=管理费用/主营业务收入×100%

管理费用率分析注意事项：由于管理费用中大部分属于不变成本，所以随着销售额的增长，管理费用率应呈现下降趋势。

一般情况下，管理费用率会因为行业不同而存在较大差异。例如，零售行业的管理费用率一般较低，金融行业一般较高。

(3)案例分析与讨论。

【案例背景】

金融机构管理费用中的核心是人力成本，职工薪酬、咨询费及招待费是金融机构业务管理费用中较大额的支出，其中，职工薪酬往往占据相当高的比重。

从2019年中国A股上市公司高管薪酬榜排名前15位的企业列表中可以获悉，年薪酬在2 000万以上的就有9人。这也是金融机构与制造业最大的不同点，所以金融机构降低成本最有效的方式是裁员。

【思考】

通过对管理费用的分析，就你了解的企业，哪些项目可以归集到管理费用？如果对这些项目进行分析，你认为可以从哪些内容下手？对于企业能够提供什么样的帮助？

4. 销售费用分析

(1)销售费用概述。

1)销售费用的定义。

销售费用是指企业在销售商品和材料、提供劳务的过程中发生的各种费用，包括企业在销售商品过程中发生的保险费、包装费、展览费和广告费、商品维修费、预计产品质量保证损失、运输费、装卸费等，以及为销售本企业商品而专设的销售机构(含销售网点、售后服务网点等)的职工薪酬、业务费、折旧费等经营费用。

企业发生的与专设销售机构相关的固定资产修理费用等后续支出也属于销售费用。

2)销售费用的核算范围。

销售费用的核算范围包括：

①保险费、包装费、展览费和广告费、商品维修费、预计产品质量保证损失、运输

费、装卸费等费用。

②为销售本企业商品而专设的销售机构(含销售网点、售后服务网点等)的职工薪酬、业务费、折旧费等经营费用。

③企业发生的与销售商品和材料、提供劳务以及专设销售机构相关的不满足固定资产准则规定的固定资产确认条件的日常修理费用和大修理费用等固定资产后续支出。

(2)销售费用分析指标。

常用指标包括销售费用率、“销售费用-业务招待费”占销售回款比、“销售费用-广告费”占销售回款比、“销售费用-差旅费”占销售回款比、销售费用与销售回款比。

销售费用率：销售费用率通常体现企业为取得单位收入所花费的单位销售费用，或者销售费用占据营业收入的比例。

销售费用率表达式为：销售费用率=销售费用/主营业务收入×100%

通过分析各行各业的销售费用率指标，可以对所分析企业销售费用率指标数据高低的合理性进行判断。

1)销售费用与销售回款比：销售回款相比销售收入能够体现公司市场营销团队的工作质量。通过与竞争对手对比销售费用与销售回款的比例，分析公司的销售费用各项支出是否合理，将有助于公司销售队伍和销售模式的持续改进。

2)“销售费用-业务招待费”占销售回款比：业务招待费取“销售费用-业务招待费”这一科目金额。若该项指标相比同行业差异较大，且市场人员人均回款和人均创收较低，首先应考虑公司的发展阶段和行业地位，其次应考虑公司的销售模式、销售团队的能力相比竞争对手的差异，最后再考虑公司对于业务招待费的预算、考核和内部控制是否存在不足。

3)“销售费用-差旅费”占销售回款比：差旅费取“销售费用-差旅费”这一科目金额。若该项指标相比同行业差异较大，且市场人员人均回款和人均创收较竞争对手低，应首先考虑公司在对客户攻关的资源分配是否较为分散且缺少重点，其次再考虑销售分支机构的分布是否合理，最后考虑公司对差旅费的预算、考核和内部控制是否存在不足。

4)“销售费用-广告费”占销售回款比：若该项指标相比同行业差异较大，公司应分析广告投放渠道和受众相比竞争对手是否存在较大差距。

(3)案例分析与讨论。

【案例背景】

新浪财经在2020年5月报道了一篇文章，题目为《A股医药公司销售费用之谜：钱都花哪了》。该文章阐述了医药行业销售费用的近况，不难看出，正是有了销售费用率这一指标，使文章能够对A股300多家医药公司的销售费用情况做出快速的分析。

1)销售费用分析。

不同医药公司规模差距较大，只看销售费用绝对值未免失之偏颇。从销售费用率，也

就是销售费用占营收比重的角度来看，我们能更好地理解药企的销售风格。

根据不完全统计的数据，在上市公司中，2011 年至 2016 年，生物医药行业的销售费用率在 13%~19%之间，2017 年增至 21.4%，2018 年中期跃升至 31.03%，2018 年全年为 32.66%，2019 年中期是 32.67%。

2019 年，A 股药企销售费用率之王的销售费用率高达 96.5%，这也意味着每赚一块钱，就有九毛六是要作为销售费用花出去的，收益微薄。据投中健康统计，近 36%的医药公司销售费用率在 50%以上。

2)数据洞察与溯源。

通过分析我们不难发现，2018 年以来账面销售费用跃升，其中一个重要的因素是“两票制”的推行。“两票制”的本意，是消除药品流通环节中因层层加码带来的高药价。“两票制”的实施，使药品生产商直面医院，原先通过代理模式转移出去的销售费用转移不出去了。

因此，药品生产商的对策是，将药品出厂价高开，通过大量的咨询费、会议费、广告费等发票来抵冲高开的部分。所以，2017 年 4 季度以来，表面上生物医药上市公司的营业收入和销售费用快速增长，但实际上销售费用快速增长只是假象，只是被药品制造商由体外转为体内而已。

【思考】通过对销售费用的学习，思考是不是销售费用越大的企业的利润也就越大呢？如何能让企业的销售费用保持在一个合理的区间？

9.1.2　项目背景

1. 项目企业介绍

<table>
<tr><td>企业全称</td><td colspan="3">AJHXJL 矿业科技有限公司</td></tr>
<tr><td>英文名称</td><td colspan="3">AJHXJL Mining Co., Ltd.</td></tr>
<tr><td>注册资本(元)</td><td>100000000</td><td>公司类型</td><td>有限责任公司</td></tr>
<tr><td>成立时间</td><td>2003 年</td><td>雇佣人数</td><td>3200 人</td></tr>
<tr><td rowspan="3">企业简介</td><td colspan="3">集矿山采选技术研究，矿产资源勘查，矿山设计，矿山投资开发，矿产品加工、销售于一体的集团化企业。</td></tr>
<tr><td colspan="3">总公司下辖 28 家子公司，拥有矿山 31 个，资源占有量 16.61 亿吨。其中，铁矿资源 8.97 亿吨；银矿资源 4.9 亿吨；原煤资源 1.3 亿吨；方解石资源 463 万吨，远景储量 1000 万吨；铜矿资源 930 万吨。
公司现有员工 3200 人。其中，博士、硕士学位人才 20 余人，学士学位人才 100 余人，各专业技术人才 1500 人。</td></tr>
<tr><td colspan="3">目前已投产的铁矿山 22 个，煤矿 2 个，铂矿 1 个，方解石矿 1 个，铜矿 1 个。年产铁精粉 550 万吨，钼精粉 15 000 吨，铜金属 4 200 吨，锌精粉 3 000 吨，铅精粉 8 000 吨，磷精粉 110 万吨，硫精粉 15 万吨，硫酸 11 万吨，硫酸钾 4 万吨，磷酸氢钙 2 万吨。公司通过自主勘查与合作勘查，在内蒙古、青海、云南、西藏、河北等地拥有铁、铜、煤等资源探矿权。</td></tr>
</table>

项目企业组织结构，如图 9-3 所示。

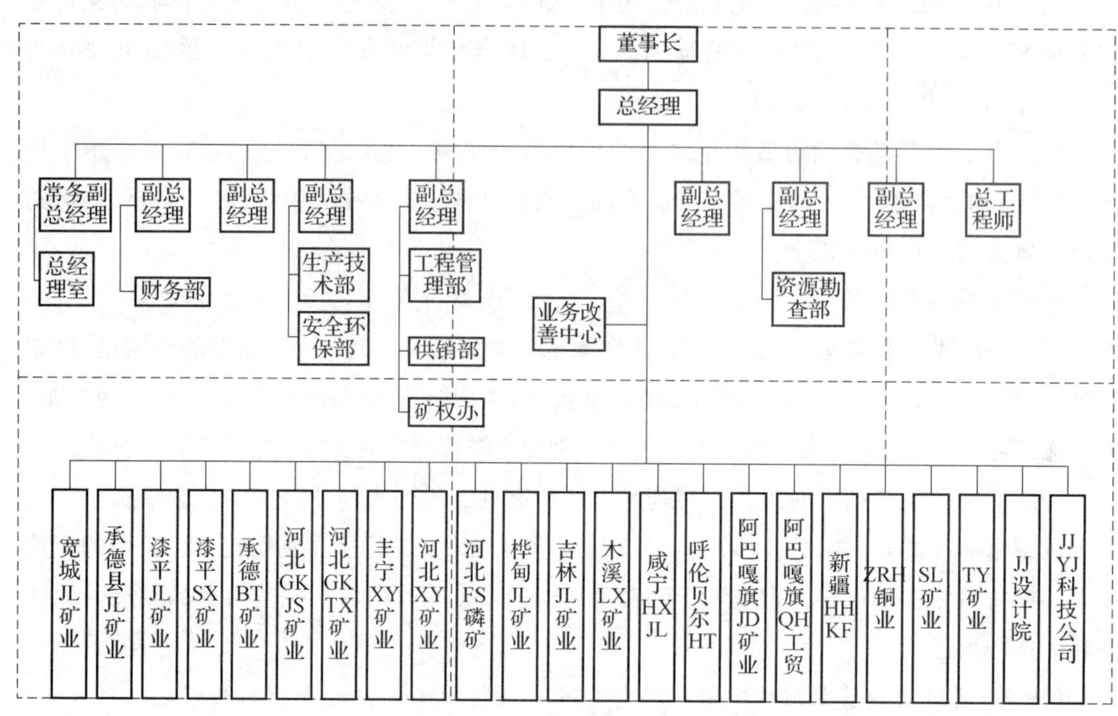

图 9-3　组织结构

2. 项目背景

2019 年 10 月 8 日，AJHXJL 公司将举办业务经营会议。要求财务总监对企业的费用情况进行专项分析，对费用的异常项做洞察与溯源，深度挖掘，查明原因，为后续的经营决策提供数据支持。

3. 任务目标

财务分析师从整体费用、管理费用、销售费用、财务费用 4 个方面展开分析，洞察数据背后的含义，溯源分析指标增减比率的合理性与异常项，为管理层后续决策提供支持。

9.2 数据准备

数据源为 AJ 公司 ERP 系统中财务模块和费用模块的数据，该数据直接从 ERP 系统中导出，经过格式转换，已上传内置在分析云中，如图 9-4 标注处所示。

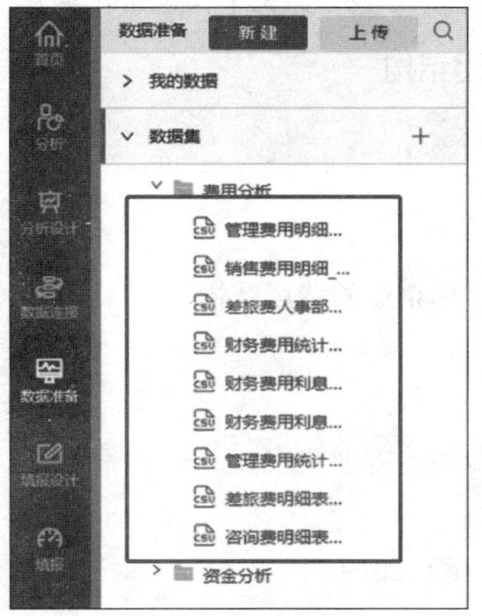

图 9-4　查看数据源

9.3　费用整体分析

9.3.1　费用结构分析

任务 1　本期费用结构分析

操作步骤

数据表：利润表-AJHXJL。

(1)新建可视化。

将可视化命名为：本期费用结构。

(2)选择维度与指标。

维度：无。

指标：财务费用、销售费用、管理费用。

(3)添加过滤。

过滤条件：年_报表日期=2019。

(4)选择显示图形。

建议图形：饼图。

本期费用结构分析

【思考】如何调整数据格式，以“万元”为单位显示数据？

任务 2　对标企业的费用结构

操作步骤

数据表：利润表-金岭矿业。

(1)新建可视化。

将可视化命名为：本期对标企业的费用结构。

(2)选择维度与指标。

维度：无。

指标：财务费用、销售费用、管理费用。

(3)添加过滤。

过滤条件：年_报表日期等于 2019。

(4)选择显示图形。

建议图形：漏斗图。

对标企业的费用结构

任务 3　三大费用同比分析

操作步骤

数据表：利润表-AJHXJL。

(1)可视化命名。

将可视化命名为：三大费用同比分析。

(2)选择维度与指标。

维度：无。

指标：财务费用、销售费用、管理费用。

(3)对各指标进行高级计算-同比/环比。

同比分析：2019 年同比 2018 年。

(4)选择显示图形。

建议图形：表格。

三大费用同比分析

任务 4　对标企业三大费用同比分析

操作步骤

数据表：利润表-金岭矿业。

(1)可视化命名。

将可视化命名为：对标企业三大费用同比分析。

(2)选择维度与指标。

维度：无。

指标：财务费用、销售费用、管理费用。

(3)对各指标进行高级计算-同比/环比。

同比分析：2019 年同比 2018 年。

(4)选择显示图形。

建议图形：表格。

对标企业三大费用同比分析

9.3.2　费用比率分析

任务 5　总费用收入比与各项费用收入比分析

操作步骤

数据表：AJ 与金岭数据集。

(1)新建可视化。

将可视化命名为：本期 AJHXJL 总费用收入比与各项费用收入比。

(2)新建字段。

字段名称：费用收入比、管理费用率、销售费用率、财务费用率。

字段类型：数字型。

计算公式：费用收入比=(sum(管理费用)+sum(销售费用)+sum(财务费用))×100/sum(营业收入)。

管理费用率=sum(管理费用)×100/sum(营业收入)。

销售费用率=sum(销售费用)×100/sum(营业收入)。

财务费用率=sum(财务费用)×100/sum(营业收入)。

(3)选择维度与指标。

维度：无。

指标：费用收入比、管理费用率、销售费用率、财务费用率。

(4)添加过滤。

过滤条件：企业名称=AJHXJL、年_报表日期=2019。

(5)选择显示图形。

建议图形：表格。

总费用收入比与各项费用收入比分析

任务 6　对标企业总费用收入比与各项费用收入比分析

操作步骤

数据表：AJ 与金岭数据集。

(1)复制任务 5 的可视化看板。

(2)可视化命名。

将可视化命名为：对标企业总费用收入比与各项费用收入比。

(3)修改过滤条件。

过滤条件：企业名称=金岭矿业、年_报表日期=2019(保持不变)

(4)选择显示图形。

建议图形：表格。

对标企业总费用收入比与各项费用收入比分析

任务7 总费用收入比趋势横向对比分析

操作步骤

(1)复制任务5的可视化看板。

(2)可视化命名。

将可视化命名为：费用收入比趋势与横向对比。

(3)选择维度与指标。

维度：公司名称、年。

指标：费用收入比。

(4)选择显示图形。

建议图形：折线图。

(5)删除过滤条件。

(6)维度升序。

将维度“公司名称”和“年”按照升序排序。

总费用收入比趋势横向对比分析

9.4 专项费用分析

9.4.1 财务费用分析

任务8 财务费用历年趋势分析

操作步骤

数据表：利润表-AJHXJL。

(1)新建可视化。

将可视化命名为：财务费用历年趋势。

(2)选择维度与指标。

维度：年_报表日期。

指标：财务费用。

(3)选择显示图形。

建议图形：折线图。

(4)维度升序。

将维度“年_报表日期”按照升序排序。

(5)设置数据格式。

点击指标“财务费用”，点击【数据格式】，进行以下设置：

缩放率：10 000。

千分位：启用。

小数位：2。

(6)设置显示名。

点击指标“财务费用”，点击【设置显示名】。

别名设置为：财务费用(万元)。

(7)点击【保存】。

财务费用历年趋势分析

任务 9　财务费用子项构成分析

操作步骤

数据表：财务费用统计表。

(1)新建可视化。

将可视化命名为：财务费用子项构成。

(2)设置层级。

点击维度旁边的【+】，选择“层级”。

层级名称：子项穿透。

钻取层级路径：一级子项>二级子项。

点击【确定】。

(3)选择维度与指标。

维度：子项穿透。

指标：金额。

(4)选择显示图形。

建议图形：条形图。

(5)设置数据格式。

点击指标“金额”，点击【数据格式】，进行以下设置：

缩放率：10 000。

千分位：启用。

小数位：2。

(6)设置显示名。

点击指标“金额”，点击【设置显示名】。

别名设置为：金额(万元)。

(7)点击【保存】。

财务费用子项构成分析

任务 10　财务费用各子项同比增减

操作步骤

数据表：财务费用统计表。

(1)新建可视化。

将可视化命名为：财务费用各子项同比增减。

(2)选择维度与指标。

维度：一级子项。

指标：金额。

(3)设置“高级计算”-同比/环比。

日期字段：日期-年。

对比类型：同比。

所选日期：需要对应 2019 年自行设置(比如当前是 2021 年，所选日期应是“3”)。

计算：增长率。

间隔：1 年。

(4)选择显示图形。

建议图形：表格。

(5)显示设置。

取消勾选“显示行合计”。

财务费用各子项同比增减

任务 11　财务费用支出项结构分析

操作步骤

数据表：财务费用统计表。

(1)新建可视化。

将可视化命名为：财务费用支出项结构分析。

(2)设置层级。

点击维度旁边的【+】，选择“层级”。

层级名称：子项穿透。

钻取层级路径：一级子项>二级子项。

点击【确定】。

(3)选择维度与指标。

维度：子项穿透。

指标：金额。

(4)添加过滤。

过滤条件：一级子项包含利息支出、手续费、其他。

(5)选择显示图形。

建议图形：饼图。

(6)数据格式设置。

缩放率：10 000。

后导符：万元。

千位符：启用。

小数位：2。

(7)点击最大的支出项，查看其明细，图形建议设置为环形图，并设置数据格式(参考步骤 6)。

财务费用支出项结构分析

任务 12　财务费用收入项结构分析

操作步骤

数据表：财务费用统计表。

(1)复制任务 11 的可视化看板。

(2)可视化命名。

将可视化命名为：财务费用收入项结构分析。

(3)设置维度与指标。

维度：二级子项。

指标：金额。

(4)过滤条件。

过滤条件：一级子项=利息收入。

(5)选择显示图形。

建议图形：饼图。

财务费用收入项结构分析

9.4.2 管理费用分析

任务 13 管理费用历年趋势分析

操作步骤

数据表：利润表-AJHXJL。

(1)新建故事板。

将其命名为“管理费用分析”，保存在“我的故事板”文件夹内。

(2)新建可视化。

将可视化命名为：管理费用历年走势。

(3)选择维度与指标。

维度：年_报表日期。

指标：管理费用。

(4)选择显示图形。

建议图形：折线图。

(5)维度排序。

将维度“年_报表日期”按照升序排序。

(6)设置数据格式。

点击指标“管理费用”，点击【数据格式】，进行以下设置：

缩放率：10 000。

千位符：启动。

小数位：2。

(7)设置显示名。

点击指标“管理费用”，点击【设置显示名】。别名设置为：管理费用(万元)。

管理费用历年趋势分析

(8)点击【保存】。

任务 14 管理费用子项构成分析

操作步骤

数据表：管理费用统计表。

(1)新建可视化。

将可视化命名为：管理费用子项构成。

(2)新建层级。

层级名称：子项穿透。

钻取路径：一级子项>二级子项>三级子项>四级子项。

(3)选择维度与指标。

维度：子项穿透。

指标：金额。

(4)选择显示图形。

建议图形：饼图。

(5)显示设置。

点击【批量设置数据格式】，进行以下设置：

缩放率：10 000。

千分位：启用。

后导符：万元。

小数位：2。

(6)点击【保存】。

管理费用子项构成分析

任务 15　管理费用子项构成历年明细

操作步骤

数据表：管理费用统计表。

(1)新建可视化。

将可视化命名为：管理费用子项构成历年明细。

(2)选择维度与指标

维度：一级子项。

列维度：年_日期(当可视化图形设置为表格时，点击维度旁边的【+】，可设置列维度)

指标：金额。

(3)对列维度进行排序。

将列维度按“年_日期”升序排列。

(4)选择显示图形。

建议图形：表格。

(5)点击【保存】。

管理费用子项构成历年明细

任务 16　管理费用各子项同比分析

操作步骤

数据表：管理费用统计表。

(1)新建可视化。

可视化命名为：管理费用子项同比分析。

(2)选择维度与指标。

维度：一级子项。

指标：金额。

(3)对指标“金额”设置高级计算-同比/环比。

日期字段：日期年。

对比类型：同比。

所选日期：3。

年：2019(此处根据目前所在年份对应2019年的年份差数进行设置，如当年是2022年，所选日期设为“3”)。

计算：增长率。

间隔：1年(2018年)。

(4)选择显示图形。

建议图形：表格。

(5)显示设置。

取消勾选“显示行合计”。

(6)点击【保存】。

管理费用各子项同比分析

任务17　中介机构费用趋势分析

操作步骤

数据表：管理费用统计表。

(1)新建可视化。

可视化命名为：2015-2019年中介机构费用趋势。

(2)选择维度与指标。

维度：年_日期。

指标：金额。

(3)添加过滤条件。

过滤条件：一级子项=中介机构费用。

(4)选择显示图形。

建议图形：折线图。

(5)维度排序。

将维度“年”按照升序排序。

(6)设置数据格式。

点击指标“金额”，点击【数据格式】，进行以下设置：

缩放率：10 000。

千分位：启用。

后导符：万元。

小数位：2。

(7)设置显示名。

点击指标“金额”，点击【设置显示名】。

别名设置为：金额(万元)。

(8)点击【保存】。

中介机构费用趋势分析

任务 18　2018&2019 年增长最大的子项费用构成

操作步骤

数据表：管理费用统计表。

(1)新建可视化。

可视化命名为：2018&2019 年增长最大的子项(中介机构费用)费用构成。

(2)选择维度与指标。

维度：二级子项。

指标：金额。

(3)添加过滤。

过滤条件：一级子项=中介机构费用，年_日期包含 2018、2019。

(4)选择显示图形。

建议图形：饼图。

(5)数据格式设置。

缩放率：10 000。

千分位：启用。

后导符：万元。

小数位：2。

(6)点击【保存】。

2018&2019 年增长最大的子项费用构成

任务 19　2015-2019 年咨询费历年趋势分析

操作步骤

数据表：管理费用统计表。

(1)新建可视化。

可视化命名为：2015-2019 年咨询费历年趋势分析。

(2)选择维度与指标。

维度：年_日期。

指标：金额。

(3)添加过滤。

过滤条件：一级子项=中介机构费用、二级子项=咨询费。

(4)选择显示图形。

建议图形：折线图。

(5)维度排序。

将维度“年”按照升序排序。

(6)设置数据格式。

点击指标“金额”，点击【数据格式】，进行以下设置：

缩放率：10 000。

千分位：启用。

小数位：2。

(7)设置显示名。

点击指标“金额”，点击【设置显示名】。

别名设置为：金额(万元)。

(8)点击【保存】。

2015-2019 年咨询费历年趋势分析

任务 20　2018&2019 年咨询费用去向分析

操作步骤

数据表：咨询费明细表(2018-2019)。

(1)新建可视化。

可视化命名为：2018&2019 年咨询费用去向分析。

(2)选择维度与指标。

维度：咨询费支付机构。

指标：金额。

(3)设置数据格式。

点击指标“金额”，点击【数据格式】，进行以下设置：

缩放率：10 000。

千分位：启用。

后导符：万元。

小数位：2。

(4)点击【保存】。

2018&2019 年
咨询费用去向分析

任务 21　咨询费用骤增原因探究

操作步骤

在资源下载处，下载咨询费发生溯源相关资料，进行阅读，分析该公司咨询费突增是否合理。

咨询费用骤增
原因探究

任务 22　差旅费按部门分析

任务描述

财务大数据分析师对管理费用进行分析。分析内容涉及：各部门本期产生的差旅费、对差旅费发生最高的部门进行数据洞察，并按人员进一步分析费用发生的合理性。

操作步骤

数据表：差旅费明细表(按部门)。

(1)新建可视化。

可视化命名为：差旅费按部门分布。

(2)选择维度与指标。

维度：部门名称。

指标：金额。

(3)指标排序。

将指标“金额”按照降序排列。

(4)显示设置。

显示格式设置为：显示前 10。

(5)选择显示图形。

建议图形：条形图。

(6)设置数据格式。

点击指标“金额”，点击【数据格式】，进行以下设置：

缩放率：10 000。

千分位：启用。

小数位：2。

(7)设置显示名。

点击指标“金额”，点击【设置显示名】。

别名设置为：金额(万元)。

(8)点击【保存】。

差旅费按部门分析

任务 23　人力部门差旅费洞察

任务描述

财务大数据分析师对管理费用进行分析。分析内容涉及：各部门本期产生的差旅费、对差旅费发生最高的部门进行数据洞察，并按人员进一步分析费用发生的合理性。

操作步骤

数据表：差旅费人事部明细。

(1)可视化命名。

可视化命名为：人力部门差旅费洞察。

(2)选择维度与指标。

维度：报销人。

指标：报销金额。

(3)指标排序。

将指标“报销金额”按照降序排列。

(4)显示设置。

显示格式设置为：显示前 10。

(5)选择显示图形。

建议图形：条形图。

(6)设置数据格式。

点击指标“报销金额”，点击【数据格式】，进行以下设置：

缩放率：10 000。

千分位：启用。

小数位：2。

(7)设置显示名。

点击指标“报销金额”，点击【设置显示名】。

别名设置为：报销金额(万元)。

(8)点击【保存】。

人力部门差旅费洞察

9.4.3　销售费用分析

任务 24　销售费用历年趋势

操作步骤

数据表：利润表-AJHXJL。

(1) 新建故事板。

新建故事板，将其命名为“销售费用分析”，保存在“我的故事板”文件夹内。

(2) 新建可视化。

将可视化命名为：销售费用历年走势。

(3) 选择维度与指标。

维度：年_报表日期。

指标：销售费用。

(4) 选择显示图形。

建议图形：折线图。

(5) 维度排序。

将维度“年_报表日期”按照升序排序。

(6) 设置数据格式。

点击指标“销售费用”，点击【数据格式】，进行以下设置：

缩放率：10 000。

千位符：启动。

小数位：2。

(7) 设置显示名。

点击指标“销售费用”，点击【设置显示名】。

别名设置为：销售费用(万元)。

(8) 点击【保存】。

销售费用历年趋势

任务 25　销售费用子项构成分析

操作步骤

数据表：销售费用明细。

(1) 新建可视化。

可视化命名为：销售费用子项构成。

(2) 选择维度与指标。

维度：一级科目、二级科目、三级科目。

指标：金额。

(3) 选择显示图形。

建议图形：表格。

(4) 显示设置。

点击【批量设置数据格式】，进行以下设置：

缩放率：10 000。

千分位：启用。

后导符：万元。

小数位：2。

(5)点击【保存】。

销售费用子项构成分析

随堂测验

一、单选题

1. 销售费用率的计算公式为(　　)。

A. 销售费用/主营业务成本　　B. 销售费用/主营业务收入

C. 销售费用/资产总额　　D. 销售费用/所有者权益

2. 管理费用年末应当结转至(　　)科目。

A. 利润总额　　B. 未分配利润　　C. 本年利润　　D. 负债合计

3. 企业发生的与专设销售机构相关的固定资产修理费用等后续支出属于(　　)。

A. 财务费用　　B. 管理费用

C. 销售费用　　D. 管理费用或销售费用

4. 以下哪项不属于财务费用核算范围内的手续费(　　)。

A. 发行股票所支付的手续费

B. 开出汇票的银行手续费

C. 发行债券所需支付的需要费用化的手续费

D. 调剂外汇手续费

5. 企业为购置、建造固定资产、无形资产和经过 12 个月以上建造才能达到可销售状态的存货发生借款的，在有关资产购置、建造期间发生的合理的借款费用，应当作为(　　)计入有关资产的成本。

A. 财务费用　　B. 管理费用　　C. 销售费用　　D. 资本性支出

6. 由于管理费用中大部分属于不变成本，所以随着销售额的增长，管理费用率应呈现(　　)趋势。

A. 下降　　B. 上升　　C. 不变　　D. 不确定

7. 以下哪项不属于企业的期间费用(　　)。

A. 财务费用　　B. 生产费用　　C. 管理费用　　D. 销售费用

8. 以下哪项不属于企业的管理费用(　　)。

A. 企业水电费　　　　　　　　　B. 销售部门的折旧费

C. 管理人员差旅费　　　　　　　D. 管理部门人员薪酬

二、多选题

1. 费用分析的一般方法包括(　　)。

A. 历史对比　　　B. 横向对比　　　C. 结构百分比　　　D. 多维度分析

2. 管理费用长期保持高位运行的影响因素比较多，也很复杂，常常受到各种主客观因素的影响，企业会计部门要与产生费用的部门进行相关项目分析，找出原因，提出应对措施，通常应对措施有(　　)。

A. 规范管理费用核算，遵循因果关系和级次限制原则

B. 实行决策的科学化、民主化，建立监督机制和营造低碳办公环境

C. 优化职工人才结构，加强专业人员培养，制定严格的奖惩制度，提高管理费用控制积极性

D. 树立企业控制管理费用的整体观念，建立完善管理费用控制体系，编制管理费用控制计划。提高企业管理费用控制水平

3. 财务费用是指企业为筹集生产经营所需资金等而发生的费用，具体项目有(　　)。

A. 生产经营期间发生的不应计入固定资产价值的利息费用

B. 金融机构手续费

C. 汇兑净损失

D. 利息收入

4. 为不断提高企业财务管理的效率，促进企业经济效益的不断提升，可以通过以下措施降低财务费用(　　)。

A. 提高资金利润率，减少不合理资金占用，加速资金周转，提高资金运作效率

B. 科学分析，确定企业资金的合理需求量，对超量的银行借款能还就还，勤借勤还

C. 发挥企业优势，多渠道融资，实现最小的贷款规模，获取最低的综合贷款利率，多管齐下减少利息支出

D. 充分运用生产经营活动产生的资金沉淀，加强各部门的相互监督作用，提高经济效益，从而实现企业价值最大化的目标

5. 一般情况下，销售费用的构成主体包括下面几项(　　)。

A. 销售人员薪酬

B. 销售业务费用，包括培训费、办公费、招待费、差旅费等

C. 公关费用，包括赞助费、庆典活动费用，会议费等

D. 广告费用，包括广告策划费用、制作费用、媒体费用

E. 售后服务费用

三、判断题

1. 生产成本费用主要涉及企业生产过程的料工费等内容，比期间费用的压缩弹性更大。（ ）

2. 如果采用现款价的折扣小于贴现利率，则可以将商业汇票贴现取得现款来支付货款，从而降低财务费用。（ ）

3. 管理费用率指标越低，说明企业的利润被组织、管理性的费用消耗得太多，必须加强管理费用的控制才能提高盈利水平。（ ）

4. 销售回款相比销售收入更能体现公司市场营销团队的工作质量。通过与竞争对手对比销售费用与销售回款的比例，可以分析公司的销售费用各项支出是否合理。（ ）

5. 从费用数据分析中发现问题，核心分析方法是对比。首先需要明确分析目标，其次是确定数据范围，也就是对比什么数据，最后是选择对比的方法。（ ）

6. 展览费和广告费、商品维修费一般属于企业的管理费用。（ ）

7. 结构百分比法能够排除规模的影响，在不同比较对象间建立起可比性。（ ）

第 10 章 资金分析

学习目标

【知识目标】

- 了解资金管理的重要性
- 掌握资金的相关概念
- 掌握资金分析的相关指标
- 了解资金的来源结构
- 了解债务的构成

【技能目标】

- 能够依据案例资料分析企业资金状况
- 能够使用数据表进行资金存量可视化分析
- 能够使用数据表进行资金来源可视化分析
- 能够使用数据表进行债务分析与预警可视化

【素质目标】

- 树立学生通过数据思维进行数据分析的意识
- 培养学生运用分析云进行数据处理和分析的能力
- 强化学生独立钻研数据分析实操的职业素养

【思政目标】

- 强化学生对财务风险的识别和评估能力，培养其在面对不确定性时做出合理判断和应对策略的职业素养
- 强化学生诚信、公正和合规的财务资金管理思维

思维导图

本章主要内容为资金分析，主要包括项目导入、数据准备、资金存量分析 3 个学习任务。本章学习思维导图如图 10-1 所示。

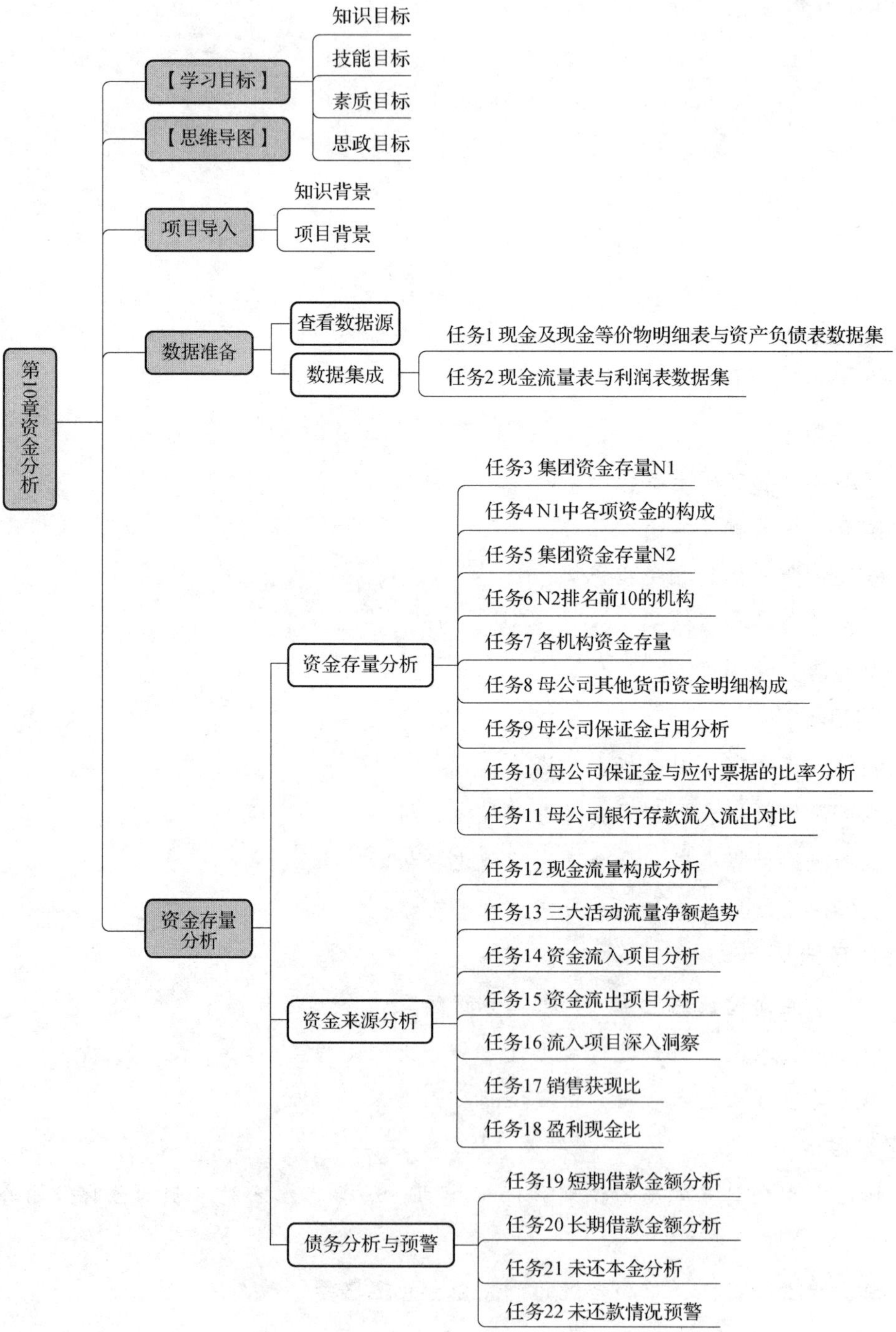

- 第10章资金分析
  - 【学习目标】
    - 知识目标
    - 技能目标
    - 素质目标
    - 思政目标
  - 【思维导图】
  - 项目导入
    - 知识背景
    - 项目背景
  - 数据准备
    - 查看数据源
    - 数据集成
      - 任务1 现金及现金等价物明细表与资产负债表数据集
      - 任务2 现金流量表与利润表数据集
  - 资金存量分析
    - 资金存量分析
      - 任务3 集团资金存量N1
      - 任务4 N1中各项资金的构成
      - 任务5 集团资金存量N2
      - 任务6 N2排名前10的机构
      - 任务7 各机构资金存量
      - 任务8 母公司其他货币资金明细构成
      - 任务9 母公司保证金占用分析
      - 任务10 母公司保证金与应付票据的比率分析
      - 任务11 母公司银行存款流入流出对比
    - 资金来源分析
      - 任务12 现金流量构成分析
      - 任务13 三大活动流量净额趋势
      - 任务14 资金流入项目分析
      - 任务15 资金流出项目分析
      - 任务16 流入项目深入洞察
      - 任务17 销售获现比
      - 任务18 盈利现金比
    - 债务分析与预警
      - 任务19 短期借款金额分析
      - 任务20 长期借款金额分析
      - 任务21 未还本金分析
      - 任务22 未还款情况预警

图 10-1　第 10 章思维导图

10.1　项目导入

10.1.1　知识背景

资金分析

1. 资金分析的框架结构

(1)资金分析的重要性。

资金是企业运行的血液，一个企业没有利润可以存活，但是没有现金流寸步难行。企业的经营活动，反映在物流和资金流上。企业的物流或商流，实际上是现金流的一种变现形式，现金流是否畅通，关系着企业的运转是否正常。

通过现金流，可以了解公司获取现金的能力和偿债能力，并且对经营收益的质量作出评价，还可以了解公司投资和筹资的情况。

【资金断裂导致企业倒闭的案例】

丹东港：2017 年 10 月 30 日，丹东港集团发行的 10 亿元中期票据因未能按期兑付本金，出现了实质性违约。2016 年末，该公司有息债务总余额已达 366 亿元。

齐星集团：由于公司运营管理和投资决策失误，齐星集团因资金链断裂，导致大量银行贷款到期无法偿还，多个项目因资产短缺而停产。据悉，齐星集团涉及的银行业债务超过 70 亿元，除此之外，还有大概 40 亿元社会融资。

博源集团：2016 年底，博源集团有息债务总计 135. 55 亿元，其中，19 亿元债券违约，对外担保 41. 47 亿元。截至 2017 年 3 月末，公司抵质押资产账面价值 115. 31 亿元，占净资产比重为 156. 31%，受限资产规模较大，再融资能力十分有限。

资金分析的关注点：

1)资金的安全性。资金的安全性是指资金到期能够安全回收的可能性。

2)资金的收益性。资金的收益性是指使用后获得回报水平的高低。

3)资金的流动性。资金的流动性是指非现金资产在市场能够变现的能力。

(2)资金分析的框架。

站在企业经营者和管理者的角度，可以从三个方面对企业资金情况进行分析，分别是：资金存量分析、资金来源分析及债务分析与预警。

1)资金存量分析。

资金存量是指企业持有的现金量，也就是资产负债表中的货币资金量，其中，货币资金是指可以立即投入流通，用以购买商品或劳务，或用以偿还债务的交换媒介物。

在流动资产中，货币资金的流动性最强，并且是唯一能够直接转化为其他任何资产形态的流动性资产，也是唯一能代表企业现实购买力水平的资产。为了确保生产经营活动的正常进行，企业必须拥有一定数量的货币资金，以便进行购买材料、交纳税金、发放工资、支付利息及股利或进行投资等活动。企业所拥有的货币资金量是分析判断企业偿债能力与支付能力的重要指标。

2）资金来源分析。

企业的资金来源由经营活动产生的现金流量、投资活动产生的现金流量和筹资活动产生的现金流量三部分构成。

通过分析现金流量及其结构，可以了解企业现金的来龙去脉和现金收支构成，评价企业经营状况、创现能力、筹资能力和资金实力等。

3）债务分析与预警。

企业债务一般来自于三个方面：因短期资金不足而借入的短期借款；因战略性发展需要而筹措的长期债务；以及因日常经营活动产生的应付款项。

企业在运营时要做到了解本企业的债务情况，并对其进行有效监控及预警。通过分析公司的贷款与欠款情况，对大额贷款做出预警，同时分析大额资金的使用效益、比较融资成本，为经营者做出合理的资金计划提供数据支持。

2. 资金存量分析

（1）资金存量的形式。

1）现金。

现金是指在企业生产经营过程中暂时停留于货币形态的资金，通常包括库存现金、可以随时用于支付的银行存款以及其他货币资金。

在资产负债表中并入货币资金，列示为流动资产，但应注意具有专门用途的现金只能作为投资项目等列为非流动资产。

2）货币资金。

货币资金是指在企业生产经营过程中处于货币形态的资金，是资产负债表的一个流动资产项目，包括库存现金、银行存款和其他金融机构的活期存款以及本票和汇票存款等可以立即支付使用的交换媒介物。但需要注意的是，凡不能立即支付使用的（如银行承兑汇票保证金、银行冻结存款等）资金，均不能视为货币资金。

为了整体反映企业货币资金的基本情况，资产负债表上一般只列示“货币资金”项目，不再按货币资金的各组成项目单独列示。

3）现金等价物。

现金等价物指企业持有的期限短、流动性强、易于转换为已知金额现金、价值变动风险很小的投资（通常投资日起三个月到期的国库券、商业本票、货币市场基金、可转让定期存单、商业本票及银行承兑汇票等皆可列为现金等价物）。

现金等价物虽然不是现金，但其支付能力与现金差不多，可视同现金，或称“准现金”。企业为了不使现金闲置，通常购买短期债券，在需要现金时可以变现。在判断企业短期偿债能力时，亦可使用现金及现金等价物余额与其短期债务进行比较。

4) 现金及现金等价物余额。

现金及现金等价物余额由“现金”(即企业库存现金以及可以随时用于支付的存款)和“现金等价物”(即流动性很强的短期投资资产，如三个月内到期的国库券、商业本票等)构成。主要为非受限的货币资金，更能反映资金的流动性。可通过“现金及现金等价物余额/货币资金”判断货币资金的受限程度。

在判断企业短期偿债能力时，亦可使用现金及现金等价物余额与其短期债务作比。

5) 受限资金。

受限货币资金主要指的是保证金、不能随时用于支付的存款(如定期存款)、在法律上被质押或者以其他方式设置了担保权利的货币资金。

受限资金的来源主要是各种保证金存款。在要求银行开具承兑汇票或其他票据时所支付的保证金，在票据到期之前仍然存于保证金账户，在银行保证金账户中可以查到，期末也要在报表中体现，只是使用受到限制，在开具的票据到期后自动用该部分保证金支付对价。

受限资金不可随意使用，在分析资金存量时要重点关注。

受限资金的常见类型是银行承兑汇票保证金。

银行承兑汇票保证金是指企业向开户行申请办理银行承兑汇票业务时，作为银行承兑汇票出票人按照自己在开户行(承兑行)信用等级的不同所需缴纳的保证银行承兑汇票到期承付的资金。

中国的《票据法》和《支付结算办法》对银行承兑汇票有着严格的使用限制，要求银行承兑汇票的出票人为在承兑银行开立存款账户的法人以及其他组织，与承兑银行具有真实的委托付款关系，具有支付汇票金额的可靠资金来源。所以，在我国银行业开具银行承兑汇票的实际操作中，都要求出票人提供一定数额的保证金，一般与银行承兑的数额相一致，如果出票人在该银行享有信用贷款，则可以少于银行承兑的数额。

银行承兑汇票出票人在开具银行承兑汇票前存于承兑银行的保证金在本质上属于动产质押的范畴，承兑银行享有优先受偿权。

(2) 资金存量分析指标。

资金是企业赖以生存和发展的基础，其运转不仅涉及企业生产经营活动的方方面面，还与企业的管理水平和经济效益密切相关。不同的财务指标，反映了企业资金运营的好坏。资金存量分析主要包括资金存量总量分析、资金存量使用效率分析及资金存量偿债能力分析三个方面。

1) 资金存量总量分析。

企业资金存量的总量分析，是纵览全局首先要掌握的一个指标，反映了企业的直接支付能力。

从财务管理角度看，货币资金量过低，将会影响企业的正常经营活动，制约企业发展进而影响企业的商业信誉；货币资金量过高，则意味着企业正在丧失潜在的投资机会，也可能表明企业的管理人员生财无道。

常用分析指标：

N1(公司货币资金储备)：

定义：N1 指标反映了公司用于直接支付的能力，它包括了公司持有的最流动的资产。

计算方法：N1 = 库存现金 + 银行存款 + 其他货币资金。

解读：库存现金是指公司手头的现金，银行存款是指公司在银行的存款余额，其他货币资金可能包括现金等价物或者其他可以快速转换为现金的资产。这个指标越高，说明公司的即期支付能力越强。

N2(扩展的货币资金储备)：

定义：N2 指标在 N1 的基础上增加了交易性金融资产和应收票据，提供了更全面的流动性评估。

计算方法：N2 = N1 + 交易性金融资产 + 应收票据。

解读：交易性金融资产是指公司持有的可以快速转换为现金的金融工具，如短期债券、货币市场基金等。应收票据是公司持有的、已承诺支付的短期债务工具。N2 指标比 N1 更全面，因为它考虑了更多可以在短期内转换为现金的资产。

2)资金存量使用效率分析。

资金存量的使用效率，是评价资金使用效果的一个参数，反映了资产使用的有效性和充分性。常用的分析指标为货币资金占总资产的比重。

“货币资金”占总资产比重越高，说明本企业的资金储备率越高，经营风险越小，偿债能力越强；“货币资金”占总资产比重越低，说明企业的资金链有一定风险，且偿债能力也越弱。

常用分析指标有：

N1 占总资产比重。反映资金使用效率，指标较高，说明资金使用息效率低；指标较低，可能导致支付风险。N1 占总资产比重=N1/总资产。

N2 占总资产比重。反映资金使用效率，指标较高，说明资金使用息效率低；指标较低，可能导致支付风险。N2 占总资产比重=N2/总资产。

3)资金存量偿债能力分析。

在进行企业资金存量的偿债能力分析中，常用的分析指标是货币资金占流动负债的比重，这也是衡量企业短期偿债能力的重要指标之一。对于债权人，该比率越高越好；对于经营者，该比率不宜过高。

货币资金是企业资产中获利能力最差的，将资金过多地保留在货币资金上，将导致企

业失去很多获利机会，从而降低获利能力。

常用分析指标有：

货币资金与流动负债的比率。反映企业现时直接偿债能力，该指标高，表明企业偿债能力强；该指标低，表明企业支付、偿债风险高。货币资金与流动负债的比率＝N1/流动负债。

可用资金与流动负债的比率。反映企业直接偿债能力，部分货币性资金可能需要一定时间转化才能使用。该指标高，表明企业偿债能力强；该指标低，表明企业支付、偿债风险高。可用资金与流动负债的比率＝N2/流动负债

【思考与任务】

1. 企业手里的资金是越多越好吗？
2. 如何利用资金管理为企业创造价值？

3. 资金来源分析

(1)资金的来源。

从现金流量表来看，企业资金来源主要有三部分：

1)经营活动产生的现金流(CFO)：经营活动产生的现金流是企业现金的主要来源。

2)投资活动产生的现金流(CFI)：投资活动产生的现金流是企业长期资产(通常是指一年以上)的购建及其处置产生的现金流量。

3)筹资活动产生的现金流(CFF)：筹资活动产生的现金流是企业资本及债务的规模和构成发生变化的活动所产生的现金流量。

资金的三个来源处于不同的状态，代表企业的不同经营情况。以经营现金流为主，看投资和筹资现金流的情况，对企业的经营状况做分析，可以分为几种情况。当经营现金流为正时，如表 10-1 所示。

表 10-1　经营现金流为正时企业经营分析

经营现金流	投资现金流	筹资现金流	企业经营分析
+	+	+	经营和投资收益状况较好，这时仍可以进行融资，通过找寻新的投资机会，避免资金的闲置性浪费
	+	-	经营和投资活动良性循环，筹资活动虽然进入偿还期，但财务状况仍比较安全
	-	+	经营状况良好，在内部经营稳定进行的前提下，通过筹集资金进行投资。企业处于扩张时期，应着重分析投资项目的盈利能力
	-	-	经营状况良好。一方面在偿还以前的债务，另一方面又要继续投资。应关注经营状况的变化，防止经营状况恶化导致整体财务状况恶化

当经营现金流为负时，如表 10-2 所示。

表 10-2　经营现金流为负时企业经营分析

经营现金流	投资现金流	筹资现金流	企业经营分析
-	+	+	靠借债维持生产经营的需要。财务状况可能恶化，应着重分析投资活动现金流是来自投资收益还是收回投资，如果是后者，则形势严峻
	+	-	经营活动已经发出危险信号，如果投资活动现金收入主要来自收回投资，则已经处于破产边缘，应高度警惕
	-	+	靠借债维持日常经营和生产规模的扩大，财务状况很不稳定。假如是处于投产期的企业，一旦渡过难关，还可能有发展；如果是成长期或稳定期的企业，则非常危险
	-	-	财务状况非常危险，这种情况往往发生在高速扩张时期，由于市场变化导致经营状况恶化，加上扩张时投入了大量资金，使企业陷入困境

分析一家企业的经营情况时，还需考虑该企业处于什么发展阶段。企业处于不同的发展阶段，对资金的需求也是不同的，具体情况如表 10-3 所示。

表 10-3　企业发展阶段

企业发展阶段	资金来源结构	企业经营分析
初创期	经营活动现金净流量为负数 投资活动现金净流量为负数 筹资活动现金净流量为正数	借款人需要投入大量资金，形成生产能力，开拓市场，其资金来源只有举债、融资等筹资活动
发展期	经营活动现金净流量为正数 投资活动现金净流量为负数 筹资活动现金净流量为正数	经营活动中大量现金回笼，为扩大市场份额，借款人仍需追加投资，仅靠经营活动现金流量净额可能无法满足投资，须筹集必要的外部资金作为补充
成熟期	经营活动现金净流量为正数 投资活动现金净流量为正数 筹资活动现金净流量为负数	销售市场稳定，已进入投资回收期，但很多外部资金需要偿还
衰退期	经营活动现金净流量为负数 投资活动现金净流量为正数 筹资活动现金净流量为负数	市场萎缩、占有率下降，经营活动现金流入小于流出，同时，借款人为了应付债务不得不大规模收回投资以弥补现金的不足

(2)从现金流分析看企业造假案例。

作为清洁能源解决方案提供商，三聚环保上市六年间收入暴增 41 倍，股价实现了 5 年 30 倍的涨幅。然而，2017 年 5 月 26 日，在股市一片大好的情况下，三聚环保突然出现跳水行情，迅速跌停。

2015 年，三聚环保公司净利润为 8.14 亿，经营现金流净额只有 0.6 亿。2016 年，公司净利润为 16.3 亿，经营现金流净额只有 3.2 亿。2015 年和 2016 年，正是三聚环保业务大爆发的时候，经营现金流净额却跟净利润完全脱钩，严重不匹配，出现“有利润无现金”的局面。

分析指标：“经营活动产生的现金净流量”与“净利润”之比。

正常情况下，经营活动产生的现金流净额应该和净利润差不多，这说明利润基本来源于企业的正常经营活动，企业没有“不务正业”，企业正常经营得来的利润基本真实。如果经营活动产生的现金流净额持续(一两期报表以上)低于净利润，说明利润并没有兑现，只停留在纸上，很有可能是在玩数字游戏。

【拓展阅读】贵州茅台从 2007 年至 2016 年十年间实现的净利润为 1 067 亿元，产生的经营活动现金流量净额为 1 197 亿，经营活动现金流量净额是净利润的 1.12 倍。格力十年间实现净利润 767 亿元，经营活动现金流量净额 1 261 亿元，净现比高达 1.64。

(3)相关分析指标。

1)分析销售现金流量率，展望发展潜力。

销售获现比率=销售商品、提供劳务收到的现金/营业收入。

用“经营活动产生的现金净流量”除以“当期主营业务收入净额”，反映被投资单位在会计期间每实现 1 元营业收入能获得多少现金净流量。该指标若大于销售净利率，则表明被投资单位有良好的发展前景。

2)分析现金流量变动，预测各种风险。

现金流量趋势分析是根据连续几期现金流量表中的经营活动、投资活动和筹资活动的现金流量特征，比较、分析、确定各项现金流量的变化趋势和变化规律，并对未来的总体发展作出预测。分析时可选用数年的现金流量表作为资料，一般选取 3 至 5 年的现金流量表较为恰当。

3)分析自由现金流(Free Cash Flow)。

自由现金流作为一种企业价值评估的新概念、理论、方法和体系，最早是由美国西北大学的拉巴波特、哈佛大学的詹森等学者于 20 世纪 80 年代提出的，经历 20 多年的发展，特别在以美国安然、世通等为代表的之前在财务报告中利润指标完美无瑕的所谓绩优公司纷纷破产后，已成为企业价值评估领域使用最广泛，理论最健全的指标，美国证监会更是要求公司年报中必须披露这一指标。

FCF[自由现金流量]=EBIT[息税前利润]-Taxation[税款]-Depreciation & Amortization[折旧和摊销]-Changesin Working Capital[营运资本变动]-Capitalexpenditure[资本支出]

亚马逊的创始人贝佐斯对自由现金流非常重视。1997 年，在亚马逊上市的第一封年度股东信里，贝佐斯开宗明义地说：“如果非要让我们在公司财务报表的美观和自由现金流之间选择的话，我们认为公司核心的关注点应该是自由现金流。"之后在长达20个年度的股东信里，贝佐斯不下几十次地反复强调过，公司最重要的财务指标，就是每股带来的自由现金流。

4. 债务分析与预警

(1)企业债务构成。

企业债务由短期借款、长期借款和应付项目构成。

1)短期借款。

短期借款是指企业根据生产经营的需要，从银行或其他金融机构借入的，偿还期在一年以内的各种借款，包括生产周转借款、临时借款等。

短期借款的优点是可以自由控制余额，在规定时间内可以根据自己的资金使用需求进行期限和额度的自由搭配，还款压力小，贷款归还后，还可以继续循环使用；可借款额度高，用款方式灵活，可以解决短期内急需资金周转的需要；借款周期短，可以节约利息和成本。

短期借款的缺点是，如果贷款的资金需要长期满足周转，短期贷款明显就不适合，因为它需要在短期内进行归还；如未能按期偿还，会按罚息计算复利，当出现无法偿还时，则会发生债务日益恶化的局面。

2)长期借款。

长期借款是指企业因战略发展需要而对外筹措的，如从银行或其他金融机构借入的一年以上(不含一年)的借款。

长期借款是项目投资中的主要资金来源之一。当一个投资项目需要大量资金时，光靠自有资金往往是不够的。从投资人角度来看，举借长期借款往往比吸引投资更为有利。长期借款有利于投资人保持原有控制企业的权力，不会因为企业筹集长期资金而影响投资者本身的利益。长期借款还可能会为投资人带来获利机会。因为长期借款利息可以计入财务费用，在税前利润列支，在企业盈利的情况下，就可以少交一部分所得税，为投资人增加利润。

长期借款的优点是筹资速度快、资本成本较低、弹性较大、具有财务杠杆作用；缺点是财务风险较大、限制条款较多、筹资数量有限。

3)经营性应付项目。

经营性应付项目包括应付账款、应付票据、其他应付款、预收账款、应付职工薪酬和应交税费等项目，在计算时要扣除非经营活动的影响。

【思考】企业经营中如何选择长短期贷款？

管理层关心的债务问题：

(1)假设企业资金缺口2 000万，有一个银行愿意提供贷款，你是选择短期贷还是长期贷？

(2)应该考虑哪些影响因素？

(2)债务预警分析。

企业在运营时要做到了解本企业的债务情况，并对其进行有效监控及预警。在大数据技术广泛应用于财务分析的背景下，由于数据时效性强，数据可视化被广泛应用，可以一目了然地看到企业短期借款、长期借款的组成以及未还本金是多少，预警机制也逐渐成熟。另外，除了短期及长期借款，债务分析中还需要监控大额贷款的使用情况，形成监控机制。需要根据企业的规模，设置对应的监控数据指标，并对资金使用有效性进行分析。

当企业需要筹资时，筹资方案的不同，涉及的成本费用及筹资款的多少也会不同，这就需要查询当年的贷款利率，并计算当期的净资产收益率及贷款的资本成本，最后做出融资方案建议，供管理层选择。

债务预警分析的流程，如图 10-2 所示。

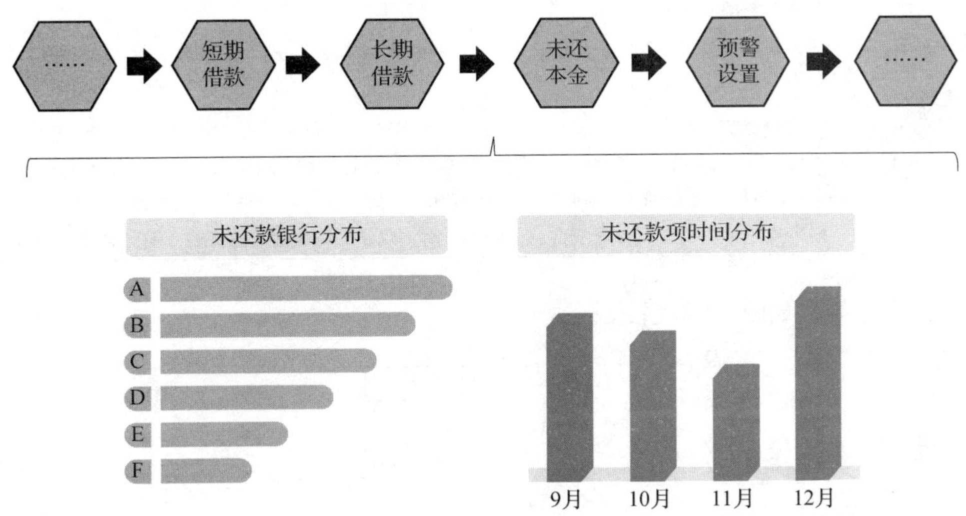

图 10-2 债务预警分析

【思考】管理层关心的债务问题：

1. 贷款融资与投资人投入资金，哪种方式更好?

2. 贷款融资时应该考虑哪些因素?

【分析】1. 长短期贷款的选择?

可以从以下影响因素考虑：贷款用途、贷款利率、还款计划、未来的资金流入。

2. 贷款融资考虑因素：

查询当年长期贷款利率—计算当期的净资产收益率—计算贷款的资本成本—作出融资建议。

10.1.2 项目背景

1. 项目企业介绍

企业全称	AJHXJL 矿业科技有限公司		
英文名称	AJHXJL Mining Co., Ltd.		
注册资本(元)	100000000	公司类型	有限责任公司
成立时间	2003 年	雇佣人数	3200 人
企业简介	集矿山采选技术研究、矿产资源勘查、矿山设计、矿山投资开发、矿产品加工、销售于一体的集团化企业。		
	总公司下辖 28 家子公司，拥有矿山 31 个，资源占有量 16.61 亿吨。其中，铁矿资源 8.97 亿吨；银矿资源 4.9 亿吨；原煤资源 1.3 亿吨；方解石资源 463 万吨，远景储量 1000 万吨；铜矿资源 930 万吨。 公司现有员工 3 200 人。其中，博士、硕士学位人才 20 余人，学士学位人才 100 余人，各专业技术人才 1500 人。		
	目前已投产的铁矿山 22 个，煤矿 2 个，铂矿 1 个，方解石矿 1 个，铜矿 1 个。年产铁精粉 550 万吨，钼精粉 15 000 吨，铜金属 4 200 吨，锌精粉 3 000 吨，铅精粉 8 000 吨，磷精粉 110 万吨，硫精粉 15 万吨，硫酸 11 万吨，硫酸钾 4 万吨，磷酸氢钙 2 万吨。公司通过自主勘查与合作勘查，在内蒙古、青海、云南、西藏、河北等地拥有铁、铜、煤等资源探矿权。		

企业组织结构，如图 10-3 所示。

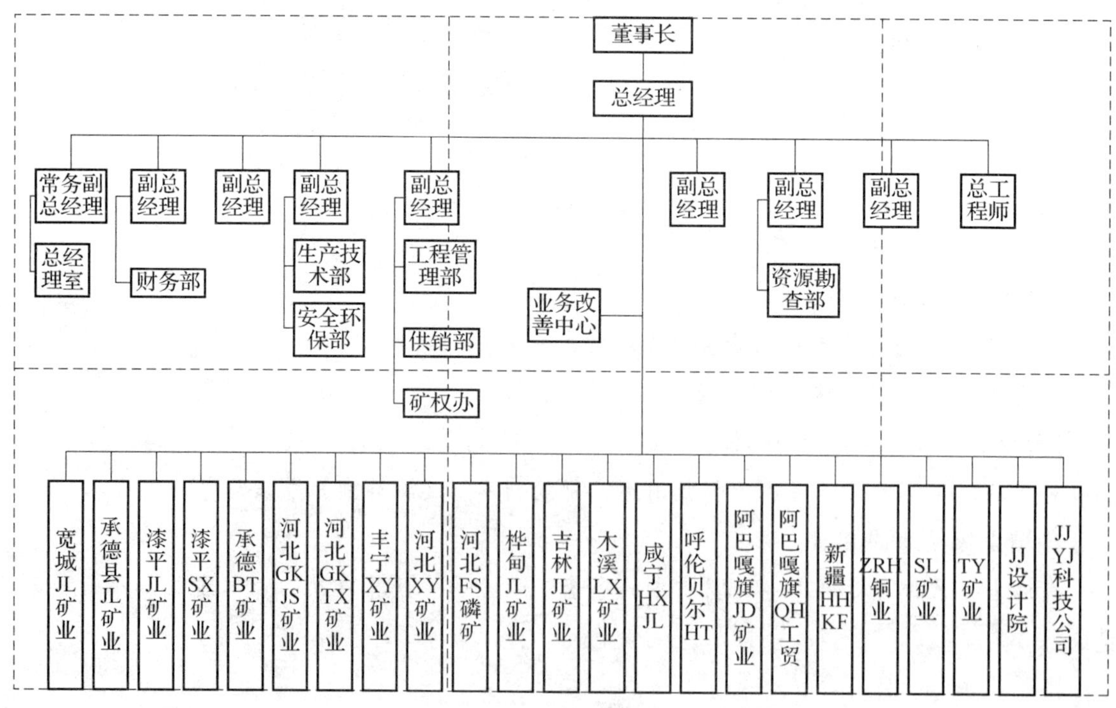

图 10-3 组织结构

2. 项目背景

2019 年 10 月 8 日，AJHXJL 公司将举办业务经营会议。财务总监将在会议上对公司的资金状况进行专项汇报，从而使管理层全面深入了解公司资金状况，为经营决策提供数据支撑。除此之外，还要求财务总监对下一期的资金流入量进行预测，以便量入为出，安排下期的重要支出。

任务目标如下：

财务分析师将从资金存量、资金来源、债务三个维度对企业资金进行数据分析，洞察数据背后的含义，溯源分析指标增减比率的合理性与异常项，给管理层提供决策支持和重要事项预警提示。同时要求财务分析师使用简单易用的时间序列等算法进行资金流入量预测。

10.2 数据准备

10.2.1 查看数据源

数据源为 AJ 公司 ERP 系统中财务模块和资金模块的数据，该数据直接从 ERP 系统中导出，经过格式转换，已上传内置在分析云中，如图 10-4 标注处所示。资金分析的数据源表均在此处，分析时可以直接引用。

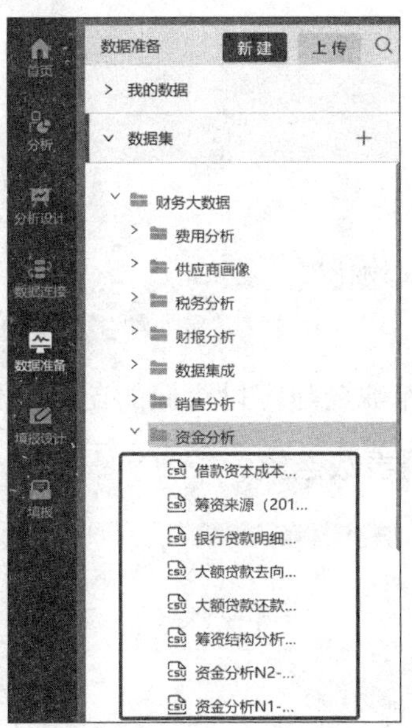

图 10-4　查看数据源

10.2.2 数据集成

任务1 现金及现金等价物明细表与资产负债表数据集

操作步骤

(1)新建文件夹。

文件夹命名为：资金分析与预测。

(2)新建数据集。

点击【新建】。

选择数据集类型：关联数据集。

填写基本信息：将数据集命名为“现金及现金等价物明细表与资产负债表数据集”，保存在我的数据-资金分析与预测文件夹内。

点击【确定】。

(3)选择数据表。

先将第一张数据表“现金及现金等价物明细表”拖拽到右上方空白区域内(该表存放位置：数据集—财务大数据—资金分析)。

再将AJ公司的资产负债表拖拽至右上方空白区域内(该表存放位置：数据集—财务大数据—财报分析)。

(4)选择关联方式。

分别点击两个数据表，系统弹出“连接”窗口，进行以下设置：

连接方式：内连接。

关联条件：日期。

(5)点击【保存】。

(6)点击【执行】。

(7)点击【实时】，选择“数据物化”。

(8)点击【保存】。

该数据表用于分析“母公司保证金与应付票据的比率分析”任务。

现金及现金等价物明细表与资产负债表数据集

任务2 现金流量表与利润表数据集

操作步骤

(1)新建数据集。

点击【新建】。

选择数据集类型：关联数据集。

填写基本信息：将数据集命名为“现金流量表与利润表数据集”，保存在我的数据—资

金分析与预测文件夹内。

点击【确定】。

(2)选择数据表。

先将第一张数据表 AJ 公司的现金流量表拖拽到右上方空白区域内(该表存放位置：数据集—财务大数据—资金分析)。

再将 AJ 公司的利润表拖拽至右上方空白区域内(该表存放位置：数据集—财务大数据—财报分析)。

(3)选择关联方式。

分别点击两个数据表，系统会弹出“连接”窗口，进行以下设置：

连接方式：内连接。

关联条件：日期。

(4)点击【保存】。

(5)点击【执行】。

(6)点击【实时】，选择“数据物化”。

(7)点击【保存】。

该数据表用于分析“销售获现比”任务。

现金流量表与利润表数据集

10. 3　资金存量分析

10. 3. 1　资金存量分析

任务 3　集团资金存量 N1

数据表：资金分析 N1-各机构(2019 年 9 月份)。

操作步骤

(1)新建可视化。

可视化命名为：集团资金存量 N1。

(2)选择维度与指标。

维度：无。

指标：期末余额。

(3)选择显示图形。

建议图形：指标卡。

(4)设置数据格式。

缩放率：100 000 000。

千分位：启用。

后导符：亿元。

小数位：2。

(5)点击【保存】。

集团资金存量 N1

任务 4　N1 中各项资金的构成

数据表：资金分析 N1-各机构(2019 年 9 月份)。

操作步骤

(1)新建可视化。

可视化命名为：N1 中各项资金的构成。

(2)选择维度与指标。

维度：科目名称。

指标：期末余额。

(3)选择显示图形。

建议图形：饼图。

(4)设置数据格式。

缩放率：100 000 000。

千分位：启用。

后导符：亿元。

小数位：2。

(5)点击【保存】。

N1 中各项资金的构成

任务 5　集团资金存量 N2

数据表：资金分析 N2-各机构(2019 年 9 月份)。

操作步骤

(1)新建可视化。

可视化命名为：集团资金存量 N2。

(2)选择维度与指标。

维度：无。

指标：期末余额。

(3)选择显示图形。

建议图形：指标卡。

(4)设置数据格式。

缩放率：100 000 000。

千分位：启用。

后导符：亿元。

小数位：2。

(5)点击【保存】。

集团资金存量N2

任务6　N2排名前10的机构

操作步骤

数据表：资金分析N2-各机构(2019年9月份)。

(1)新建可视化。

可视化命名为：N2排名前10的机构

(2)选择维度与指标。

维度：机构名称。

指标：期末余额。

(3)选择显示图形。

建议图形：条形图。

(4)指标排序。

点击指标“期末余额”下拉箭头，选择“升序”排序。

(5)显示设置。

将显示格式设置为显示后10位。

(6)数据格式设置。

千分位：启用。

(7)点击【保存】。

N2排名前10的机构

任务7　各机构资金存量

要求：显示各机构的资金存量，点击某一机构能穿透查询其资金结构。

操作步骤

数据表：资金分析N2-各机构(2019年9月份)。

(1)新建可视化。

可视化命名为：各机构资金存量。

(2)设置层级。

点击维度旁边【+】，进行以下设置：

层级名称：穿透层级。

钻取路径：机构名称>科目名称。

(3)选择维度与指标。

维度：穿透层级。

指标：期末余额。

(4)选择机构的显示图形。

建议图形：条形图。

(5)指标排序。

点击指标“期末余额”下拉箭头，选择“升序”排序。

(6)选择穿透资金结构的显示图形。

建议图形：饼图。

(7)点击【保存】。

【思考】AJHXJL 的资金结构中显示其他货币资金占比较大，是否正常？反映了什么问题？

各机构资金存量

【分析】需要进一步分析母公司 AJHXJL 的其他货币资金构成。

任务 8　母公司其他货币资金明细构成

操作步骤

数据表：AJHXJL 其他货币资金构成(2019 年 9 月)。

(1)新建可视化。

可视化命名为：母公司其他货币资金明细构成。

(2)选择维度与指标。

维度：科目名称。

指标：期末余额。

(3)选择显示图形。

建议图形：环形图或饼图。

(4)点击【保存】。

【思考】通过进一步观察，其他货币资金全部是银行承兑汇票的保证金，该资金属于受限资金，流动性差，从历史趋势及其与应付票据的占比分析该资金的占用是否合理。

母公司其他货币资金明细构成

任务9　母公司保证金占用分析

操作步骤

数据表：资金分析-银行承兑汇票保证金历史趋势(5年)。

(1)新建可视化。

可视化命名为：母公司保证金占用分析。

(2)选择维度与指标。

维度：年、月。

指标：余额。

(3)选择显示图形。

建议图形：柱状图。

(4)维度排序。

将维度“年”和“月”按升序排序。

(5)数据格式设置。

缩放率：100 000 000。

千分位：启用。

小数位：2。

(6)设置显示名。

别名设置为：余额(亿元)。

(7)设置颜色。

将指标“年”拖拽至颜色设置区域内，进行设置。

(8)点击【保存】。

母公司保证金占用分析

【思考】从历史趋势看，保证金的金额一直下降，是否能判断其资金管理的效率提高了呢？进一步分析保证金与应付票据的比率。

任务10　母公司保证金与应付票据的比率分析

操作步骤

数据表：现金及现金等价物明细表、资产负债表。

(1)建立数据集。

将现金及现金等价物明细表关联资产负债表(连接方法：可以使用内连接，关联条件：日期)。

(2)新建可视化。

可视化命名为：母公司保证金与应付票据比率。

(3)新建字段。

字段名：保证金占比。

字段类型：数字。

计算公式：保证金占比=sum(银行承兑保证金)/sum(应付票据)。

(4)选择维度与指标。

维度：年_日期。

指标：保证金占比。

(5)选择显示图形。

建议图形：折线图。

(6)维度排序。

将维度“年_日期”按升序排序。

(7)点击【保存】。

【思考】通过保证金占比的历年趋势分析，评价该公司资金管理的能力。

母公司保证金与应付票据的比率分析

任务 11　母公司银行存款流入流出对比

操作步骤

数据表：银行存款序列表 2015-2019(按月整理)。

(1)新建可视化。

可视化命名为：母公司银行存款流入流出对比。

(2)选择维度与指标。

维度：年_日期、月_日期。

指标：收入、支出。

(3)选择显示图形。

建议图形：双轴图。

(4)维度排序。

将维度“年_日期”和“月_日期”按升序排序。

(5)点击【保存】。

【思考】观察是否存在收入与支出的时间差。

母公司银行存款流入流出对比

10.3.2　资金来源分析

任务 12　现金流量构成分析

操作步骤

数据表：现金流量表-AJHXJL。

(1)新建可视化。

可视化命名为：现金流量构成分析。

(2)选择维度与指标。

维度：年_日期、月_日期。

指标：经营活动产生的现金流量净额、投资活动产生的现金流量净额、筹资活动产生的现金流量净额。

(3)添加过滤。

过滤条件：年_日期=2019、月_日期=9。

(4)选择显示图形。

建议图形：表格。

(5)显示设置。

点击【批量设置数据格式】，进行以下设置：

缩放率：100 000 000。

千分位：启用。

小数位：2。

后导符：亿元。

取消勾选“显示行合计”。

(6)点击【保存】。

【思考】观察 2019 年 9 月，三大活动的资金构成，判断对于本月资金贡献度最大的资金来源。

现金流量构成分析

任务 13　三大活动流量净额趋势

操作步骤

数据表：现金流量表-AJHXJL。

(1)新建可视化。

可视化命名为：三大活动流量净额趋势。

(2)选择维度与指标。

维度：年_日期。

指标：经营活动产生的现金流量净额、投资活动产生的现金流量净额、筹资活动产生的现金流量净额。

(3)选择显示图形。

建议图形：折线图。

(4)显示设置。

点击【批量设置数据格式】，进行以下设置：

缩放率：100 000 000。

千分位：启用。

小数位：2。

后导符：亿元。

(5)点击【保存】。

三大活动流量净额趋势

任务 14　资金流入项目分析

操作步骤

数据表：现金流量表-AJHXJL。

(1)新建可视化。

可视化命名为：资金流入项目分析。

(2)选择维度与指标。

维度：无。

指标：经营活动现金流入小计、投资活动现金流入小计、筹资活动现金流入小计。

(3)添加过滤。

过虑条件：年=2019、月=9。

(4)选择显示图形。

建议图形：饼图。

(5)点击【保存】。

资金流入项目分析

【思考】观察 2019 年 9 月，各流入项的金额比例，判断本月资金流入的主因。

任务 15　资金流出项目分析

操作步骤

数据表：现金流量表-AJHXJL。

(1)新建可视化。

可视化命名为：资金流出项目分析。

(2)选择维度与指标。

维度：无。

指标：经营活动现金流出小计、投资活动现金流出小计、筹资活动现金流出小计。

(3)设置过滤条件。

过滤条件：年=2019、月=9。

(4)选择显示图形。

建议图形：饼图或环形图。

(5)点击【保存】。

资金流出项目分析

【思考】观察2019年9月，各流出项的金额比例，判断本月资金流出的主因。

任务16 流入项目深入洞察

操作步骤

数据表：筹资结构表。

(1)新建可视化。

将可视化命名为：流入项目深入洞察。

(2)选择维度与指标。

维度：现金流量项目名称。

指标：借方。

(3)选择显示图形。

建议图形：环形图。

(4)点击【保存】。

流入项目深入洞察

【思考】观察筹资结构中金融机构借款与非金融机构借款资金往来的比例，理解企业资金池的含义，预判企业未来的还款压力。

任务17 销售获现比

操作步骤

数据集成：将现金流量表-AJHXJL与利润表-AJHXJL建立连接(连接类型：内连接，关联条件：日期)。

(1)新建可视化。

可视化命名为：销售获现比。

(2)新建字段。

字段名：销售获现比。

字段类型：数字型。

计算公式：销售获现比=销售商品、提供劳务收到的现金/主营业务收入。

(3)选择维度与指标。

维度：年。

指标：销售获现比

(4)选择显示图形。

建议图形：折线图。

(5)维度排序。

将维度“年”按升序排序。

(6)点击【保存】。

销售获现比

【思考】从历史趋势看，该比率是下降还是上升，由此预断企业的信用政策与收款力度。

任务 18 盈利现金比

操作步骤

数据表：选择利润表和现金流量表建立的关联数据集。

(1)新建可视化。

可视化命名为：盈利现金比。

(2)新建字段。

字段名称：盈利现金比。

字段类型：数字型。

计算公式：盈利现金比=经营活动产生的现金流量净额/净利润。

(3)选择维度与指标。

维度：年。

指标：盈利现金比。

(4)选择显示图形。

建议图形：折线图。

(5)维度排序。

将维度“年”按升序排序。

【思考】从历史趋势看，该比率是下降还是上升，由此判断企业发展的健康性。

盈利现金比

10.3.3 债务分析与预警

任务 19 短期借款金额分析

操作步骤

数据表：AJHXJL-资产负债表。

(1)新建可视化。

可视化命名为：短期借款金额。

(2)选择维度与指标。

维度：无。

指标：短期借款。

(3)设置过滤条件。

过滤条件：年_报表日期=2019、月_报表日期=9。

(4)选择显示图形。

建议图形：指标卡。

(5)数据格式设置。

缩放率：100 000 000。

千分位：启用。

后导符：亿元。

小数位：2。

(6)点击【保存】。

短期借款金额分析

任务 20　长期借款金额分析

操作步骤

数据表：AJHXJL-资产负债表。

(1)新建可视化。

可视化命名为：长期借款金额。

(2)选择维度与指标。

维度：无。

指标：长期借款。

(3)设置过滤条件。

过滤条件：年_报表日期=2019、月_报表日期=9。

(4)选择显示图形。

建议图形：指标卡。

(5)数据格式设置。

缩放率：100 000 000。

千分位：启用。

后导符：亿元。

小数位：2。

(6)点击【保存】。

长期借款金额分析

任务 21　未还本金分析

操作步骤

数据表：银行贷款明细表。

(1)新建可视化。

可视化命名为：未还本金。

(2)选择维度与指标。

维度：无。

指标：未还本金。

(3)选择显示图形。

建议图形：指标卡。

(4)数据格式设置。

缩放率：100 000 000。

千分位：启用。

后导符：亿元。

小数位：2。

(5)点击【保存】。

未还本金分析

任务22　未还款情况预警

操作步骤

数据表：银行贷款明细表。

(1)新建可视化。

可视化命名为：未还款情况分析。

(2)设置层级。

层级名称：贷款单位穿透。

层级设置：贷款单位>结束日期。

(3)选择维度与指标。

维度：贷款单位穿透。

指标：未还本金。

(4)指标排序。

将指标“未还本金”按升序排序。

(5)选择显示图形。

建议图形：条形图。

(6)设置穿透显示图形。

建议图形：折线图。

(7)设置预警。

未还款情况预警

将指标“未还本金”拖拽至预警设置区域内进行设置。

随堂测验

一、单选题

1. 以下哪项是企业的受限资金(　　)。

A. 应付票据　　B. 银行承兑汇票保证金

C. 美元存款　　D. 持有至到期投资

2. 企业采用(　　)方式筹集资金，能够降低财务风险，但是往往资金成本较高。

A. 发行债券　　B. 发行股票　　C. 从银行借款　　D. 利用商业信用

3. 以下哪项不是现金等价物的特点(　　)。

A. 期限短　　B. 流动性强　　C. 价值变动风险大　　D. 易于转化

4. 销售获现比的公式为(　　)。

A. 营业收入/经营活动现金净流量

B. 经营活动现金净流量/营业成本

C. 营业收入/库存现金

D. 销售商品、提供劳务收到的现金/营业收入

5. 以下哪项不属于货币资金(　　)。

A. 库存现金　　B. 银行存款

C. 银行承兑汇票保证金　　D. 汇票存款

6. 以下哪项是企业长期资产(通常是指一年以上)的购建及其处置产生的现金流量(　　)。

A. 投资活动现金流量　　B. 筹资活动现金净流量

C. 销售活动现金净流量　　D. 经营活动现金净流量

二、多选题

1. 以下哪项可以作为企业的现金及现金等价物(　　)。

A. 十年期国库券　　B. 招行 30 天到期理财

C. 活期存款　　D. 应收账款

2. 企业货币资金存量及比重是否合适的评价应考虑的因素有(　　)。

A. 行业特点　　B. 企业融资能力

C. 资产规模与业务量　　D. 货币资金的目标持有量

E. 运用货币资金的能力

3. 资金预测的定性分析方法有(　　)。

A. 德尔菲法　　B. 线性回归法　　C. 市场调查法　　D. 销售百分比法

4. 以下哪些是时间序列算法预测的步骤(　　)。

A. 观察数据，去掉异常值　　B. 判断该时间序列数据的影响因素

C. 计算趋势分量(T)和循环分量(C)　　D. 确定季节指数

5. 以下哪项属于长期借款的优点(　　)。

A. 筹资成本较低　　B. 具有财务杠杆作用

C. 财务风险较小　　D. 限制条款较少

6. 从现金流量表来看，资金来源主要有哪三部分(　　)。

A. 筹资活动产生的现金流　　B. 交易活动产生的现金流

C. 经营活动产生的现金流　　D. 投资活动产生的现金流

三、判断题

1. 对于经营者而言，企业货币资金存量越高越好。(　　)

2. 在企业发展进入成熟期后，经营活动实现大量现金回笼，为扩大市场份额，借款人仍需追加投资，仅靠经营活动现金流量净额可能无法满足投资，须筹集必要的外部资金作为补充。(　　)

3. 在流动资产中，货币资金的流动性最强，并且是唯一能够直接转化为其他任何资产形态的流动性资产。(　　)

4. 经营活动产生的现金流是企业现金的主要来源。(　　)

5. 现金是指在企业生产经营过程中暂时停留于货币形态的资金，通常包括库存现金、可以随时用于支付的银行存款以及具有专门用途的现金。(　　)

6. 货币资金占总资产比重越高，说明本企业的资金储备率越高，经营风险越小，偿债能力越强。(　　)

7. 短期借款是指企业因战略发展需要而对外筹措的，偿还期在一年以内的各种借款。(　　)

8. 当销售获现比指标大于销售净利率时，表明被投资单位有良好的发展前景。(　　)

参 考 文 献

[1] 高翠莲，乔冰琴，王建虹．财务大数据基础[M]．北京：高等教育出版社，2021．

[2] 林子雨．大数据导论[M]．北京：高等教育出版社，2020．

[3] 周冬华，杨彩华．财务大数据分析与决策 [M]．北京：高等教育出版社，2022．

[4] 陈辉．企业财务共享管理下传统财务转型研究[J]．财经界，2022(31)：138-140．

[5] 陈婧，潘飞．人工智能时代财务共享服务研究：以科大讯飞为例[J]．江苏商论，2023(4)：82-86．

[6] 韩向东，余红燕．智能财务的探索与实践[J]．财务与会计，2018(17)：11-13．

[7] 刘勤，李俊铭．智能技术对会计实务的影响：文献回顾与分析[J]．会计之友，2022(17)：16-22．

[8] 杨寅，刘勤，黄虎，等．智能财务共享服务中心运营管理研究[J]．会计之友，2020(19)：143-147．

[9] 杨则文，盛国穗．财务大数据基础与实务：Python 版[M]．北京：高等教育出版社，2022．

[10] 龚小寒．大数据背景下基于财务共享模式企业财务信息化建设[J]．互联网周刊，2022(24)：80-82．

[11] 黑马程序员．Python 数据分析与应用：从数据获取到可视化[M]．北京：中国铁道出版社，2019．